陈寅恪

陈寅恪家族旧事

CHEN YIN KE JIAZU JIUSHI

吴应瑜◎编著

中国文史出版社

图书在版编目（CIP）数据

陈寅恪家族旧事 / 吴应瑜编著. -- 北京 ：中国文史出版社，2016.7（2021.6 重印）

ISBN 978-7-5034-7740-9

Ⅰ．①陈… Ⅱ．①吴… Ⅲ．①陈寅恪（1890-1969）－家族－史料 Ⅳ．①K820.9

中国版本图书馆 CIP 数据核字（2021）第 074695 号

责任编辑：全秋生

出版发行：中国文史出版社

地　　址：北京市海淀区西八里庄路 69 号　　邮编：100142

电　　话：010－81136602　　81136603　　81136606 （发行部）

传　　真：010－81136655

印　　装：北京温林源印刷有限公司

经　　销：全国新华书店

开　　本：787×1092　　1/16

印　　张：18.75　　字数：280 千字

版　　次：2016 年 7 月北京第 1 版

印　　次：2021 年 6 月第 2 次印刷

定　　价：55.00 元

陈家大屋 （陈芦根 摄）

修水县五杰广场 （陈芦根 摄）

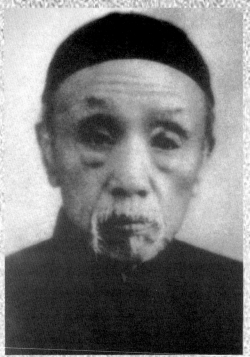

陈宝箴　选自陈小从《图说义宁陈氏》　　　　**陈三立**　选自陈小从《图说义宁陈氏》

陈师曾　选自《荣宝斋画谱》　　　　**陈寅恪**　选自蒋天枢《陈寅恪先生编年事辑》

陈封怀　陈贻竹提供　　　　　　　1964年陈封怀（右一）在非洲考察

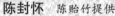

陈宝箴手书家信（局部）　修水黄庭坚纪念馆提供（陈芦根 摄）

陈师曾手书《作画感成诗》　修水黄庭坚纪念馆提供（陈芦根 摄）

陈三立手书条幅　修水黄庭坚纪念馆提供（陈芦根摄）

3

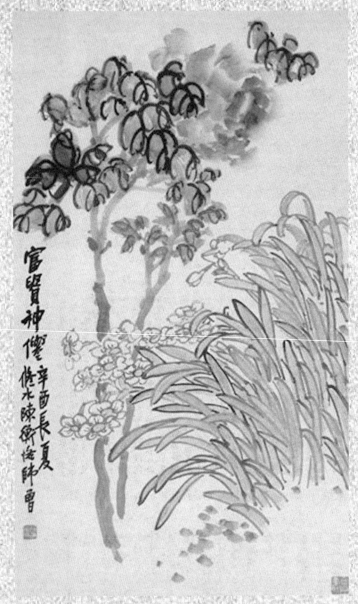

富贵神仙　辛酉长夏 槁水陈衡恪师曾

陈师曾画作　选自《陈师曾书画精品集》

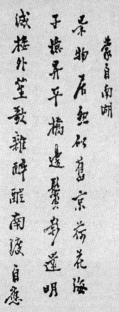

蒙自南湖

景物居然似旧京 荷花海子忆升平
桥边鬓影弹蓬明
减楼外笙歌杂醉醒 南渡自应思往事
北归端恐待来生
黄河难塞黄金尽 日暮人间几

著程

陈寅恪手书《蒙自南湖》诗
选自《陈寅恪诗集》

义宁州怀远陈姓一修祠谱 （刘经富 摄）

全国重点文物保护单位陈宝箴、陈三立故居
（吴胜昔 摄）

义宁州怀远陈姓宗谱 （刘经富 摄）

陈三立中进士旗杆墩 （陈芦根 摄）

陈宝箴中举旗杆石 （陈芦根 摄）

景寅山 （魏绪生 摄）

庐山陈寅恪、唐筼墓 （魏绪生 摄）

6

庐山陈封怀墓 （魏绪生 摄）

左起：陈贻竹、陈小从、陈美延，2005 年 7 月于中山大学 （魏绪生 摄）

陈小从书赠作者墨迹 （劳锦如 摄）

陈氏芳裔 2006 年 6 月在陈家大屋前与乡亲合影 （陈芦根 摄）

左起：欧阳国太、吴应瑜、汪国权、王希祜、徐高生、陈贻竹、严达明、卢治轩、陈云君、陈小从、陈小安、陈流求、陈美延、龚九生、许郁葱、陈翠微、刘经富、陈铟、魏绪生
（名下加横线者为陈氏芳裔）

一个可以把"江西"二字
写大的"文化世家"（代序）

　　中国近代颇有书香门第、世家显族，"义宁陈氏"即其中之一（"义宁"即今江西修水县）。与其他世家显族相比，"义宁陈氏"不以权势、豪富名世，只有书香一脉，绵延不绝。我国著名学者吴宓教授称义宁陈氏为"文化贵族"。

　　清同治初年，陈寅恪祖父陈宝箴以举人身份入席宝田、曾国藩戎幕，立下战功，从此踏上仕途，累擢至湖南巡抚，领导了在晚清史上影响巨大的湖南新政，是晚清有魄力、有建树的封疆大吏；其子陈三立，"维新四公子"之一，"同光体"诗派的代表人物；陈三立长子陈衡恪，我国近代大书画家；三子陈寅恪，我国现代史学大师；二子陈隆恪、四子陈方恪为著名诗人；五子陈登恪，武汉大学外文系和中文系教授；陈衡恪次子陈封怀，我国著名植物学家，"庐山植物园"创始人之一。

　　一个地方能够拥有一位杰出人物，足可为父母之邦增光添彩，何况一个家族，一个人才群体。这是一个可以把"江西"二字写大的"文化世家"，是江西文化人的骄傲与光荣。

　　中国古代向有以地望、籍贯代称名人的风俗习惯，这个传统一直延续到近现代。人们称陈宝箴为"义宁中丞"，称陈三立为"义宁公子"，称陈衡恪为"义宁陈君"，称陈寅恪为"义宁先生"，称他的学术为"义宁之学"，称他的人格为"义宁精神"。"义宁陈氏"作为一个家族的徽号，声名远播。"义宁"也因了陈氏家族的存在，从一个地名演绎成一个具有丰富内涵的文化符号，嵌入千千万万读书人的内心深处。

由于近世政治形势的影响，"义宁陈氏"沉寂了很长时间，与陈氏声名密切相关的"曾国藩""维新改良""同光体"都不是主流史学的正面研究对象。到二十世纪八九十年代，终于出现了转机，"义宁"的声名再度响起。在"国学热""传统文化热"的影响下，文化学术界兴起了持续甚久的"陈寅恪热"，纪念与研究都出现了繁荣的局面，相关研究被称为"陈学"。人们从对陈寅恪的学问、人格、经历表现出强烈的兴趣，到发现这位学术大师原来背靠着一个文化底蕴深厚的家族，惊讶这个家族早在清末民初就已名闻遐迩。与此同时，有关陈寅恪的掌故逸闻也在知识界、读书人中间广为流传，如留学列国不要学位，能背诵"十三经"，与吴宓、汤用彤并称"哈佛三杰"，通二十几国外语，没有学位而被梁启超推荐为清华国学研究院的导师，中国的"读书种子"，教授的教授，记忆力惊人，目盲著书等等。以致某著名赣籍作家在一篇礼赞文化名山匡庐的文章中开篇即说"修水在江西的西北方，从地图上看它显得那样偏僻和冷清。过去从它那里到省府南昌要花上几天时间，但这个地方的山水却很有灵气，它会在蓦然间出个大名人让你吓一跳，多少人一提起陈寅恪的名字就肃然起敬，修水这个地方真是有福"。

陈寅恪就这样一步步走进国人尤其是读书人的视野中。他早年的专业学问属于"小众话题"，那是专家之学，如蒙元史、中古史、敦煌学、佛学、中亚语言（梵文、突厥文、吐火罗文、西夏文、满文、藏文、蒙文）等等。那是一片高远、清明的星空——一个众人难以涉及的领域。然而陈寅恪并不是象牙塔中人，他始终密切关注着中国文化的命运，透彻体悟中国的历史。晚年在失明膑足的身体条件下，用十年光阴，写成一部七十多万字的《柳如是别传》。全书以明清之际文坛领袖钱谦益与江南名媛柳如是的情感婚姻为主线，旨在揭示考察明末清初反清复明的史实和当时士大夫的道德气节。此书寄寓的历史与时代内涵，绝非作者自谦的"颓龄戏笔"。中国学术史上代代相传"左丘失明，厥有国语；孙子膑足，《兵法》修列"的佳话。2500多年后，有陈寅恪出，与左丘、孙子鼎足而三。其助手黄萱说："寅师以失明的晚年，不惮辛苦，经之营之，钩稽沉稳，以成此稿，其坚毅之精神，真有惊天地泣鬼神的气概。"史学家严耕望说："陈寅恪先生双目失明，在一般人而言，绝不可能仍写分析入微的细密考证文字，而先生却在助手诵读的协助下，完成如此大规模的烦琐考证论著，其精细邃密较之前此诸论著有过之无不及，不能不令人叹为奇迹，绝非任何并世学人所能做得到！而这种奇迹的表现，可以说是凭其旷世奇才与无比的强毅不屈的精神，因特别环境的激发而产生的。这在世界学术史上极为罕见。"

与陈寅恪的"义宁之学"相比，"义宁精神"更为读书人看重。他生逢一个江山换代、朝服易色、大起大落的变革年代，看惯了多少知识分子趋炎附势、曲学阿世、插标高卖、落井下石，但终难逃脱"一锅端"的劫运……道德的孤城一日日崩析，他却宁可做这孤城上的最后一名守卒，高擎"独立之精神，自由之思想"这面大旗。其高标峻格，来自其世家子弟的身世和放洋留学的经历。他何尝不了解时局大势？早年在德国留学时，就看过外文版的《资本论》。在法国留学时，就结识了正满腹躁动革命思想的周恩来。但他1948年却对助手说："我不怕共产主义，我怕的是俄国式的共产主义。"他对社会政治的深刻思考，源于他"中学为体，西学为用"的文化立场。他认为我们可以学西方的先进管理、机械技术，但中国传统文化里面的仁义、忠信、廉耻等这些价值观绝不能丢弃。他晚年的诗作寄寓着眷恋精神故土、维护中华文化之根的深意。在1999年中山大学举办的纪念陈寅恪的国际学术讨论会上，季羡林先生特别说到陈寅恪的爱国主义，说"爱国主义有广义和狭义之分，狭义的如血战沙场的民族英雄岳飞、戚继光。但像陈寅恪这样的高级知识分子，他大爱于中华民族和中华文化，大关切于中西方文化的碰撞中怎么保留中华文化之本位，从更高的层面上讲这也是一种爱国主义，而且是更高境界的爱国主义"。陈寅恪念念不忘守护中华文化本位，非关"一人之恩怨，一姓之兴亡"，与顾炎武"亡国""亡天下"的概念相感相通。

按照古人"三代承风，方为世家"的说法，一个家族必须三代都崛起了有影响的人物，才称得上"世家"。"义宁陈氏"从陈宝箴、陈三立到陈衡恪、陈寅恪，恰好符合这个条件。1979年，修订本新《辞海》为"陈宝箴、陈三立、陈衡恪、陈寅恪"分立条目。由于《辞海》的权威性，一家三代四人上《辞海》成为美谈，开了《中国大百科全书》《世界名人词典》为他们分立条目的先河。在世界范围内，一家祖孙三代四人同上《世界名人词典》的现象也属罕见。可谓数代清华，一门儒素。

陈宝箴是晚清巡抚中改革思想最为坚定、开放者。湖南新政三年，使湖南的风气为之大变，湖湘文化从此崛起于南中国，走出了一大批杰出人物，黄兴、蔡锷、毛泽东、蔡和森、何叔衡……几乎主宰了中国一个甲子的命运。而1898年冬陈宝箴遭慈禧太后革职挈家回江西老家时，连安家费都没有，还是一位老友朱禹田给了一笔银两，才得以营葬已去世的黄氏夫人，并建"崝庐"隐居。1901年陈三立挈家定居南京，湖南工商界又馈赠银两，才得以营建"散原精舍"安家。楚人一直饮水思源，至今感念陈宝箴的德业恩泽。

陈三立在湖南辅佐父亲推行新政时，对整顿吏治、革新文化教育，罗致维新人才等多所赞划，赢得了极高的社会声誉，与谭嗣同等人一起被称为"维新四公子"。"戊戌变法"夭折后，一心致力于诗，是近代"同光体"诗派的代表人物。他在庐山做八十大寿后，名声达到了顶点，可谓名副其实的文坛泰斗。江西士绅以拥有这样一位"名父之名子，名子之名父"而自豪。

陈衡恪作为陈氏世家第三代恪字辈之首，以其诗、书、画、印兼善多能，人品高洁世其家声。他是民国初年北派画坛的领袖，在金石书画界享有崇高声誉。曾建议、鼓励齐白石衰年变法，是吴昌硕之后、齐白石之前承先启后的书画大家。1923年9月，陈衡恪猝逝，师友同仁同声一哭。正在比利时布鲁塞尔访问的蔡元培得知噩耗，悲叹"陈师曾君在南京病故，此人品性高洁，诗书画皆能表现特性，而画尤胜……在现代画家中，可谓难得之才，竟不永年，惜哉"。

江西原本是一个产生文化大师的省份，地处赣西北的修水曾有不俗的表现。南宋初赣人吴虑臣称颂修水虽山川深重，然代出伟人。其中黄山谷及其家族是杰出代表，明、清时期修水士人称黄山谷为修水的"人文初祖"，一代又一代的读书人，无不从黄山谷那里汲取精神养料。这源泉汩汩流淌到清末，修水蔚起了另一个书香门第——陈氏家族。黄氏家族从开基祖到黄山谷为六代，陈氏家族从开基祖到陈寅恪也是六代。黄山谷以人品高洁流芳千古，说"士大夫可以百为，唯不可俗。俗则不可医也……何谓不俗，平居无异于俗人，临大节而不可夺，此不俗人也"。陈寅恪也以人格、气节振响士林，说"默念平生，固未尝侮食自矜，曲学阿世"。这真是一种难以言喻的巧合，中国历史文化坚韧的渊源脉络关系，在这里得到充分显示。

但当历史的车轮驶入我们这一代，社会体制已发生了巨大变化，家族制度已经解体，旧时王谢之家已失去凭依，人文传统已经断根脱节。江西更是雪上加霜，20世纪30年代的红白相争，损失了一批人才，接着红军长征又带走了一批，1952年全国高校院系调整又敲锣打鼓送走了一批。江西文化已中气不足，气度每况愈下，人们已习惯用"领袖小道""红色江山"来标榜言说"江西"。几十年来，再也没有崛起一两位文化大师，没有产生一个有影响力的学派。一个地区，一个群体，一个学科，有没有人文传承是大不一样的，例如清华国学研究院办了三届，培养了八十多个弟子门生，这批人后来大都成了学术界的中坚力量。研究院四大导师中，梁启超广东人，王国维浙江人，赵元任江苏人，只有陈寅恪是赣人。这是我们自己的人文资源，而我们在八九十年代的"陈寅恪热"中却没有抓住，造成"陈家在江西，陈研在省外""出口转内销"的现象。"家有至宝而不识"，令人汗颜。

1930年，陈寅恪提出做学问要"预流"的观点。所谓"预流"，用今天的话说，就是要进入学界前沿，追踪新动向，发现新资源。陈寅恪研究以及他的家族研究已然成为今日一大学术潮流。回顾三十多年来国内"陈学"兴起的历程和演进轨迹，可以看出"陈学"具有多方面的课题价值，为我们提供了丰厚的人文资源，是一座"富矿"。两岸三地学界以陈寅恪做博士、硕士论文的越来越多。最近几年又延伸到他父亲陈三立，研究陈三立以及陈三立所代表的"同光体"诗派的成果层出不穷。仅苏、沪、宁地区，就有复旦大学、华东师大、上海大学、苏州大学的多名博士、硕士以陈三立研究作为选题。如果扩大到全国高校，数量更为可观。根据学术的内在规律，下一步势必扩展到陈寅恪的祖父陈宝箴，兄弟陈衡恪、陈隆恪、陈方恪、陈登恪。

吴宓教授曾赞扬义宁陈氏一门"实握世运之机轴，含时代之消息，而为中国文化与学术德教所托命者也"。义宁陈氏实为我国近世人文学术重要一源，也是江西近现代道德文章的一面旗帜。环顾江西近现代的人文学术资源，义宁陈氏确实可以在全国站得住，也经得起时间的检验。作为义宁陈氏故里的江西文化人，理应接竹引泉、勺水润根，义不容辞地挖掘弘扬这一笔独特的地域文化遗产，担负起薪火相传的时代使命，发出本土文化人的声音。

　　20 世纪 90 年代中期，修水的地方文史工作者开始融入区域文化、客家文化研究热潮，陈寅恪家族的往事珍闻渐渐浮出水面。1994 年，修水县政协文史委利用县博物馆、县志办积累的资料和陈氏后裔提供的资料编印了《一门四杰——陈宝箴、陈三立、陈衡恪、陈寅恪史料》一书，首次披露了义宁陈氏的客家棚民背景，提供了陈宝箴、陈三立、陈衡恪、陈寅恪的生平事略，陈门弟子、研陈学者纷纷来函索求。时任县政协文史委办公室主任的吴应瑜是这个文化项目的主事者，也是编著者之一。2005 年，县政协又返聘他重编《一门四杰》，参照修水县重要文化工程"陈门五杰广场"命名之意，将书名改为《义宁陈氏五杰》，内容上增加了陈家第四代代表人物陈封怀的事迹。《一门四杰》《义宁陈氏五杰》均为地方政协系统的文史资料，属于内刊性质。近年，编著者对原书又做了较多的史料补充和文字修改，形成现在的《陈寅恪家族旧事》，并多方联系出版单位，终于列入全国政协中国文史出版社的选题计划，正式出版，推出一本普及型读物，为陈学园地增添了一朵原汁原味的山花小卉。编著者命我缀序，我佩服他身当老病，犹念念不忘弘扬家乡的文化遗产，故恭敬从事，为之揄扬。

2015 年岁末义宁刘经富于南昌大学

目　录
CONTENTS

第一章　义宁陈氏源流

一、族史源流　/　4

二、陈家大屋　/　7

三、珍贵文物　/　12

四、家乡纪念　/　13

五、墓志祭文　/　15

第二章　力行新政的封疆大吏——陈宝箴

一、生平事略　/　18

二、海内奇士　/　20

三、小试凤凰 / 21

四、一路政声 / 23

五、湖南新政 / 25

六、死因诸说 / 35

七、诗联文摘 / 37

八、逸闻趣事 / 44

九、师友简介 / 50

第三章　同光体诗派巨擘——陈三立

一、生平事略 / 67

二、志在维新 / 68

三、袖手神州 / 69

四、祇洹精舍 / 74

五、诗坛巨擘 / 75

六、诗文活动 / 80

七、诗联文摘 / 84

八、逸闻趣事 / 90

九、师友简介 / 99

十、三立芳裔 / 107

第四章　书画大师——陈衡恪

一、生平事略 / 131

二、书画大师 / 132

三、艺术见解 / 140

四、诸艺兼善 / 146

五、法师道友 / 149

六、鲁迅挚交 / 151

七、齐璜知音 / 153

八、朽者不朽 / 157

九、逸闻趣事 / 161

十、师友简介 / 164

第五章　史学大师——陈寅恪

一、生平事略 / 173

二、读书种子 / 175

三、清华名师 / 179

四、学人风范 / 183

五、史学大师 / 188

六、声名卓著 / 197

七、诗联文摘 / 205

八、逸闻趣事 / 211

九、师友简介 / 221

第六章　植物学家——陈封怀

一、生平事略 / 239

二、园林为家 / 241

三、情系名花 / 247

四、家国情怀 / 249

五、康寿园丁 / 251

六、诗联文摘 / 254

七、逸闻趣事 / 257

八、师友简介 / 261

附录一：《陈寅恪"恪"字读音考辨》 / 265

附录二：《义宁陈氏恪字辈的其他人物》 / 273

后　记 / 278

第一章　义宁陈氏源流

　　陈寅恪的家族，与客家人、修水怀远人，义门陈氏和义宁陈氏这几个概念密切相关。先把这几个概念解释一下。

客家人

　　在居民这个概念上，"客"是相对于"土"或"本地"而言的，但并非所有的外来人都叫"客家人"。从两千多年前秦始皇的"南征百越"，到晋代的"永嘉之乱"、唐代的"安史之乱"和"黄巢起义"、宋代的金人南侵等战乱，中原地区的百姓大规模地逃到江南的闽、粤、赣等地。他们南迁后，居住相对比较集中，生活习惯、风俗特别是语言保持相对稳定，学术上将这部分汉民及其后代称为"客籍人"或"客家人"，她是汉民族的一支民系。客家人因战乱等原因多次逃亡，远离故土，失去了原来的生存环境，到完全陌生的地方，毫无客观优势地艰苦奋斗，创造新的生存和发展条件，故他们具有明显的勤劳、勇敢、坚毅和团结精神，具有很强的生存和创造能力，因此又有"东方犹太人"之称。现在客家人总数约8000万，主要分布在粤、赣、闽等南方各省及港、澳、台地区，约有1500万分布在东南亚、欧、美及大洋洲的几十个国家。客家人中先后涌现出了许多杰出人物以至领袖人物。因不属于本书的叙述范围，恕不一一列举。

修水怀远人

　　明末至清康熙十五年（1676年）的几十年间，义宁州（旧时义宁州辖高、崇、奉、武、仁、西、安、泰八乡）连年兵燹，加之水旱灾害，使得民不聊生，人口大减，田地荒芜三分之一以上，一万余石赋粮无法完纳，

1

而以东南四乡尤为严重。康熙十七年（1678年），时局渐趋平稳，知州班衣锦奉谕招民垦荒。随后，闽、粤及赣南地区等客家大本营的百姓挈妻负子，络绎迁来，至康熙末年，已达数万之众。他们在荒山野岭结庐垦荒，生活极为艰辛，时称"棚民"。

修水的客家人即"棚民"，他们以其特有的抗争、进取精神，经过几十年的艰苦奋斗，部分人家家道渐宽，建有房屋，购置田产，并兴办学校，仅求温饱的"棚民"开始走上既耕且读的发展之路。

但是，本地部分原籍居民，由于"坐地称大"的思想作怪，排外情绪严重。他们不准客民与当地人通婚，不准入籍入学，更不准参加科举考试，企图以种种手段，将对于当地经济与社会发展做出重大贡献的数万客籍人长期打压在社会底层。这自然引起客籍人的强烈不满和抗争，有时甚至发生流血事件。正直的官员也想主持公道，但因本地人多势众，一时还奈何不得。雍正初，南京人刘世豪任知州。他不畏强暴，甚至冒着被暗杀的危险，多方努力，终于雍正三年（1725年）获朝廷恩准，以"怀远"为都名，将客籍人编为四都八图八十八甲，补入崇、武二乡。至于客家子弟读书、应试，据清同治版《义宁州志》载："其秀者令为义学，课习五年，俱得一体考试，卷面令注'怀远'字样。"此后，土客之争虽时有发生，但其规模和程度逐步减弱，新中国成立后，则无分土客，完全平等。

修水怀远人除了吃苦耐劳、团结、好客、热心公益以外，还有一个显著的特点是重视教育，大力兴办书院、学校，培养人才。至光绪末年，怀远都有文进士2人（陈文凤、陈三立，同期全县文进士15人），文举人15人（同期全县文举人171人）。武进士、武举人则以怀远都为多。孟子曰："生于忧患，死于安乐。"欧阳修也说："忧劳可以兴国，逸豫可以亡身。"舒服容易产生惰性，压力往往促人奋进。在困难多多的情况下，有血性的人们往往能极大地发挥潜能，以求得生存和发展。仅就科举一项而言，在遭受长期打压的情况下能取得这样的成绩，怀远人的能耐可见一斑。

义门陈氏

从南北朝到隋朝直至唐初，中国历史上战乱频仍，人们四散流离，至唐开元十九年（731年），陈宣帝第六子、宜都王陈叔明之五世孙陈旺，携家来到江州浔阳蒲塘驿的太平乡（今九江市德安县车桥镇的义门陈村）安家落户。长期的流离失所，使他们倍感安定的可贵，团结和睦的重要，从此他们在这里安居乐业，休养生息。经过若干代人的发展，这个家族得到长足地壮大，人口数百，但他们族产共有，家无私财，共同劳动，平均分配，人无贵贱，诸事平等。唐中和四年（884 年），僖宗李儇旌表其为"义门陈氏"。至宋代，竟发展到"萃居三千口人间第一，合爨四百年举世无双"的规模，3000 多人在一起吃饭、居住，过着平等相待的原始公社式的生活。同时，家族中又有许多人在朝廷上下充当大小官员，人气太旺，朝野太盛；再者，长期维系数千人一起吃"大锅饭"，生活也时显危机。鉴于此，在宋嘉祐七年（1062 年），根据大臣文彦博、包拯的建议，宋仁宗下旨，将"义门陈氏"分为 291 庄，分赴江西、安徽、两湖、两广、江浙、四川等地安家，此后各地支派又因种种原因而有新的迁徙。迁往各地的义门陈氏子孙，历次修谱均标明出自"义门"，并将"义门陈氏家法三十三条"等家规及陈氏先贤的事迹加以记载，以此启迪后世子孙继承良好的家风。现在祖国各地包括港、澳、台及世界许多国家均有义门陈氏的子孙，其人数占天下数千万陈姓人氏的半数以上，故又有"天下陈姓出义门"之说。"义门陈氏"是人类家族发展史上一种极为罕见的文化现象。

义宁陈氏

80 多年来，矗立在神圣的清华园内的《海宁王静安先生纪念碑》上，碑铭的落款刻有"义宁陈寅恪撰文"。陈寅恪的故乡江西省修水县，自商代以来，先后称艾侯国、艾邑、艾县、西平、分宁、宁州等。据 1988 年版《修水地名志》（车济民主编）和 1991 年版《修水县志》（梅中生主编）记载，清嘉庆三年（1798 年），修水乡民刘联登揭竿起义，势力颇大。官府不断率兵征讨，终于嘉庆六年（1801 年）将刘联登等一鼓荡平，朝廷嘉奖此举是"知方向义"。因看重这个"义"字，仁宗皇帝特赐宁州为"义宁州"，民国 3 年（1914 年）后才称修水县，此即"义宁"二字之来历。由于陈宝箴在仕途上的卓越功绩，特别是在抚湘三年中致力维新，具有当时的现实意义和之后的历史意义，人们尊称他为"义宁陈抚"；称当年"维新四公子"之一的陈抚之子陈三立为"义宁公子"；称宝箴之孙、三立长子、著名画家陈衡恪（师曾）为"义宁陈君"；更称三立三子、史学大师陈寅恪为"义宁先生"，其学为"义宁之学"，其人品为"义宁精神"。陈氏诸贤无论在天南

海北，均不忘故乡，行文、作画的落款及印章多为"义宁某某"。"义宁陈氏"即指以上四位名载《辞海》者再加上被称为"中国植物园之父"的师曾次子陈封怀等在内的陈宝箴家族，它是一个家族的德、业加地名的具有丰富内涵的文化概念。

一、族史源流

据民国32年（1943年）癸未岁重修的《义宁陈氏宗谱》载：陈氏原是妫姓，出自满匕，死后谥胡公，相传舜帝时受封于陈都宛邱。唐开元十九年（731年），胡公后裔陈旺迁入九江之德安县，旺公即为江州义门陈氏之始祖，已是74世了。宋嘉祐七年（1062年），义门陈氏"奉旨分庄"时，其84世的魁公，携眷97人从德安迁至福建上杭，是为义门陈氏迁闽之始祖。600多年后，义宁州奉旨招民垦荒，上杭义门陈氏113世之陈公元，又于清雍正八年（1730年）迁入江西义宁州，成为上杭义门陈氏迁宁之始祖。陈公元在距州治（即今修水县城）西南50余里的安乡十三都一处叫作"护仙源"的地方安家，结棚栖身，成为棚民即之后的"怀远人"。修水或南方的"源"，是指山区中两条山脉中间的小山垅，有小溪发源流出，与北方黄土高坡干旱少雨之"塬"完全不同。

陈公元，字腾远，号鲲池，清康熙四十九年（1710年）生。迁入护仙源后，种蓝草为业，艰苦谋生。虽然宗谱上对其生平未有详细记载，但我们通过"五十无嗣"、五十一岁才开始生子、共生四男六女等情况，可以推测公元娶何氏成家的时间很晚，且何氏明显比公元年轻得多，由此可以想象，公元在娶妻生子之前经历了长期的艰苦创业之路。

公元及其家人经过60多年的艰苦奋斗之后，于清乾隆五十七年（1792年），由公元之长子克绳主持，在护仙源邻近较为宽阔的"竹塅"建砖瓦房，即"陈家大屋"。住所的改变，不仅说明生活的改变，更重要的是标志着陈家的社会地位乃至后代子孙发展道路的改变。缘此，公元将此屋起名"凤竹堂"，以寄"凤凰非梧桐不栖，非竹实不食；凤有仁德之征，竹有君子之节。后之子孙必有仁居义，由昌大乎门闾者"之愿。现"凤竹堂"三字匾额，由陈氏后裔陈云君先生题写。在义宁陈氏宗谱中，有《凤竹堂诗》为证：

> 凤竹堂开哆凤凰，山明水秀映缥缈。
>
> 天生文笔窗前峙，地展芝华宅后藏。
>
> 俎豆千秋绵祀典，儿孙百代绍书香。
>
> 应知珍重迁居处，冠盖蝉联耀祖堂。

公元 80 岁时，以耆寿赐八品顶戴，享寿 86 岁，赠光禄大夫。妻何氏，寿八十，赠一品夫人。陈公元与何氏所生的四子是克绳、克调、克藻、克修，后称"竹塅四房"。现居住在竹塅的十余户数十口陈氏后裔，都是二、三、四房的后代，以四房居多。大房克绳的后代，即陈宝箴一脉，因其早年游于宦海而散居北京、天津、大连、武汉、成都、广州等地。陈氏自"观"字辈即宝箴一辈之下，规定了"三恪封虞后，良家重海邦，凤飞占远耀，振彩复西江，文明开景远，卜吉世蕃昌，聚星彰厚德，绍述迪前光"的四十世谱派，竹塅的陈氏后代，现以"虞""后""良"辈为多，"封"辈已较少了。

人们谈论陈寅恪家族，一般是从陈宝箴起。其实，宝箴的祖父、父亲亦非平庸之辈。从宝箴的祖父克绳至宝箴的曾孙封怀共六代人，均载于史册。俗话说"一代英雄一代痴""富不过三代"，孟子亦云"君子之泽五世而斩"。陈寅恪的家世，则十分罕见地突破了家族兴衰的规律。

克绳（114 世），宝箴的祖父，清乾隆二十五年（1760 年）生，82 岁终。清同治版《义宁州志》卷 25（上）《人物志·孝友》中记载：

> 陈克绳，号绍亭。八岁时读子由问孝章，瞿然曰："爱而不敬，罪也。"由是定省皆有仪节，情文兼至，数十年如一日。父老，患目疾，几废。克绳焚香吁天，斋粟待旦，以舌舐其父目，旬日遂豁然复明。里人涂鹏里数称其孝，答曰："人必无愧为人，乃无愧为子。夫惟圣人乃能为人，故朱子谓司马君实为九分人。吾属视温公何如，可谓孝乎？"原籍闽杭有祖墓，克绳挈赀走千里置祭田。间岁，必命子弟往修省。治家有法度，宗族取法于宗祠族谱，及考棚、义仓诸善举，皆极力倡成之。歉岁，出粟赈贷，并远橐平祟，以助不给。与人言，必依于孝弟，乡里化之，至今思之不衰。

克绳早年业儒，但屡试不第，隐于山林，与文士唱和，有未刊诗集。42 岁时循例捐纳为监生，后因宝箴而赠光禄大夫。还在护仙源时，克绳就创办了陈氏的家塾——仙源书屋，以课子孙。克绳之子规钫、规镜，均在仙源书屋任

过先生。

清嘉庆二十三年（1818年），克绳59岁，以公元长子的身份，为当时四房分家的主持。在《分关》文书中，就子弟科举议定如下章程："读书凡发蒙至半篇者，每年众帮俸钱五百文，成篇者每年众帮俸钱一千文；赴州试者每名卷资钱四百文，终场者倍之；赴府试者每名盘费一千三百文；其州试府试有列前十名者外赏钱一千文；入泮者花红银十两，补廪出贡者五两，登科甲者三十两。祖堂旗匾众办。""生监有志观光应乡试，文场者每届帮助盘费两千四百文……举人应会试者，众帮盘费二十四千文。""鲲池公坟山内树木永远长蓄护坟，子孙不得砍伐伤冢。其山田永远不许出卖典当，如有不遵者，冬至日家法重责外，仍要每一根罚钱五千文上会，倘有典卖山田者，送官究治。其坟前巨杉，子孙有能登贡科甲者，任其砍伐竖旗无阻。"

因企盼子孙读书并取得功名，克绳等真是极尽所能。从创办仙源书屋到以上这些激励子孙发奋读书的章程中可以清楚地看到，陈氏家族在"耕"为生存的基础上，已下决心走上以"读"求发展的道路了。

克绳妻谢氏，赠一品夫人，生子四：规钫、规镜、规稿、规鈜。

规鈜（115世），即宝箴父，讳伟琳，字琢如，清嘉庆三年（1798年）生，国子监生，以子贵，赠光禄大夫，享年57岁。规鈜为发展地方教育，培养人才，致力创办义宁书院（即县城铁炉巷的梯云书院）。规鈜在建校中承担大量事务，且在众多怀远士绅中捐银最多。该书院门房高大，场地宽广，院内建有讲堂，讲堂后面有楼阁，周围有房舍数十间，气势雄伟，为当时义宁州的著名书院。

清同治版《义宁州志》卷25（上）《人物志·孝友》中亦载：

> 陈伟琳，字琢如，号子润。幼有至性，母病，医治罔效，乃昼夜攻岐黄术，审治遂瘳。父年八十余，伟琳年垂五十矣，承欢如婴儿，有老莱子风。父克绳故好义，伟琳承先志，凡书院、宾兴、表扬、节孝，所以毓人才、善风俗者，皆孳孳焉。性好学，尤喜阳明书，谓"近世俗学支离，如浮沉大海中，不识所向，则阳明诚救时之学也"。训子弟及亲戚后进，必勤勤启诱，终日不倦，虽农夫野老亦敬而爱之，感化者众。尝著有《劝孝浅语》、《录松下谭》等集。长沙郭嵩焘为铭其墓。

规鈜妻李氏，诰赠一品夫人。规鈜夫妇生子三：观瑚、观瑞、观善（即宝箴）。

曾任广东巡抚、驻英法大臣的著名湘籍外交官郭嵩焘所撰的《诰赠光禄大夫陈琢如先生墓志铭》称："生平为学，不求士为名，独慷慨怀经世志，尝一涉江，揽金陵之胜，东历淮、徐，涉略齐、豫，北至京师，所至考览山川，校其户口，扼塞险易，以推知古今因革之宜，与其战守得失之数。"此举无疑为其日后在义宁州操掌团练并取得显著成绩打下坚实基础。郭氏又云："先生以太淑人体羸多病，究心医家言，穷极《灵枢》《素问》之精蕴，遂以能医名。病者踵门求治，望色切脉，施诊无倦。"陈寅恪晚年也回忆说："先曾祖以医术知名于乡间，先祖先君遂亦通医学，为人疗病"，称"中医之学乃吾家学"。郭氏又赞琢如"凡所利济，无弗举也；有兴创焉，无弗先也"。

观善（宝箴）和长子三立，三立长子衡恪（师曾）、三子寅恪，师曾次子封怀五位先贤，后有专篇介绍。其余子孙，在《三立芳裔》中分别简介。

宝箴次子三畏（1856～1886年），号仲宽。妻张氏，江苏籍，乃翰林院编修张修府之女。三畏夫妇生一子二女：子覃恪；长女静娴，适修水漫江乡朱甲生为妻，能诗文；次女绮庄，适无锡孙恺英。

三畏子覃恪，清光绪七年（1881年）生，号陟夫，曾任湖北候补知县、江西赣县盐局主任、江西区盐务总局赣北视察员。初配黄氏，乃湖北候补道黄嗣东之女，生子封修；续配颜氏，生子封鲈、封政。侧室韩氏，生子封桐（云君）。

二、陈家大屋

陈宝箴故居"陈家大屋"位于修水的竹塅村，该村旧称泰乡七都竹塅里。竹塅，是位于修水县西南海拔1198米的眉毛山西面山下的一个小村庄，距县城约25公里，以盛产楠竹而得名。有的人介绍竹塅时，随口将此地说成是"幕阜山下"，这不对。修河以北是"幕阜山脉"，竹塅在修河以南，属于"九岭山脉"。这些年随着农村建设的加强，公路已通到竹塅，路面近年已铺上水泥。从县城开车沿修水——武宁清江的"修清"公路往东，行驶11公里到岗上村，离开"修清"公路往南进入深山沟，一条五六米宽的小公路，曲曲弯弯，缓行13公里，便到竹塅。

竹塅又分为上竹塅和下竹塅，下竹塅视野较开阔。从下竹塅沿溪水前行不远，有一小山横于眼前，似乎无路前行。但一拐弯，便山门洞开。此处有

棵100多年的大枫树，婆娑苍劲，傲然挺立，既像迎客，又似守关。这里便是上下竹塅的交界处。过了此处，豁然开朗，但见青山环抱，云雾袅袅，"木欣欣以向荣，泉涓涓而始流"，一幢幢村舍排列于山下，多为近年来建造的两层楼房。村庄周围，修篁滴翠。村中鸡犬相闻，炊烟缭绕。村前是一条蜿蜒流动的"三合河"，流珠溅玉，叮咚作响。公路两边稻田中是金黄色的等待收割的一季晚稻，沉甸甸的稻穗承载着农民的喜悦。

公路的左边，矗立着一人高的巨石，上刻"全国重点文物保护单位"等内容。巨石旁有一条用麻石铺成的1米来宽的小路，小路尽头的矮山下，一座高大而又苍老的砖屋突兀而起。走近屋前，但见石门框高阔气派，门楣上高悬"凤竹堂"匾牌。虽经100多年的风雨侵蚀，屋边的封火墙依旧巍然耸立，封火墙上一只只雀尾式的墙脊，虽然破旧残缺，但都挺起身骨，指向青天。这就是有名的"陈家大屋"。

陈家大屋门前，原有修水县人民政府1986年立的一块县级文物保护单位的石碑，上刻"陈宝箴陈三立故居"。2006年底，江西省人民政府将其列为省级文物保护单位。2013年5月4日，国务院公布第七批全国重点保护文物名单，陈宝箴陈三立故居名列其中，编号为：7－1757－5－151。屋前的地场两边，分列有两组旗杆石与两座旗杆墩，均为花岗石打砌。100多年的日晒风吹雨淋，使它变成黝黑色，又显历史沧桑感。旗杆石高1.52米，宽0.72米，两块各厚0.20米，为陈宝箴中举时所竖的标志。旗杆墩长宽各1.36米，高1.26米，正面刻有拳头大小的九个字："光绪己丑主政陈三立"。大屋由两部分曲尺相连，左边建于乾隆五十七年（1792年），次年落成。该屋宽17.42米，进深17.41米，高6.35米，一进两重，中开天井。天井两侧为客房，上下为厅堂，厅堂两侧是书房与卧室。上厅房是陈宝箴卧室，三立出生处。大屋的右边部分建于光绪年间，宽12.70米，进深15.61米，高6.33米，面积比左边的小一百零几个平方米，布局则与左边相似。

陈家大屋的地形，好像一张巨大的太师椅，显示一种端庄之气。环顾四周，但见远处的山峦隐约在轻烟薄雾之中。半山腰以上长满松杉，山下则是片片竹林，十分养目。微微山风送来清纯的空气，深吸几口，沁人心脾，好像品味一杯嫩嫩的绿茶，"可以清心也"。

陈家大屋日常的房瓦检盖、清沟和来访者的接待，均由早年从湖南宁远县入赘陈家大屋陈封美家的欧阳国太先生义务承担，且一干就是30多年，还经常利用各种机会向上级呼吁对陈家大屋的保护，小从先生等陈家后人对国太的热心肠深表感谢，来访者对此也深感敬佩。国太是个农民，因客观条件所限，只读过几年书，现年近古稀，身体还硬朗，性情也爽快，除农事劳作外，闲暇之时，也不打牌，也不闲溜达，而是喜爱读书，勤于阅读各位作者赠送的有关义宁陈氏的书籍，对于陈寅恪家族史比较熟悉，能详细介绍有关史实。凭借这种多年的执着，国太被修水县政协选为第十三届、十四届政协委员。还在小从先生的指导下，勤于笔耕，写些清新可人的田园小诗和文章，目前已写诗 600 余首，并在报刊上发表 200 多首，其中《山居》诗："柴米油盐事，山居苦守家。清晨吞壮气，傍夜赏浮霞。雨后山田润，月前石影斜。翻书寻小乐，欲探笔中花"等四首诗刊登在香港《文汇报》上。一位学历较低的农民能有如此高雅的精神追求，令众多来访者印象深刻。一些来此参访过的专家、教授，回去后在著书、作文中常提起他。

多年未去竹塅，心中耿耿。2015 年 9 月，笔者一家子驱车前往竹塅，受到好友国太的热情接待。国太高兴地告诉笔者，现在不仅修好了 6 米宽的水泥路，还在陈家大屋 1 公里路之内的水泥路边安装了漂亮的太阳能路灯。原居住在大屋里的 8 户人家，现已基本迁出。鉴于大屋比较破旧，据悉，国家已有计划拨专款整修，待规划后逐步实施。

陈家大屋背倚长塅里，面对义学里，左靠欧家垴，右临塅口。沿欧家垴上行五里许，有一处地名"四合塅"。同治元年（1862 年）秋，陈宝箴在此建一读书楼，名曰"四觉草堂"（《义宁陈氏宗谱》中画有"四觉草堂图"）。草堂位于四合塅的东南面，背倚眉毛山之弥王峰，砖木结构，两层。堂前有围墙、宇门，门首的横匾上刻有"四觉草堂"四字。门前场地上，左边有"洗砚池"，池前垒一圈石头，并立石刻"界石"二字。入宇门，过小苑。便是草堂正门，门楣有"安贞楼"三字，两旁木刻联语云："深居观元化，荡胸生层云。"楼前置栏杆，凭栏远眺，竹塅风光，尽在眼底。可惜此堂早毁，但其优雅景致，原先一些老人谈起来如在目前。20 世纪 80 年代竹塅陈三泗老人回忆，当年陈宝箴在此办过私塾，第一任老师名李企甫，陈三立、徐家干、涂家杰同在此读书，后皆中举，有"桃里三举"之誉。

从草堂后面登石级而上弥王峰，右侧山坳间有亭矗立于茂林修竹之中，亭角翼然。当年，陈宝箴常登亭远眺，但见群山溪涧梯田村舍历历在目，令人情思渺渺，心旷神怡。

陈家大屋对面，山峦起伏，层层叠叠，景致幽静。光绪十二年（1886年），陈宝箴回乡探亲，捐田50担，买租100担，在此处建起了一所义学。后人不忘宝箴的义举，将此处称为"义学里"。据《义宁陈氏宗谱》记载："宝箴父琢如生前有此愿"，宝箴在外为官多年，仍不忘父亲遗愿，不忘桑梓，兴学育子弟，倡文明，在当地一直传为佳话。

陈宝箴虽宦游各地，很少回乡，但思乡之情常萦系心头。如陈宝箴在《乡中送胡筱筠大令组归义宁》七古诗中有云："修江绕城清且涟，月落江空夜放船。有时乡梦堕江水，振衣脱帽南崖巅。"陈宝箴及子三立的后代，新中国成立前只有两人回过竹墩。一是宝箴之孙、三畏之子覃恪，1940年曾回竹墩；二是覃恪的胞妹静娴（嫁本县漫江乡朱姓），1947年回过竹墩。42年后的1989年初冬，居住在武汉的陈三立孙女、隆恪之女小从先生，应修水县政协之邀，在其表弟、湖北赤壁市一中退休教师俞启崇的陪同下，回乡探亲寻根，竹墩陈氏族人热情接待了他们。竹墩陈氏家家放鞭炮，户户献茶点，甚至迁居几十里外的族人，也欣然回竹墩见面。大家为小从先生探亲、扫墓、寻根做了一系列安排，如平整车道、修垦小路、芟除祖茔荒草荆棘，摆设宴席，举行恳亲会等。陈小从先生深为乡亲们诚挚、纯真、热烈之情所感动，她说："我万分庆幸自己能在年近古稀，一瞻故里风貌，祭扫祖先坟茔，兼代父辈了却未完之宿愿，真可谓百年乡思一肩挑。"在探亲期间，修水县政协、妇联、文联，当时的桃里乡政府、竹墩村委会，都热情接待。这一切，充分表达了修水人民对陈氏先贤的崇敬，陈小从先生百感交集。为纪此行，小从先生欣然命笔，写下《故乡行》组诗20首，下录7首：

久作辞林鸟，　今得认故枝。
俗淳山水美，　始悔归来迟。

亲情暖襟抱，乡味荐珍腴。
明岁秋风起，应解忆莼鲈。

户户爆竹迎，人人笑语亲。
深愧远游子，归来作上宾。

麦饭百年迟，中含三代思。

牛眠佳壤固，蓁蓁茂叶枝。

芋艿掺薯粉，纳馅蒸成团。

先祖最嗜此，为是家乡传。

围炉述祖德，把酒话桑麻。

迁地不忘本，乡音带客家。

陆绩怀桔愿，曾参羊枣情。

待将故乡事，家祭慰先灵。

　　对于此次的故乡之行，陈小从先生当然是感慨良多，也许她还认为这是此生仅有的一次。但世事难料，造化助人。17 年后，在小从先生 84 岁高龄时，竟又有一次更热闹的故乡行。

　　2006 年 6 月初，陈宝箴后人陈小从、陈流求、陈美延、陈贻竹、陈翠微、陈云君等十人，在庐山祭扫陈寅恪、陈封怀茔墓。由于此前修水县的诚邀，他们计划回故乡修水。县委、县政府对此十分重视，5 月 30 日，由县委、县政府主持召开专门会议，做出了初步的日程安排，包括报社、电视台在内的相关单位明确了任务。县里领导知道笔者对陈氏史料有些了解，也认识几位陈氏后人，所以被通知参加此会，并指定全程陪同陈氏后人此次在家乡的活动。6 月 4 日一早，笔者随同一位县领导，还有医生和护士，乘县政府接待用车考斯特面包车前往庐山迎接他们，傍晚回到修水。第二天上午，在修水一中大门前举行了增挂"散原中学"校牌仪式。随后，数辆小车驶往竹塅。竹塅的乡亲们贴标语、放鞭炮，热情欢迎他们的到来。陈小从一行拜祭了先祖墓，然后在陈家大屋的祖堂前举行了祭祖活动，由陈云君宣读了情文并茂的祭祖辞（祭文附后）。乡亲们杀猪、磨豆腐，还用"芋艿掺薯粉"做了"先祖最嗜此"的"餶子"（"餶"音 shào，与"哨"同音，修水传统特色食品），盛情款待他们，陈氏一行也向村里的小学捐款 5000 元。下午，陈氏一行返回县城。第三天上午，大家乘车游览了县城新貌，瞻仰了五杰广场，然后与县领导一起座谈。下午，由县里派车送他们到南昌。

竹塅的陈家大屋，虽因地僻而清静，但却因陈氏而生辉。每年都有专家、教授、上级领导和不少群众来此参观，其价值意义渐渐引人注目。

三、珍贵文物

陈家大屋书房，原藏有许多明清名人书画、篆刻及重要经典史册，也有陈宝箴父子的公文信函。除部分书籍由静娴清理寄给封怀等人外，其余多在20世纪50年代初期散失。据竹塅陈朗山老人回忆：当时从陈宅抬走大捆的字画，不知去向，他家当时也拿了三幅，在1958年被毁坏了。现在修水尚存的文物仅如下几件：

陈宝箴家信手迹两件，纸本，墨书，宽196厘米，高22.6厘米，内容是针对祖籍福建上杭陈氏祠堂被当地何姓焚毁而导致纠纷一事所提出的处理意见。该件议论公允，文句精练，字迹苍劲，是研究陈宝箴的第一手珍贵资料。1983年在竹塅征得，1985年裱成手卷，入藏修水县黄庭坚纪念馆。两封家书由《一门四杰》首次披露，后收入汪叔子、张求会编辑的《陈宝箴集》（下集第1675～1679页）。

陈宝箴手书对联一副，联曰："文字纵横乃如此，金石刻画臣能为"。落款是"右铭陈宝箴"。联高163厘米，宽37厘米。此联为集句联，上联出自北宋诗人修水黄庭坚《送少章从翰林苏公余杭》，下联出自晚唐诗人李商隐《韩碑》。此联原件1981年征得，1985年装裱入藏黄庭坚纪念馆，由《一门四杰》首次披露，亦收入《陈宝箴集》。

陈宝箴手书扇面一件，行书纸本，扇面上弧长63厘米，下弧长25.5厘米，纸面高18.3厘米。扇面书写黄庭坚《次韵子瞻和子由观韩干马因论伯时画天马》七言古诗一首，题款为"夏日写为少柏仁兄大人雅鉴，右铭弟陈宝箴"。1983年在修水汤桥征得，入藏黄庭坚纪念馆。

陈三立手书立轴一件，行书，纸本，高133厘米，宽33厘米，上书自撰七绝诗一首："桑条麦陇接比邻，社酒家炊丐路人。风俗尚如他日否？凭谁细问故园春。"后题"文钦世仁兄正，散原老人陈三立"。"文钦"乃龚文钦，修水县汤桥人。此件1980年在汤桥征得，1984年装裱，入藏黄庭坚纪念馆。

此诗由《一门四杰》首次披露，后收入李开军校点的《散文精舍诗文集》下卷第741页，题目为《故园》。

陈师曾（衡恪）绘《梅花》立轴一件，绢本，水墨画，高52.6厘米，宽40.9厘米。画面右下角盖有篆书"师曾画梅"白文四方印章一枚。此件1983年在汤桥征得，入藏黄庭坚纪念馆。

陈师曾绘《兰花》立轴一件，绢本，水墨画，高51.7厘米，宽41.4厘米。画面绘兰花两株，并盖有篆书"师曾书画"朱文四方印一枚。此件亦为1983年在汤桥征得，入藏黄庭坚纪念馆。

陈师曾自撰并书写的《作画感成诗》横批一件，入藏黄庭坚纪念馆。此诗内容见本书第四章第三节。

以上纸本文物，因保管条件有限，有的已破损，有的已霉变，难以展读。在故宫博物院，千年墨宝尚保管良好，而县存陈氏几件文物，只不过100多年，竟至如此，想来至为可惜。

修水县土管局退休干部、笔者的学长张敦柏先生早年在乡下工作时，从一老乡处淘得陈师曾自制砚台一方。砚台呈不规则梯形，一侧宽12厘米，另一侧宽21厘米，长23.5厘米，厚3厘米。台面刻一仙姑抱云图案，仙姑的洒裙部分为墨池。砚台背面有阴刻篆体文字，经仔细辨认为"偶得砚石因材塑玩不成方圆贻笑大方　陈师曾始作　大清乙未夏月"共27字。"大清乙未"即1895年，是年陈师曾19周岁。

距陈宅右四五百米的半山坡上，有陈氏迁宁始祖（即宝箴曾祖）腾远公之墓地。

陈琢如（即宝箴父）墓，原葬竹塅，后迁修水县城西南的下坑杨坊塅山上。有青石墓碑三块，碑文由清末著名外交官、湖湘俊彦郭嵩焘撰文，南昌太学士张步青书写。

四、家乡纪念

五杰广场

修水县在近现代涌现出了义宁陈氏——南昌大学教授刘经富先生称之为

"一个可以把'江西'二字写大的文化世家"，实为全县 80 万人民的骄傲。为弘扬先贤，2000 年初，修水县人民政府决定在县城东北修建五杰广场。经过两年施工，于 2002 年初工程告竣。

五杰广场北临凤凰山东南坡，南靠新建的百汇小区，西临老汽车站及居民区，东为碧波荡漾的修河，河对岸即临江高耸的旌阳山。广场由若干花坛和若干铺有大理石板的空地组成，面积 20 余亩。广场中央为一高台，东西两头各有台阶八级，似一本巨大的书翻开着，台上耸立五座四方体白色大理石碑柱。面南而观，陈宝箴居中，右前为陈三立，左前为陈师曾（衡恪），右后为陈寅恪，左后为陈封怀。每座碑体的南北两面，上部镌刻有碑主的白描头像，头像下面各有数百字的人物简介。高台北面的空地中央平置一方书形的石碑，碑上刻有修水县人民政府五杰广场志。广场由修水一中余昌徐老师等拟式；人物白描头像由黄庭坚书画院画师许甫金所绘；五杰的生平简介和五杰广场志，则为南昌大学刘经富教授撰写。

自广场建成后，来修水的外地人，不管领导也好，平民也好，几乎都要"到此一游"，并留影纪念，有的甚至还拿笔记下《五杰广场志》和五杰简介。平日，市民多在此散步、闲聊、晨练、跳舞，成了县城一处热闹的场所。

散原中学

由于陈三立在维新运动中的杰出表现、近代诗坛的崇高地位，特别是在日寇占领北平后他拒食拒药而死所表现出来的强烈爱国主义精神，抗战胜利后，在省、县社会贤达的强烈要求下，当时的江西省政府于 1945 年 11 月 7 日的 1713 次省务会议做出决定，将 1937 年创办于修水县城紫花墩的"赣西北临时中学"更名为"江西省立散原中学"。新中国成立后，该校先后叫"修水县联合中学""修水中学""修水县中学"，1979 年后叫"修水县第一中学"，"散原中学"几个字则成了老年人的记忆。2004 年 4 月，在县内外有识之士的强烈要求下，修水县人民政府决定，修水一中增挂"散原中学"校牌。在陈氏芳裔回乡之时的 2006 年 6 月 5 日上午，举行了"散原中学"挂牌仪式。2005 年 7 月，修水一中与城南的修水县高级中学合并，组成新的修水一中，原一中校区称"一中老校区"，城南原高级中学校区称"一中新校区"。2011 年 8 月，一中老校区的高中部迁至城南的新校区，原县二中（初级中学）与一中的初中部合并，在一中的老校区组建"修水县散原中学"。

散原路

修水老县城，地方狭窄，为发展计，从 21 世纪初起，县里加大了城南的开发力度，进展较快。在县政府新办公大楼及其前面的大型文化广场的东面，有一条南北走向近千米长的大街，为纪念陈三立，此街命名为"散原路"。

五、墓志祭文

陈伟琳墓志铭

赐进士出身、诰授光禄大夫、礼部左侍郎、

前署广东巡抚加七级湘阴郭嵩焘拜撰

江以西有隐君子，曰陈琢如。先生讳伟琳，系出江州，世所称义门陈氏者也。先世有仕闽者，遂为闽人。祖鲲池，由闽迁江西之义宁州，再传而生先生。考克绳，以孝义称，生子四人，先生其季也。始六七岁，授章句，已能通晓圣贤大旨。端重简默，有成人之风。及长，得阳明王氏书读之，开发警敏，穷探默证，有如凤契，曰："为学当如是矣！奔驰乎富贵，泛滥乎夫词章，今人之学者，皆贼其心者也。惟阳明氏有发聋振聩之功。"于是刮去一切功名利达之见，抗心古贤者，追而蹑之。久之，充然有以自得于心。一试有司，不应选，决然舍去，务以德化其乡人，尤相奖以孝友。其事父母，膊力一心，承顺颜色，不言而曲尽其意。母谢太淑人病亟，夜驰二十里外，祷于神。比返，太淑人寐方觉，言神饵我以药，疾以霍然。先生以太淑人体羸多病，究心医家言，穷极《灵枢》、《素问》之精蕴，遂以能医名。病者踵门求治，望色切脉施诊无倦。自言："无功德于乡里，而推吾母之施以及人，亦吾所以自尽也。"

生平为学，不求仕与名，独慷慨怀经世志。尝一涉江，揽金陵之胜。东历淮、徐，涉略齐、豫，北至京师，所至考揽山川，校其户口，扼塞险易，以推知古今因革之宜，与其战守得失之数。方是时，承平已久，天下晏然，无兵革之忧，而乱机牙蘖，隐伏潜滋。先生独心忧之，求思所以消弭之术，欲因以识天下奇士，人莫窥其涯际也。及归，喟然曰："士失教久矣，自天下莫不然，独义宁也与哉！诚欲兴起人才，必自学

始。"于是倡建义宁书院，资之赴举，曰："非养无以成教"。凡所利济，无弗举也；有兴创焉，无弗先也。

已而粤寇陷武昌，踞有江南，数扰江西。先生率乡人团练击贼，比有功。暇辄与讲求忠义，人皆喜自奋。义宁以一城扼江楚之冲，倚以拒贼者数年，由先生治团练始也。先生临事必求实济，不惮劳，不计名，诸所以利人甚众。其卒也，有男女二人伺其而哭诸墓，则尝以贫鬻妻，为设方略保全之，家人不知也。先生丰颐广颡，严重有威，而性乐易，善启发人；扬人之善如弗及，尤为人士所亲附。武宁罗亨奎，故奇士，避乱义宁，敬事先生，曰："乱离中能相勖以道义，此行为得所师矣。"咸丰元年，子宝箴举于乡，益督以学，戒无遽试礼部。日取经史疑义相诘难，及朱、陆之学所以异同，而言："学须豫也。脱仕宦，虚疏无以应，学又弗及，悔何追矣。"病且革，手录李二曲《答人问学书》，备论死生之故，复书"成德起自困穷，败身多因得志"二语付宝箴，庶几神明贞固不乱者。所著《北游草》《松下谈》《松下吟》《劝学浅语》《劝孝浅语》若干卷。其于诗尤长，而不乐为名，故世亦莫能知。

府君生于嘉靖三年，卒于咸丰四年，年五十有七。配李淑人。子三人：树年，候选同知；观瑞，殇；宝箴，辛亥科举人，以赞席宝田军，积功保道员，留湖南候补，加盐运使衔。女三人。孙四人。同治七年，葬先生义宁之北陇。又六年癸酉，礲石加封，以示后之人，揭先生之行于墓，命嵩焘为之辞。其铭曰：

生世而为贤，必有先焉。惟其运量周天下而学术之被其身，足以有传。阏其光以禮之其子，施世而长延。先生之卒，至于今二十年。既纂基而昌世，乃伐石以表阡。其名与行之不磨，炤三光而奠九渊。

义宁竹塅陈家大屋祭祖拜颍川陈氏先人文

陈云君

夫云烟杳邈，古梦幽幽，巍巍乎，荡荡乎，先人之思犹顾根而导源也。中华陈氏，自胡公满立国，与楚惠王废国，归齐以田姓治齐，秦后封于颍川而复陈氏。

至于唐昭宗赐立义门，至宋仁宗赐诗分庄，至闽中分散，至清雍正迁于江西义宁竹塅，于斯二千年。洎乎清季，右铭公起于国难，担当团练护土，沥血临风，缰马驰骋，护土而封疆，封疆而善牧。学识广而需德政，思想纯而开风气。至于新政起，即为一国之领军；维新败，则感万众于零涕。此固不治产、不问政为义宁陈氏家训之固也。夫山川之气概，即人文之精神。大江东去，留其魂魄于修河；万山逶迤，贻其肌髓于弥王。江左山水之气，何独钟于义宁。义宁八百年前有黄山谷之诗，八百年后有陈散原之诗。江西诗派上承工部，至宋而开清。文心似水，灵均幽远，心香一瓣，通天地而贯日月，信矣夫！仰首弥王峰，青山四拱，古松为不老，楠竹为常新。遥想当年，东坡千里来访山谷，博巾高帻拂云，青溪白石揖风，心仪而神往。立于凤竹堂前，不知今夕何夕矣！至若日月精华，湖海肝胆，义宁陈先生寅恪公，虽生不逢时，而文贯古今。枝叶茂乎世界，根殖本于斯土。先生之独立精神、自由思想，明昭上下三千年，彪炳今后无量劫。为今而后学子师，造文至史大匠本。呜呼，自右铭公、三立公至寅恪先生以下，虽难望项背，而群彦芳裔各有擅场。或为画坛巨擘，或为植物之父。而"诗是吾家事"，自三立公下逮四世，诗人辈出，虽有不以此鸣者，要皆佼佼，固非时下"诗人"可知也。今者有右铭公后人，首聚桃里竹塅陈家大屋，共祭颍川陈氏先人，永继祖风，恪守家训，仁孝忠诚，爱国敬业，温柔敦厚，文质彬彬，与国家共荣耻，与同胞齐进退，弘扬神州精神，传播华夏文化，凡我宗亲，同此心声！

丙戌五月初十（2006年6月5日）

参考资料：

[1] 杨坚点校，《郭嵩焘诗文集》，岳麓书社，1984年版。

[2] 修水县客家文化研究会编，《客家人在修水》，1999年2月。

[3] 张求会著，《陈寅恪的家族史》，广东教育出版社，2000年9月初版，2007年6月再版。

[4] 陈月海主编，《义门陈氏考》，江西人民出版社，2006年3月版。

[5] 刘经富著，《陈寅恪家族稀见史料探微》，中华书局，2013年1月版。

第二章 力行新政的封疆大吏——陈宝箴

一、生平事略

陈宝箴（1831～1900年），谱名观善，字右铭，又自号"四觉老人"。清道光十一年（1831年）农历正月十八出生于修水县泰乡七都竹塅村。

陈宝箴自幼英毅好学，19岁入州学，咸丰元年（1851年）乡试得中举人。陈宝箴的乡试朱卷有本房总批曰："统阅三场，皆归一律。诗文俊爽，理析牛毛。经策淹通，谈倾鹿角。揭晓来谒，知生传经世业，惊座家声。傅就髫龄，驹齿已著龙文之目；庠游弱冠，凤翎早生燕翼之辉。去年泮沼芹香，既交辉于棣萼；此日蟾宫桂折，更附骥于竹林。从兹红杏联簪、丹墀摘藻，于生有厚望焉"。[1]透过文中之浮词肤句，亦可见批语中对陈宝箴才能的赞誉。此年（1851年）的1月11日，洪秀全在广西桂平的金田村起义，宣布建立太平天国，在此后的两年中，太平军由桂入湘、入鄂，正值"其兴也勃焉"之时，也正是郭嵩焘在陈琢如墓志铭中所称"粤寇陷武昌，踞有江南，数扰江西。先生率乡人团练击贼"之时，宝箴在乡协助其父办理义宁州团练，因克复义宁州城有功，"义宁团练名一时"。咸丰十年（1860年），陈宝箴进京参加庚申会试，结果榜上无名，淹留京师三载，与四方隽异方雅之士相交往，尤与易佩绅、罗亨奎相厚，常以道义经济相切摩，时人誉为"三君子"。咸丰十年（1860年）秋，入侵中国的英法联军进攻京东的八里桥，清军僧格林沁的部队全军溃散，咸丰帝立即北逃，躲入热河行宫。侵略者首先跑到京西北的圆明园，将拿得动的金银财宝、珍贵文物掠走，然后放火烧毁了全园建筑。此日陈宝箴在一酒楼，遥见烈焰冲天，义愤填膺，捶案痛哭，震惊四座。

陈宝箴先后参幕易佩绅、席宝田军务，以军功保候补知府。光绪元年（1875 年），陈宝箴署湖南辰永沅靖兵备道，治凤凰厅（即今湖南省湘西凤凰县）。光绪六年（1880 年），改任河北道（指现在河南省的黄河以北，治所在今河南省武陟县）。1882 年秋，升任浙江按察使。第二年，以在河北道任内刑狱事被诬劾免职。1886 年，两广总督张之洞复奏，调陈宝箴至广东任缉捕局，治群盗。次年，奉调襄助治理郑州黄河决堤事。1889 年，湖南巡抚疏荐"宝箴可大用"。次年，授湖北按察使，视事三日，改任湖北布政使。1894 年，中日甲午之战爆发，日军陷我威海卫、刘公岛，危及京师，朝廷授陈宝箴直隶布政使。是年冬，光绪帝召见陈宝箴，询以战守方略，所答很受光绪帝赞许，委陈宝箴督东征湘军转运，驻天津，及专折奏事。1895 年 4 月，中日《马关条约》签订，大大加深了中国的半殖民地化和民族危机，陈宝箴痛哭曰："无以为国矣！" 1895 年 8 月，擢升为湖南巡抚。因陈宝箴在湖南为官多年，故湖南人闻得陈宝箴任湖南巡抚"亦皆喜"。在他的积极倡导、全力支持下，湖南各项新兴事业次第蔚起，风气大开，变法维新如火如荼，率先为全国各省做出示范，海内外人士纷往观光，并获得光绪皇帝的赞许。以慈禧太后为首的保守顽固派，极力反对维新变法，于 1898 年 8 月发动戊戌政变，囚禁光绪帝，诛杀"六君子"，陈宝箴也因力行维新和"滥保匪人"获罪，本会受严惩，但因荣禄等人在慈禧面前磕头求情，才免一死，陈宝箴与其子三立受"即行革职，永不叙用"的处分。是年冬，陈宝箴携家属及黄夫人灵柩离湘返赣，择南昌西山安葬夫人后，筑庐于墓旁，取青山二字合并，名此庐为"崝庐"。

1900 年，其子三立移居南京，并拟秋后迎父亦迁往南京，不料陈宝箴却于当年农历六月二十六突以"微疾"去世，享寿七十，落葬于南昌西郊"崝庐"之侧。其《清故湖南巡抚义宁陈公墓志铭》由其亲家、通州范当世撰文，通州张謇书写。夫人黄氏，乃同乡太学生黄应亨之女，诰封一品夫人，光绪二十三年（1897）殁于陈宝箴巡抚湖南任上。生子二：三立、三畏，三畏于 30 岁时早逝。生子一，覃恪；生女二：长女嫁湖南东安席宝田之子席曜衡，次女殇。

二、海内奇士

　　陈宝箴中举后，正值清廷日益腐败、人民水深火热、太平军方兴未艾之时。为防太平军犯境，咸丰二年（1852年），陈宝箴在家乡协助其父陈伟琳办团练，此为江西全省最早的团练。1854年陈宝箴丧父。次年，太平军中骁勇善战的翼王石达开率军攻占义宁州城。陈宝箴率义宁团练协助湖南官军罗忠节部，一举收复州城。在战事中，逐渐显露了陈宝箴治事治军的才能，且以军功授候补知县。他以自己的亲身经历，并结合对当时局势的剖析，写下了《记义宁州牧叶济英御城死难事》《义宁同仇录序》《义宁同仇录书后》等几篇文章。其中论述战事上的攻守策略，颇有见地，得到兵部侍郎郭嵩焘的好评。

　　1858年，陈宝箴进京会试，结识了不少有识之士，如易佩绅、许振祎、文廷式、罗亨奎等。在谈论时事国情时，他们同感朝廷昏庸腐懦。面对列强侵凌，国势阽危，朝廷只知忍辱退让，割地赔款；许多大臣视顶戴重于国事，甚至中饱私囊，发国难财。长此以往，国将不国，于是萌发了为国治乱御敌、维新救国图强的初衷。他会试落榜，便不再恋科举，转而精研强国兴邦的学问和军事战守方略，不久即应邀至湖南往投易佩绅。易佩绅在湖南巡抚骆文忠的支持下，招募千人为军，号称"果健营"，罗亨奎为副。其时，易军正奉命困守来凤山，拒太平军石达开部。易军粮尽饷缺，士气大挫，形势十分危急。陈宝箴冒着风雪，穿着薄棉衣，只身到永顺县筹粮募饷，为易军缓解饥寒之苦。刚到永顺，县令张修府见他衣着单薄，忙取狐裘给他御寒，陈宝箴说："军士冻饥久矣，即何忍独取暖为？"张公感激流涕，急筹饷输粮接济易军。易军得到粮饷，"守益坚，寇不得逞，引去"。[2]

　　同治二年（1862年）秋，因"稔曾公命世伟人，又幕府盛招致天下贤士"，遂往安庆谒见两江总督曾国藩，以文才、韬略和办事能力，深得曾国藩的赏识，喜过望，引为上宾，并称陈宝箴"海内奇士也"。[3]后被保荐觐见同治皇帝，授候补知府。未有一官半职、仅为举人身份的陈宝箴能得到曾国藩如此厚爱，绝非等闲之事。当太平军席卷半个中国并定都南京，"八旗""绿营"这些清廷的"中央军"望风披靡之时，是曾国藩组织并率领湘军这支"地方军"，虽屡战屡败却屡败屡战，用不屈不挠的"扎硬寨，打死仗"的精神，荡平太平军，挽救了清廷的命运，使清廷延续了几十年。湘军出身的官员，一时遍布全国上下，重要的职官 130 余人，其中总督 14 人，巡抚 13 人。[4] 当属晚清朝廷中流砥柱的曾国藩，其麾下如此人才济济，却称陈宝箴为"海内奇士"，陈宝箴的才识，于此可见一斑。

三、小试凤凰

光绪元年（1875 年）初，陈宝箴被任命为湖南辰永沅靖道台，治凤凰厅。

陈宝箴对湘西的情况是不陌生的。四年前的同治十年，湖南巡抚刘崐派他以候补知府的身份到湘贵边界，协助官军席宝田部平治匪乱。此时正是后期战事久拖不决、省城官吏缙绅又众口交攻的艰难时期。陈宝箴不顾干犯众忌，毅然前往。他提出分化瓦解、恩威并重、宽严相济的策略，协助席军将匪乱一鼓荡平。战事结束，湖南数年拖欠官兵的军饷已超过百万石，加之连年的水旱之灾，欠饷一时无法兑现，"匪乱"刚平，又面临"兵变"之危。面对此种局面，湖南官府无人敢担当，可谓焦头烂额。陈宝箴经仔细调查分析，提出以"期券"分期递发的方式，并且军地双方"践限必信""互不愆约"，加之实行赈抚屯防等策，从而顺利解决了危机，以至新任的湖南巡抚王文韶赞叹："接右铭（宝箴）来牍，详陈苗疆善后章程，既有见地，亦肯担当，心窃伟之……"[5]

清朝的道台，为省以下、州府以上的行政长官。此前，无论是在易佩绅处，还是在曾国藩、席宝田处，陈宝箴均为幕僚。此次任道台，是陈宝箴在宦海生涯中第一次主政一方，时间虽仅一年零四个月，但扎扎实实为百姓办了几件实事。旧社会，官员称百姓为"小民"，百姓在官员面前也自称"草民"。"小"也好，"草"也好，反正不算回事。如遇有冤屈想打官司，对不起，"衙门八字开，有理无钱莫进来"。修水的老话说，"打得千斤铁，要烧万箩炭"，没有大把钱，莫想打官司。因此，草民无处告状、小民无处申冤，官府甚至草菅人命，乃是普遍现象。社会无公理，民心不顺畅，政事就必定难以治好。陈宝箴下达告示，受理百姓冤情，随后妥善处理了许多案件，此举深得民心。2007 年 9 月，笔者在凤凰县参加"陈宝箴世家博物馆"开馆仪式时，当地一

位老先生见我胸前带着一条红标签，问我是陈家后人还是专家教授。我说我不是陈家人，也不是专家教授，而是陈宝箴的家乡人。老先生说，时至今日，凤凰县还有人念起当年流传的"衙门八字开，有理无钱找陈道台"这句话。

凤凰地处湘西武陵山脉的万山丛中，山多地少且贫瘠，生产十分落后，"民无所资生"，百姓生活艰难。陈宝箴号召百姓大种竹、茶、果、油桐、红薯等修水客家人的"老行当"。当地人原来只知吃鲜薯，弄不好十天半月就烂了。修水山区的百姓长年吃薯丝，陈宝箴就把家乡晒薯丝的办法，包括如何刨制、如何晾晒、如何储藏的方法，一五一十教给当地百姓，使当地百姓知道如此这般能使红薯"久贮不坏"。一系列的措施，缓和了粮食的紧张，经济也得到一定的发展。

洞庭四大水系之一的沅江支流沱江，在凤凰古城中间流过。沱江流量不大，但因地处山区，且河中怪石森森垒垒，山洪一来，像一群猛兽般地横冲直撞，破坏性很大。陈宝箴下决心治理沱江。他上奏朝廷，得银20万，带领百姓治河。资金不够，便拿出自己的俸银，最后把老母李太夫人的私房钱也拿来治河了，以至他调离时一贫如洗。7个月治河告竣，不但消除了水患，还解决了交通，使凤凰的船只经桃源、常德直下洞庭。今天，凤凰已是著名的旅游城，每天都有许多游客，在平静的沱江上乘船游览，优哉游哉之余，能不想起陈宝箴当年治河所费的心血吗？

凤凰除了山水之美以外，一平方余公里的古城也保护得很好，城墙、城门楼、宝塔、亭榭、石板街、民居等，都显示出一派古色古香的气息。青山绿水加古建筑，使凤凰县成为全国著名的旅游城。在陈宝箴世家博物馆开馆仪式上，该县领导在讲话中介绍，保护凤凰古城，有陈宝箴的一份功劳。当年他出示布告，严申"兵民必须保护好古城的一砖一瓦，不得擅自损坏"。他是近代提出保护凤凰古城的第一人。

而现在有的地方，一说要加强城镇化建设，就一股脑儿地大拆大建。殊不知，对于有价值的古建筑和自然景观，保护就是最好的政绩，一拍脑袋就做决议，随意摧毁就是历史的罪人。

陈宝箴小试凤凰，时间虽短，但获得人们高度的赞扬。在他调任河北道时，郭嵩焘在《送陈右铭赴任河北道序》中说："……君所治事，群湖南之人信而服之。……湖南之人亦茫然于君之将去此也。……湖南之人流连咏慕、旁皇太息于君之行也"。[6]为官一任，能使当地百姓"信而服之"，奉命调离，又令百姓"流连咏慕、旁皇太息"，这样的官员，任何时候都是难能可贵的。人们常说，"金杯银杯不如老百姓的口碑"。笔者认为，口碑又分两种，一种是在任时的口碑，一种是离任甚至是去世后的口碑，后者比前者更可贵。

时隔130多年，历史文化名城凤凰县的有识之士雷炳翔（又称雨田先生），在凤凰县政府的支持下，斥巨资修葺整理原道府衙门，搜集大量文物，并获广州张求会、朱万章两位专家的指导，建成"陈宝箴世家博物馆"，于2007年9月16日举行了开馆仪式，有当地领导、社会贤达、研陈专家，陈小从、陈星照、陈云君等陈氏后人参加。凤凰县的领导在讲话中称陈宝箴为学习的楷模，凤凰人民将永远怀念陈宝箴世家的先贤们。博物馆门前小广场的右边，还矗立一面大型石碑，上刻凤凰籍著名画家黄永玉撰文并书写的记载陈宝箴家族事迹的文章——《华彩世家》。

四、一路政声

光绪六年（1880年），陈宝箴调任河北道，任期三年，主要办了三件事。

第一，制定并实施治盗法规。当时境内匪、盗横行，社会秩序混乱。陈宝箴通过调查研究，制定并实施《治盗法规》，不但严惩盗匪，同时也严惩捕盗不力、徇私枉法的官吏，一时盗贼销声匿迹，官吏也不敢胡作非为，社会秩序渐趋正常，民心也逐步稳定。

第二，整治黄河大堤，亲自审定疏河筑堤方案，并规定对在治河中玩忽职守之官吏的惩办条例，使河北道境内的黄河大堤得到有效整修加固。往年这里经常破堤成灾，在他任职三年内却未发生决堤事，从而保障了当地人民生命财产安全和生产的正常进行。

第三，重视教育。陈宝箴认为："夫世运之盛衰，人才为之；人才之盛衰，学术为之。"如不重视人才的培养，"一遇变故，辄委任无人，而以庸驽当之，迨致坏乱，乃叹人才之难得。是果人才之难得乎？嘉谷不种则不生，良木不溉则不美也"。鉴于当时"河北人士质直负节概，变学以造才，真可缓？"的形势，陈宝箴"斥金大起屋，而别营岁费"，办起了"致用精舍"，购买许多图书，精选三府优秀子弟，聘请名师执教。为做到"学有规，课有程"，陈宝箴还亲自制订了详尽的《致用精舍学规》共15条，目的在于培养一批知道古

今常识、关心和了解时务、具有道德礼义的"明体达用"的人才，并通过他们在社会上示范传布，移风易俗，"河北风趋为一变"。【7】

在河北道任内，曾因以前在开封参与会审王树汶一案，陈宝箴被诬劾受到免职处分。但他光明磊落，认为"一官进退如毫毛比，岂足道哉"？故上折曰："法司者天下之平也，是非者朝廷之公也，苟不考事实，凭势恣意变乱，黑白惟其所指，独立之士孰不寒心？"

1887年，李鸿藻在河南郑州指挥堵塞黄河决口，遇到了地方官吏互相扯皮、治河材料奇缺等困难。陈宝箴奉调协助李鸿藻，"度形势助谋画"，所指各项措施均获李的采纳，因而李公"倾倒府君自兹始"。李在当时的一篇日记中写道："今早专马送中丞信，右铭戏作《牧羊行》"，可见李对陈宝箴的信任与尊重，及二人合作的公谊私情。

1890年，陈宝箴升任湖北按察使，视事三日，改任布政使。他治政、察吏公正严明，并亲自书写忠贞廉洁的名句格言勉励下属，使人人自相激励。两湖总督张之洞与湖北巡抚谭继洵，"两公颇异趣"，不团结。陈宝箴虽为督抚下属，但两公都倚重陈宝箴。二人有处事不当、相持不下时，陈敢于"犯颜抗辩"，据理力争，终使二人信服。【8】

时湖北有以贩卖妇女为业的歹徒，四出作案，其黑窟极为隐蔽，更有一些"猾胥群盗附为爪牙"。陈宝箴决心为民除害，铲除这股黑恶势力。他暗中派出可信而又得力的人员，化装密查，终于捕获了数十名案犯并从严惩处，刹住了这股歪风，保护了老百姓。【9】

1894年，陈宝箴出任直隶布政使，时正值中日甲午战争爆发，京师危急，光绪帝亦十分忧虑。是年冬，光绪帝召见陈宝箴，询以战守方略。陈宝箴奏陈《兵事十六条》，分列"固畿辅""择军将""严津防""简军实""筹急款"等，详疏御敌措施，并引《易经》中"庶得变而不失其常"之理，以坚定朝廷抵抗侵略的决心和信心。听了陈宝箴的陈述，光绪帝由"颜悴甚"而"改容额之"，对陈的分析和主张深表赞赏。时刘坤一率湘军东征，军需后勤方面"为款弥巨，其事益繁"，急需得力干将担当此任。刘在上奏电文中称陈宝箴"秉性公忠，才具稳练"，"委以湘军饷事，必能措置合宜"，因而"请旨饬令陈宝箴接办湘军东征粮台，并准专折奏事，以期顺手"，光绪帝即派陈宝箴任东征湘军粮台。陈宝箴任贤能，堵积弊，废除以往用钱物可折交皇粮（旧称"折色"）的做法，有效制止收粮工作中的贪污情事。刘坤一十分倚重陈宝箴，称"将来军事或有尺寸之效，皆出自大公祖之赐也"。对于陈的出色表现，刘坤一赞为"历来军兴粮台所仅见"。[10]

五、湖南新政

1895年，65岁的陈宝箴擢任湖南巡抚，开始了他人生最辉煌的阶段，而摆在面前的形势又是错综复杂、任重道远的。当时湖南旱饥，赤地千里，受灾达20余州县，犹以浏阳、醴陵、衡山为最。且盗匪蜂起，倚灾倡乱，奸商囤粮私运，全省处于"万事坏废待理方不可胜数"的境地。此情此景，令朝廷甚以为忧。陈宝箴到任后，立即从赈灾、治乱、辟利等方面着手。他传电各省大吏，请求帮助，以解燃眉，旬日得五六十万金；颁布严禁贩米出境令，并果断处置当时云集岳阳之千余艘贩米船只的事件，诛其首要，人心大定，从而初步安定了湖南的局势。局势稍定，陈宝箴根据形势，提出了治湘的"大者""要者"，大力实施新政。

陈宝箴大力实施新政，是有其时代背景和思想基础的。自鸦片战争开始，已逐渐衰朽的老大帝国，又连年遭受列强的侵略和瓜分，此时中国的形势，正是"俄北瞰，英西眈，法南瞬，日东眈，处四强邻之中而为中国，岌岌哉"！[11]两千多年的封建帝国，开始陷入半封建半殖民地的境地。值此国家岌岌可危之际，"海水沸腾，耳中梦中，炮声隆隆，凡百君子，岂能无沦胥非类之悲乎"！陈宝箴自是此等君子，亦对此叹为"臣子之大耻"，并上呈《拟陈夷务疏》，急切建议朝廷"出圣断以决大计，简大臣以参密谋，择将帅以寄军政，扼形势以固根本，拔豪杰以作士气"，恳请朝廷吸取教训，急图对策。然而慈禧把持朝政，对内专横，对外屈膝，"量中华之国力，结与国之欢心"；光绪帝虽有所醒悟，但受制于太后，难以作为，以致列强纷纷入侵，朝廷则忙于割地赔款。陈宝箴深深感到，长此以往，国将不国，难以图存。丧权辱国的《中日马关条约》签订，陈宝箴满腔悲愤，并"历疏陈利害得失，言甚痛"；李鸿章自日本回，时陈宝箴尚在直隶藩司任内，许多官员前去拜见，陈宝箴不但"愤不往见"，而且当群臣议论李将复任直隶总督、为陈的顶头上司时，陈宝箴曰："李公朝抵任，吾夕挂冠去矣。"[12]

早在1884年，林则徐的得意门生、清季改良派的先导冯桂芬著了一本《校

邠庐抗议》的书，系晚清第一部倡导变法的专著。冯请朝廷重臣曾国藩为该书作序，但曾认为该书言辞偏激，不肯作，陈宝箴却欣然为之作序，可见其求变求新的思想由来已久。《校邠庐抗议》书出，引起一些爱国志士的共鸣，甚至光绪帝也受其影响，曾下旨发翰林院传阅。此后，国势日衰，维新变法图存图强的呼声日趋高涨。故陈宝箴奉旨抚湘后，深感乘长风破万里浪当是时也，便决心以自己掌管一省的极好机遇，实施新政。因此，在稍事安定湖南的局势之后，陈宝箴即着手制订实施新政的步骤和措施，主要是"董吏治，辟利源，变士气，开民智，敕军政，公官权"等方面。

（一）董吏治

他原在湖南任职多年，熟悉当地官僚中的弊病，不是贪赃枉法、徇私舞弊之徒，便是保守落后、昏庸无能之辈，且此等人物大多上有后台，中有帮派，下有爪牙，盘根错节，难以查究。此辈把持衙门，横行乡里，焉有百姓安宁？更何谈实行新政？陈宝箴顶着压力，首先查处并罢免了劣迹昭著的常德知府文杰，惩办了同知衔的吴爱亭，又严惩了"显僚豪幕中最有气势"的长沙府幕僚任麟。任的劣迹，有伙开钱铺典当多处，收受贿赂，代通关节，猎取要缺，密布爪牙等。直隶布政使王廉为任说情，陈宝箴不允，并上疏告王"党私背公，颠倒是非"，王被革职。直隶总督王文韶又为王廉上奏求情，也受到"交部察议"的发落。如此一来，陈宝箴在湖南严惩贪官污吏的事，震动朝野，"群吏懔然"。有人对他"私相指目，诟议横生，并动以声势报复相胁"；也有人联名诬告、诽谤企图扳倒他的。但他无所畏惧，说"苟非置得失毁誉于不顾，将不能去一贪渎之夫，进一气节之士"。接着又查处府县以下以私乱公的官吏二十余人，"而代以干良者"。通过整饬，改变了往日"官幕朋比，声气把持，几无复是非邪正之辩"的局面。此后，各级官吏"颇觉知所严惮"，多能"循分供职"。对于不能胜任职责但又愿求上进的官吏，则设立"课吏馆"，讲求居官事理、研习吏治、刑名，并按学业等差，酌给奖励，寓津贴于奖励之中。学课分农工、工程、刑名、缉捕、交涉等科。对"不知检束、任意旷学者"，一并革职。陈宝箴在给负责主办课吏馆的黄遵宪的札饬中明确指出："既有课吏之名，应循名责实，必使候补正佐各员，皆有白学之方，期得学问之益。日有所考，月有所稽，学业有成而后出而从政，不致茫无所知，徒假手于人，一听书吏提掣。"后虽因新旧党争，受课之官吏不是很多，但也培养了部分志在维新的人才。

说到"董吏治",不能不提到陈宝箴当年在湖南力行新政时,集聚了一大批维新派著名人士,如黄遵宪、江标、熊希龄、谭嗣同、梁启超等中国近代史上如雷贯耳的历史人物,还有毕永年、蒋德钧、邹代钧、韩文举、叶觉迈、樊锥、易鼐、皮锡瑞、欧榘甲等一大批维新健将。他们中有的是投奔陈宝箴的,有的是陈宝箴网罗招致的,也有原在湖南任职的。如此强大的"演员阵容",当时其他地方是难以匹比的。凡事都要人干,特别是干一番社会大事业,有一批"好干部"是一个决定性的因素。正是陈抚及其麾下这一大帮子维新干将,才演绎出影响深远的湖南新政这部历史话剧。

除网罗人才以利湖南新政外,陈宝箴还多次上折,向朝廷保荐维新人士,如《请厘正学术造就人材折》,虽对康著《孔子改制考》不无微词,但他认为"康有为之为人,博学多才,盛名几遍天下,誉之者有人,毁之者尤有人"。然"毁誉不足定人",其"识略既多超卓,议论亦颇宏通,于古今治乱之原、中西政教之大,类能苦心探讨、阐发详尽,而意气激昂慷慨,为人所不肯为,言人所不敢言,似不可谓非一时奇士","当此百度维新、力图自强之际,千人之诺诺,不如一士之谔谔,谓宜比之狂简,造就而裁成之"。又如《密保京外贤能各员折》,鉴于"国家当力图振兴之会,庶政方面,需才尤众",特向朝廷保荐陈宝琛等 17 人。对于陈宝箴的保荐,光绪皇帝高度重视,光绪二十四年(1898 年)7 月 13 日上谕:"湖南巡抚陈宝箴奏保人材,湖南候补道夏献铭、黄炳离,前内阁学士陈宝琛、侍读杨锐、礼部主事黄英彩、刑部主事刘光第、广东候补道杨枢、王秉恩、江苏候补道欧阳霖、杜俞、柯逢时,江西候补道恽祖祁、湖北候补道徐家干、薛华培、左孝同,均著来京预备召见"。[13] 再如,当杨锐、刘光第、林旭、谭嗣同任军机章京后,陈宝箴又特荐重臣张之洞入参枢密,以为"四章京"领袖。此举看似担心四卿缺少理政经验,"尚需阅历",实则是想借重张之洞在朝野的威望,加大维新的实力,"期自强之实效"。

(二)辟利源

陈宝箴认为,这是为官和推行新政的主要任务。首先,重视开发农业。前文已述,当时湖南大旱,赤地千里,饥民遍地。陈宝箴在着力赈灾、打击私贩粮米、惩治贪污自肥的官吏的同时,大力发展农业生产。他发现一些山区因水涝成灾,常有猛蛇伤人事件,便发布《通饬伐除蛟害札》给各州县,并附"测蛟法""伐蛟法""辟蛟法"等具体办法给各地参照执行。为解决粮食紧张，鉴于"各处农田不似前治塘堰，无以备旱"，他下发《劝办塘堰积谷告示及通饬州县札》，劝谕各地"秋收之后，有田之家与佃耕之户，务须视同一体，将某处应创、应修塘堰，互相设法兴办。其田主、佃户、出赀、出力，自有各处向章，力偶不及则彼此暂为通融，下年再为归结。目前虽费财力，而从此常获丰收，所入何有止境"？又下发《劝民垦种荒山札及告示》，劝谕"各处荒山，弃之可惜。木果杂粮，都可种植。松杉竹柏，桐茶棕漆，白蜡木油，皆为用物。布种一山，获利千百……有山不种，岂非大惑？""劝谕有山之家，与其日久荒费废，不如许给附近贫民，立约承佃，只期免被占据，不必计较山租，保富安贫，一举两得"。对于将这些工作抓得有显著成效的地方官员，则由上级"给予匾额，以示奖励"。由于规定明确、具体，各地均能照章实行。芷江县还明文规定，"富户三年内不将荒地垦种，又不招佃开垦，则由官府悬示招佃"。省抚衙还专门设立蚕桑局，负责指导全省栽桑养蚕。以上措施，大大发展了粮食和经济作物的生产，改善了老百姓的生活。

辟利源的第二大项是发展工商矿业。早年陈宝箴任职凤凰时，就拟开发地下资源，后因调离而未能实施。陈宝箴抚湘后，即接纳邹代钧的建议，认为"欲求富强，非开矿不可"，第二年农历正月，陈宝箴上《开办湘省矿务疏》，奏请设立湖南矿务总局，"先择铜、煤、铅、磺等矿较有把握之处，试行开采"。光绪帝朱批"所奏甚是。该抚其悉心妥办，以观厥成"。上疏获准后，他又得到民族资本家朱昌琳的支持，拨 3 万两白银做矿务局开办经费，又向厘金局、善后局挪借几十万基金，采取官办、官商合办、官督商办三种形式开采矿业。但当地士绅思想迷信，认为开矿破坏风水，地方上响应者不多，主要是矿务总局开采，先后在宁乡、湘潭、芷黔等地开煤矿 6 座，金属矿 13 处。其中常宁水口山铅锌矿、平江黄金洞金矿、新化和益阳锑矿，为官营重点矿场。并在汉口设立"湘矿转运局"，以便于外销。到戊戌年间，全省矿业已达 100 余处，规模空前。

陈宝箴大力支持创办其他近代工业。1895 年他与湘绅王先谦、张祖同、杨巩等商筹，在民间集股，创办"和丰火柴公司"；1896 年春，支持熊希龄、蒋德钧等以官商合办的形式创办"宝善成制造公司"，后来该公司还创办了小型发电厂，是为长沙电灯使用之始；支持创办内河轮船公司，经反复争取，1894 年 4 月，湘鄂始有轮船通航；湘潭监生张本奎等创办"湖南化学制造公司"，先行"蒸熬樟脑"，陈宝箴认为此举"亦属保富之一端"，不但批准"迅速开办"，并准"在湖南境内专利 15 年，以示奖励而资观感"；梁肇荣创办水利公司，陈宝箴认为"甚属美举"，即行批准，并允"公司专利十年"。

致力交通建设。朝廷原拟粤汉铁路经江西下广州而不经湖南，陈宝箴派得力干将熊希龄等与时任铁路大臣的盛宣怀交涉，促成了粤汉铁路干线改经湖南。为消除士民对修筑铁路的顾虑，陈宝箴发布告示，"现在兴筑铁路，为中国富强要务。火车在铁路中，日行千余里，不独调兵运粮、救荒备赈至便至速，为所必需；即各处粗重土产货物，俱可运至远方，售得厚价。火车往来铁路，节节停顿，必须装卸货物、换载人客，沿途商贾，因可开设行栈，贫民亦可挑抬客货、贩卖食物，藉便谋生。冷僻之区，顿成镇市，地方立见繁盛。且湘粤芦汉铁路，系中国绅商设立公司承办，仅止选择外洋工匠修造。造成之后，各府州县绅商士民，俱可入股分利。是此举利国利民，而于经过地方尤有无穷大益"。

为拓展对外贸易，适应岳州开埠，陈宝箴特任朱昌琳领导疏浚长沙北门外港（即后来的长沙新河），使较大的船只可以进出装卸，同时又可作为避风港。此举因陈宝箴被革职而中断，惜仅完成三分之一。

为有利于"军机密事"及"商贾市价行情的随时通达"，陈宝箴又提议架设电线，虽有"群议众谤"，他极力宣扬、辩解，终于力排众议，架设成功，从而使"数千万里联为一气，若一省之内，则更无异户庭"。

此外，陈宝箴还曾札委蒋德钧筹办湖南商务总局；还先后在湘省设立了工商局、电报局、官钱局、枪弹厂等；又劝办塘堰、积谷；裁汰旧勇，添练新军。

以上措施，不仅开发了湖南的地方资源，发展了经济，而且促进了湖南由封建小农经济向着民族资本主义经济发展。

（三）改革教育，变士气，开民智

"民智"问题，乃各项事业成败的关键因素之一，而湖南当时又是出了名的守旧之地。《清朝野史大观》卷 7 载："郭嵩焘尝奉使泰西，颇知彼中风土，以新学家自命。还朝后缘事请假，还湘中原籍。时内河轮船犹未通行，郭乘小轮回湘。湘人见而大哗，谓郭沾染洋人习气，大集明伦堂，声罪致讨，并焚其轮，郭嗫不敢问。观此可见当时内地风气未开之怪象也。"而改变士气、开发民智，主要就靠宣传工作、教育工作。陈宝箴一贯重视教育，曾说："国势之强弱，系乎人才；人才之消长，存乎学校。"早在同治年间，他就认为"科举之弊，则务为帖括抄袭以资弋猎"，此法必须变通，"应就（书院）成法之

中寓化裁之意。""厘定书院章程",要"明学术以育人才"。他到湖南上任，得知谭嗣同"小试浏阳一县"，改南台书院为算学馆，见所刊《兴算学议》，赞许"谭复生书粗阅一过，其识度、才气、性情，得未曾有。侍居节府数年，黯然无闻，尤为可敬。惜失之交臂，为内疚耳"！并"命印千本，遍散于各书院"。60多岁的中丞大人，如此重视比自己的儿子还小10多岁的后生小子谭嗣同，与其说是重视年轻人，不如说是更重视"新学"。之后，张通典等禀请在湘乡东台书院专设算学、格致、物理、化学、方言、商务等科目，陈宝箴批准立案实施。接着，他未等朝廷降旨，又令裁去各书院的"童试"而改试"算学"。他又与张之洞联名上奏光绪皇帝，指出八股取士之法，"乃流失相沿，主司不善奉行，士林习为庸陋，不能佐国家经时济变之用，于是八股文字遂为人所诟病"。为"变法求才，拟请妥以科举新章，以觇实学而防流弊，并请酌改考试诗赋、小楷之法，以造就通籍以后之人才"，并提出改革乡、会试的具体办法。光绪皇帝对此非常重视，"朕详加批阅，所奏各节剀切周详，颇中肯綮，着照所拟。……嗣后一切考试，均以讲求实学、实政为主，不得凭楷法之优劣为高下，以励硕学而黜浮华"。[14]学政江标改革省城校经书院，设立方言、算学、舆地等学会，陈宝箴大力支持，称赞"学会为士子群聚讲习，以开拓心胸，讲求实学，造成远大之器，用意甚美"。该书院从1897年3月刊行的《湘学报》，是湖南首创的新刊，"为湖南新政运动之重要文献，而其政治思潮酝酿，实又具有全国性之时代意义"。它以大量篇幅介绍东、西方资本主义国家的政治、经济、文化等方面的情况，传播自然科学知识，尤以"史学""掌故"两栏，昌言维新，最具特色。陈宝箴对此大为赞赏，认为该报"指事类情，洵足开拓心胸，为学者明体达用之助"，札饬各州县订购，并劝富绅自行购买分送。此外，他又从省厘金项下拨款，购买汪康年、梁启超等人在上海创办的以宣传"变法图存"为宗旨的《时务报》全套若干份，分发各府厅州县，俾肄业诸生悉心推究，以开风气而广见闻。

设立时务学堂，是陈宝箴改革教育的又一件大事。1896年冬，熊希龄、蒋德钧、王先谦等建议在宝善成制造公司内添设学校，陈宝箴闻之"惊喜叫绝"，亲自命名为"时务学堂"，委任熊希龄为时务学堂总理（即校长），并准每年从省矿务余利中筹拨银3000两作为学堂常年经费。他在《时务学堂招考示》中称："诸生入学三四年后，中学既明西文习熟，即由本部院考选数十名，支发川资，或咨送京师大学堂练习专门学问，考取文凭，或咨送外洋各国，分驻水师、武备、化学、农学、矿学、商学、制造等学堂肄业，俟确有专长，即分别擢用"。他又敢冒风险，支持黄遵宪等人的建议，邀请上海《时务报》主笔梁启超入湘主讲。此时，张之洞致电陈宝箴，告知《时务报》第40册所刊梁作《知耻学会叙》中，有"干名犯义之语"，"若经言官指责，恐有不测"，劝陈宝箴"速图一补救之法"。陈宝箴铁心改革，矢志不移，仍聘梁主讲，并任中文总教习。

在时务学堂的影响下，湖南的新式学堂大兴。维新派将省城的求贤书院改办为武备学堂，对学习内容规定为：易弓箭为枪炮，讲求舆算、测量等科，注重操场演习，并加强其纪律观念，以培养新式军官。

（四）兴民权

这是把湖南新政推向深入的重要举措。为打好基础，湘省先后邀请黄遵宪任长宝盐法道兼署按察使，派徐仁铸接替江标任学政。同时，谭嗣同也弃官返湘，参与湖南新政的各项大事；梁启超又把康有为的弟子韩文举、叶觉迈带入时务学堂任分教习，以至一时各地维新志士群聚长沙。是时，发生德军强占胶州湾事件，使民族危机更加严重。维新志士便极力鼓吹变法以图存图强，开展自立民权活动，使变法运动具有资产阶级的"民主"或"民权"思想。具体表现：

之一，时务学堂教育方针的转变。建校之初，原以中学为本，兼采西学之长，意图是"俾学生目读其书，而习睹其器；躬游其艺，以深究其端"，目的在"推广工艺"，带有"洋务"的性质。后来由梁启超所订的章程、学约和教学计划，明确规定学生须"中西并重"。而此时"西学"的含义，不仅是以前所指的西方之"艺学"，而主要是指西方公理公法之书的"政学"。这种以"政学"为义、以"艺学"为技的教学宗旨，使得时务学堂的性质发生了根本的变化。学校进行的有关民族、民权教育，对于学生的思想很有启迪和解放作用。对此，陈宝箴认为，"总教习所定章程，明通正大，刊刻传布，无人指以为非，亦无异端之谤"，并接纳梁启超"学堂应广设外课，各州县咸调人来学"的建议，学堂加收外课生。

之二，成立南学会。南学会于1897年冬建立，陈宝箴及其子三立是发起人和主要推动者，"赞成者则有前任学政江标，后任学政徐仁铸，和按察使黄遵宪。组成的分子，则为地方绅士谭嗣同、唐才常、熊希龄、毕永年、戴德诚、邹代钧、樊锥、易鼐等人"。[15]该会是一个行民权、立国会之基始的政

治团体，具有半官方的性质。

该会的组织形式，是先由巡抚选定十位地方绅士作为总会长，再由这十位绅士各举所知，辗转吸引发展会友。凡申请入会者，须先由三名会友保举，再由会中公议，半数以上同意者方可入会。会友分三类：一曰"议事会友"，为全会的决策部门，凡会中事务章程，均由议事会友议定，形同理事会或评议会；二曰"讲论会友"，如同敦聘的讲座，轮流讲演，随时问难，其产生的方式也是公推；三曰"通信会友"，则是远道用函牍酬达的外埠士绅。南学会的会友，后达 1200 人之众。

南学会的最大作用，是对地方庶政的改良。"各会友于地方风俗利疾、兵马、钱粮、厘金、矿务、法律、刑狱等事，如有考察确切、有裨治理者，许达本会，转咨课吏馆长衡定，禀请抚宪核夺施行"。[16] 在高度集权的封建时代，陈宝箴作为封疆大吏，具有明显的"兴民权、公官权"的思想，首先倡导群议地方事务，是十分难能可贵的。

在南学会开讲的第一期，陈宝箴即亲自登台演讲，强调"为学必先立志"，志在何处？当今"四邻交侵，浸以削弱，应付皆穷，屡至丧师辱国。以天下数万里之大，四万万之众，不得与欧洲诸国比，岂非吾辈之大耻乎"？[17]十分明显，陈宝箴之志，正在于救国、强国，进而自立于世界民族之林。

之三，创办《湘报》。在时务学堂开办的同时，该报又在长沙诞生。这是湖南最早的近代报纸。此前虽有《湘学报》，但为旬刊，十日一期，并非日报。该报《章程》指出："本报与时务学堂、南学会联为一气"，内容涉及广泛，有时事，有陈宝箴、梁启超、黄遵宪、谭嗣同、唐才常等人的文章，有南学会的专题讲稿、时务学堂的部分课卷及省府可以公开的文件，小到日用商品的价格，都可在报上刊登，故上到官员士子、下至普通百姓都乐意看。《湘报》董事会由熊希龄、蒋德钧、王铭忠、梁启超、李维格、谭嗣同、邹代钧、唐才常共 8 人组成。并由戴德诚、梁启超、樊锥、何来保、谭嗣同、唐才常为撰述（编辑），唐才常为总撰述。经费问题，一是董事会成员捐款，二是社会捐款，三是由陈宝箴每年从省署拨银 200 两，四是售报收入。为扩大发行量，报价尽量按工本费计算，每张 5 文，月价 130 文；对于穷乡僻壤之地，由报馆寄赠，张贴墙上，供民众阅览。《湘报》不仅成为湖南维新派的言论阵地，且与上海的《时务报》、澳门的《新知报》鼎足三立，在全国影响很大。如今，177 期《湘报》仍完整存放于上海图书馆，虽又黄又旧，但读者抚之读之，于耳畔眼前，仍似浮现当年维新派的战斗情景。

之四，创立"保卫局"。黄遵宪参照日本和西方国家的警察制度，建议设立保卫局。陈宝箴面谕黄遵宪，对于"所拟《保卫局章程》四十余条，深以为然，应饬令发刻，一面筹办"，完全接受其建议，裁撤原有的保甲团防局，改办保卫局，并在省城设立保卫总局。保卫局为官民合办的机构，职责是"去民害，卫民生，检非违，索罪犯"。成员由官、绅、商中选出总办和议员组成。省总局由总办、会办负责。总办即由按察使黄遵宪担任，会办是湖南颇有影响的绅士、左宗棠之子左孝同。议政、治事规则，则是"以人数之多寡，定事之从违"的"少数服从多数"的具有现代政治特色的管理体制。湖南保卫局的创办，因其开中国现代警察制度之先河，而载入史册。

之五，设"课吏馆"。梁启超认为，"开官智为万事之起点"，建议设馆以"教官"。陈宝箴立即支持，并设想建立一个"统全省官吏而课之"的"课吏馆"，为推行新政而造就一批熟悉新制和提高实施新制能力的官吏（此点已在前"董吏治"一节中述及，此略）。

短短三年治湘，正是陈宝箴处在 65 岁至 68 岁的暮年时期。年近古稀的他，在没有其他地方经验借鉴的情况下，采取了如此众多的举措，取得了如此显著的成绩，足见他报国热情之高和治政能力之强。以上各项新政的实施，使湖南呈现出一派崭新的气象，陈宝箴也因此而名闻全国。梁启超说："湖南民智骤开，士气大昌"，"人人皆言政治之公理，以爱国相砥砺，以救亡为己任。英俊沉毅之材，遍地皆是"。《中国革命史人物词典》介绍陈宝箴："以湖南开化为己任，锐意变法维新。……受守旧派王先谦、叶德辉等攻讦，仍布新除旧不辍。系戊戌变法时期地方督抚中推行新政最有力者，使湖南维新风气大开，成为全国最有朝气的省分"。[18]

但是，新生事物的成长是艰难曲折的。一时弱小的新生事物与强大的旧势力之间的"此长彼消"，是需要经过漫长的反复拉锯式的艰苦过程的。特别是在有着两千多年封建统治的老大帝国，观念陈腐，又闭关锁国，西方的"工艺"尚被视为"奇技淫巧"，"新政"则更会被视为异端和洪水猛兽。因此，湖南新政就不可避免地会走向悲剧。

1895 年冬至 1897 年秋，陈宝箴等所施行的"董吏治""辟利源""兴学校"等项举措，基本上还是清末洋务运动的范畴，并不具备资产阶级的民主要求，故当时能得到湖南多数士绅的支持和拥护，并参与其事。但自 1897

年下半年起，徐仁铸、黄遵宪、谭嗣同、梁启超等相继入湘，随着"兴民权""公官权"等措施的出台，维新变法已日趋激进，明显地具有资产阶级"民主""民权"思想，进入了变法维新的黄金时代，这就必然触犯封建士大夫及权势人物以至整个封建体制的根本利益。而这时，一些维新人士的言论更趋激烈，省内外的保守派、顽固派甚至洋务派的反对之声也渐趋激烈，他们攻击陈宝箴"紊乱旧章，不守祖宗成法"，极尽歪曲、污蔑、造谣煽惑之能事，引起"全湘大哗"，形成新、旧两派的激烈斗争。面对这种形势，陈宝箴始则据理力争，既而想以有限退让的妥协办法维持局面。但随着1898年9月"戊戌政变"的发生，光绪帝被囚，"戊戌六君子"谭嗣同、林旭、杨锐、刘光第、杨深秀、康广仁被杀，湖南的维新运动亦走向夭折。10月，慈禧下诏："湖南巡抚陈宝箴，以封疆大吏滥保匪人，实属有负委任，陈宝箴着即行革职，永不叙用。伊子吏部主事陈三立招引奸邪，着一并革职"。[19]

同时，在维新人士内部，也明显有"激进"与"稳健"之分。陈宝箴父子在短短三年中实施了许多步骤，在工作上应该说是紧锣密鼓的，但仍属于"先经济后政治""一步一个脚印"的稳健做法。而历来，"议事"与"干事"，"局部"与"全局"，"在野"与"当政"，一般不属于同一层次。"激进派"在想事、行事时，一般容易从简单抽象的定义出发，企图登高一呼，振聋发聩，应者如云，风起云涌，但实行起来，往往举步维艰，甚至一两步就会把事情搞砸，造成"激烈得快，也平和得快，甚至于也颓废得快"的结果。"稳健派"一般对各种具体情况特别是对"可行性""结果"等考虑较多，在实践中孜孜矻矻，循序渐进，务求实效，不图声华，这样，才能积小胜为大胜，走向最后的成功。因此，即使极终目标一致，不同的理念和做法，也会导致完全不同的后果。

陈宝箴领导的湖南新政，具有重大的时代意义和历史意义，它开创了我国近代旨在振兴国运的维新运动。在陈宝箴抚湘前不久即1894年4月，康、梁在北京发动了"公车上书"，虽属开天辟地，但那只是一种呼吁，一种舆论，充其量只是拉开了维新的序幕。况且，康、梁乃一介书生，缺乏实践经验，又无实权，所以只能喊，无法干，陷入"坐言有余，起行不足"以至无法"起行"的境地。而陈宝箴却是有着长期、丰富的行政管理经验且握有重权的一方大员，所以二者不可比。当光绪皇帝于1898年6月11日开始颁旨施行新政时，湖南新政早已进行两年多了。而全国的"百日维新"，它的特点是报纸多，文章多，聚会多，特别是皇帝的"上谕"一天几张，像雪片一样飞向各地。而各地的督、抚等大员，大都因循守旧，且二品以上官员的进退，皇上说了不算，得"老佛爷"说了算。光绪皇帝不但没有实权，而且从小懦弱，在"老佛爷"面前，战战兢兢，如羔羊见虎，各地方大员对此心知肚明。因此，这些惯于敷衍的大小官油子，对维新、对小皇帝，只是在嘴上、纸上敷衍几句而已。除了一些开明一点的大员办了点"洋务"以外，所谓"新政"，基本上没有什么实效，以至于康有为的弟弟、"戊戌六君子"之一的康广仁也感到厌烦，向其兄说："办此琐事无谓"，"上既无权，必不能举行新政，不如归去"。[20]因而可以说，当时的中国，就全局而言，是呼吁了维新，看似非常激进，但没有真正扎实地开展起来。而"湖南一省是维新时期变法活动开展得最火爆的地区。从浏阳兴算、开厂办矿、时务学堂、湘报、南学会一直到新政改革，一浪高过一浪，虽然最终不免归于沉寂，但在中国近代历史上，又一次赢得了全国的注目"。[21]据此可以说，陈宝箴是湖南新政的首创者、组织者和实践者，真正赋予维新运动以实践意义的是陈宝箴。笔者以为，在某种意义上讲，百年后我们所进行的改革，部分地继承了当年的维新事业。从这个意义上讲，鸦片战争之后，包括陈宝箴在内的维新派，是振兴中华伟大事业的探索者和先行者。

鲁迅先生曾经说过，"我们自古以来，就有埋头苦干的人，有拼命硬干的人，有为民请命的人，有舍身求法的人，……这就是中国的脊梁"。从光绪元年到戊戌政变被革职，在这较长的二十几年中，陈宝箴一直担任"中、高级干部"，无论在哪个职位上，他从政的显著特点是扎扎实实干事，不断进取，国家为重，百姓为重，对国家的事、百姓的事敢于"担当"。为了一己私利而投机取巧的人是可耻的，对国家、民族的命运麻木不仁的人是可鄙的。国家的富强，人民的幸福，不是一蹴而就的事，而是需要多少代人不屈不挠的探索和奋斗。在这漫长的探索和奋斗的过程中，成功的经验，失败的教训，对于后人的来讲，都是精神财富的积累。

六、死因诸说

陈宝箴被革职后，两袖清风，由友人资助，于当年冬携眷及黄氏夫人灵柩回南昌，次年春在南昌西郊的西山安葬黄夫人，并在墓旁筑"崝庐"居住。

尝自署门联曰"天恩与松菊，人境拟蓬瀛"以写其志，无可奈何之下，也只有安身此清静去处，以度晚年。但陈宝箴是先忧后乐的君子，仍具"处江湖之远则忧其君"的情怀，对于慈禧于光绪二十五年岁杪玩弄的"建储"把戏，自然引起他对君国前途的担忧，故"独往往深夜孤灯，父子相语，仰屋唏嘘而已"。

1900年4月，陈三立携眷迁居南京，陈宝箴暂住崝庐，并计划秋天亦去南京。但不久后的农历六月二十六，陈宝箴"忽以微疾终"。

对于陈宝箴的死因，由于当时形势复杂，他又独居僻壤，且死得突然，故引来100多年的争议。

一说"病逝"，此说不无疑点。陈宝箴一向身体不错，直到罢官居乡，友人探望，他依然是"天怀泰然，甚是康强"。逝前数日，尚作《鹤冢》诗二章。逝前五日，还寄书三立，谈及国事之忧。这些都说明，陈宝箴在逝前的一段时间里，身体、情绪至少属于正常。陈三立说"忽以微疾终"，用辞十分"微妙"，不由人产生疑惑。"忽"，属时间概念，表示时间极短；"微疾"，属病情，说明是极小的毛病。极短的时间，极小的毛病，而竟致不治，这对于擅长医道的陈宝箴来说，似乎难以理解。再有，当时的条件远不是现在，人活七十乃是高寿，如果陈宝箴年老病故，当属"正常"，何以延续多年，其子三立每年两次由宁返乡扫墓，且每次都是呼天抢地，在墓前痛哭一两个时辰，其哀痛之情明显超过一般的对"寿终正寝"老人的思念，使人怀疑其中是否有难言的隐痛。

二为"自尽"，此说疑点更多。尽管黄遵宪曾到崝庐拜访过陈宝箴，其后黄在诗中有"人竟以死折，世事可知矣"之句；尽管在竹塅老家有"宝箴是气得吞金死的"之说。但陈宝箴几十年来，什么风云没见过？再说，谈到"气"，被罢官的当时，应是情绪的顶点。陈宝箴被罢官后不久，在给黄遵宪的电文中有"将住庐山，以后闲云野鹤，相见较易"，说明当时的心境仍属正常。我们常说，时间是医治心灵创伤的最好药品。那为何在当时还能想得开，没有自尽，到第三年反而气得不想活了？何况在崝庐，吃饭，睡觉，接待友人，吟诗作对，过的都是正常人的日子。罢官后的第二年（1899年）四月，在安葬夫人时，陈宝箴适落一齿，他即将此齿投墓同葬，随后赋一《葬齿诗》："一齿先予同穴去，顽躯犹自在人间。青山埋骨他年事，未死还应饱看山。"这说明陈宝箴虽年近古稀，身体还算硬朗，属"顽躯"，精神状态也不错，准备"饱看山"。还有，逝前不久，还与三立约定"秋必往"，不是秋"将"往，也不是秋"拟"往，"必"应理解为主意已定，意思是打定主意要到南京去过日子，怎么一下子就不想活了？此说基本上属于不成立。

三为"赐死"，此说可能性大，但因证据单薄，所以议论纷纷。引起此说的，是南昌宗九奇先生于1983年发表在《文史资料选辑》总87辑上的一篇文章《陈宝箴之死的真相》，宗文说："陈宝箴之死，实乃至今尚未昭白的政治大冤案，据近人戴明震先父远传翁（字普之）《文录》手稿记载：'光绪二十六年六月二十六，先严千总公（名闿炯）率兵弁从巡抚松寿驰往西山崝庐，宣太后密旨，赐陈宝箴自尽。宝箴北面匍伏受诏，即自缢。巡抚令取其喉骨，奏报太后'。"据此，人们根据慈禧的所作所为，觉得此说可信。中山大学吴定宇教授所著《学人魂·陈寅恪传》一书中，李济琛等编著的《戊戌百年祭》一书中，还有刘梦溪等专家教授在著作、论文中，都力主此说。笔者综合各种说法后也认为，此说的可能性更大一些。引起此说的，还有三立的孙女陈小从先生，1991年5月拜访其表兄、农业部离休干部俞启忠时，俞告诉小从："是慈禧太后传密旨处死你曾祖父的"，并说"小时候我在南京听大人们交谈时说的，大人们并告诉我不要到外面瞎说"。"大人们"交谈，他们谈的根据在哪里，亦不得而知。一些专家教授认为此乃孤证，尚不足以为据。所以，此事将可能还会探讨下去。但不管结果如何，亦如张求会教授所说，"在真相大白于天下之前，所有的猜想和争议，其实都是对他的一种特殊怀念"。[22]

七、诗联文摘

笔者一向认为，一个人的文章、诗词，不仅与他的知识有关，更与他的事业、胸怀和气质有关。

青少年时期，陈宝箴酷爱诗文，诗风沉郁深挚，文章辞理兼佳，惜因多处战乱之中，而散失无考。1860年，因在京见圆明园被英法联军抢掠、焚毁，他为国事日危而悲愤填膺，便转而关注经世济民、富国强兵，诗文少作。据范肯堂撰《陈宝箴墓志铭》称："公于诗文果不多为，为则精粹有法。"[23]

经广州汪叔子、张求会两位专家多年穷搜苦索编辑而成的《陈宝箴集》上、中、下三册，于2003年12月至2005年5月由中华书局先后出版。集中收录陈宝箴文、诗等 41 卷，其中奏议、公牍、电函、书札、文章 1196 篇，附录 700 余篇，诗 46 首，联 13 副，共计 140 余万字。《陈宝箴集》出版后，有些专家根据已掌握的情况，认为仍有不少诗文遗漏未收，有待今后努力。

早期，陈宝箴即写有若干篇极有见地的政论文。如论述士子治学、朝廷治吏的《疏广论》，刘成澜对此文的评语是"识解高出辈流，议论精警，愈转愈深。文格逼近欧、曾。佩服无已"。郭嵩焘则称此文"写出朝廷治禄本旨，博大精深，于论二疏处更推进一层，正名辨物，曲折皆到，而中含劲气。南丰经籍之光、庐陵冲夷之度，实乃兼之。此等文在古人集中亦不多见"。

又如在论及东晋的"淝水之战"及此前三国时期的"赤壁之战"、陆逊"火烧连营"等战役的《晋谢安淝水战论》一文中，剖析这些以少胜多战例的缘由，郭嵩焘赞曰："'以气为主，而其用在于审机'二语，尽用兵之能事。从此立论，已得兵要"。

再如《拟陈夷务疏》一文，针对列强对我国"要求渐广，猖狂益肆"，朝廷主和之声占上风的危险局面，陈宝箴在仔细分析敌我形势后，极力恳请朝廷"出圣断以决大计，简大臣以参密谋，择将帅以寄军政，扼形势以固根本，拔豪杰以作士气"，并逐项详析，洋洋三千言，以坚朝廷自强、御敌的决心，如此则"彼不敢有轻我之心，而后我无挟制之患，实天下国家之幸也"。此外，还有《上江西沈中丞书》《上曾相国书》《记义宁州牧叶公济英御贼死难事》《〈义宁同仇录〉序》《丁节妇传》等 80 余篇。郭嵩焘读了陈宝箴的文章后认为"右铭十余年踪迹，与其学术志行，略具于斯。其才气诚不可一世，而论事理曲折，心平气夷，虑之周而见之远，又足见其所学与养之邃也"。曾国藩对陈宝箴极为赞赏，称赞他"志节嶙峋，器识宏达，又能虚怀取善，兼揽众长"。曾国藩本人"尝好观古人之文章"，但对陈宝箴的文章却大加赞赏，称其为文"骏快激昂，有陈同甫、叶水心诸人之风"。此可谓一语中的，亦可知陈宝箴文风的渊源所自。

陈宝箴作为官员，不但亲自撰写有大量的奏章、文牍，还亲自评改学生的课卷，《陈宝箴集》中收有六篇。看着文中密密麻麻的圈圈点点，细致中肯的评语，不仅说明陈宝箴作风的深入，更可看出他对下一代的殷切希望。

陈宝箴的诗作，据汪叔子、张求会称，有"二三百首"之多，但大多散失，今《陈宝箴集》中收有 46 首。现虽面世的诗作不多，但诗界历来评价甚高。陈声聪在《荷堂诗话》中说："近世之为诗者，无不称陈散原，而不知其父陈右铭中丞亦此中俊杰也。……素不以诗名，观所作意气发越，性情旷放。读其诗而知其人，惜其时不能行其志也。"《近代江西诗话》评陈宝箴"诗中每见其抱负与愤懑。诗风沉郁苍挚，五古简质雅炼，近陈后山……七律则深挚郁怒，直逼少陵"。刘梦溪教授称陈宝箴的诗"一派大家气象，意志从容、不可一世，似有汉魏余绪"。他的诗，不附庸风雅，特重气节，如《长沙秋兴八首用杜韵》中"水阔鱼龙争落照，风高鹰隼突层阴"，此乃显现其人格。"灵均旧曲千秋感，估客征帆万里心""贾傅祠边吊夕晖，萧萧落叶晚风微"，哀贾长沙之痛哭，亦自哀也。"麟阁嵯峨第一功，如云材武出湘中。喜看金紫蒙殊泽，渐觉衣冠异古风"，又企望今非昔比，湘中人物辈出，风气大开，事业有望。但"乾坤泡幻局如棋，独立苍茫事可悲"，又担心世局难料，自己在湖南独撑一隅、恐事业难成，充满忧国忧民的志士情怀。

　　陈宝箴的诗，不同于放浪江湖、寄情于风花雪月的隐士、闲客，除崇尚气节、充满抱负之作外，亦针砭时弊。其五古诗《蝇》，描写贪官污吏、蝇营狗苟之辈的丑恶嘴脸，入木三分，今日读来，仍觉不乏现实之讽刺意味。

> 尔适从何来？俨然口鼻具。惟知染鼎馋，了无扑杀惧。
>
> 引绳夸技能，捻髭习喜怒。远慕虞舜膻，扑缘同蚁附。
>
> 岂解点文字？唯足污练素。燕寝避清香，逐臭健为鹜。
>
> 鸡肋蒙弃余，餔馊足餍饫。胡为呼其群？营营窃非据。
>
> 晨鸡犹未鸣，梦飞已达曙。驱除得良方，沉檀鹊尾炷。
>
> 庶几一安枕，酣眠晓无寤。清梦度江关，关卒算钱布。
>
> 蔽日障阴霾，横江起烟雾。群舟壅鹅鹳，输征守程度。
>
> 色市既未解，算缗岂足顾？木屑与钉头，吏有大盈库。
>
> 乃知天壤间，实繁蝇与蠹。

　　《陈宝箴集》中还收录联语13副。其任浙江按察使时，于桌署自题一联，表示自己的执法态度：

> 执法在持平，只权衡轻重低昂，无所谓用宽用猛；
>
> 问心期自慊，不计较毁誉得失，乃能求公是公非。

陈宝箴与郭嵩焘关系密切，郭于光绪十七年（1891年）去世，陈作挽联颂其业绩并志哀：

> 由清秘起家，岭南开府，海外乘槎，模范共推山斗重；
>
> 以贰卿退老，著作等身，尘凡脱舃，乡邦怅阻岳云封。

头一年挽曾国藩之长子、清朝著名外交家曾纪泽：

扬厉声名二十年，恢先世无外规模，绝学号能传墨子；

谈笑折冲七万里，为中朝别开风气，乘槎何处觅张骞？

为诗当以境界、学识为根底，这是陈宝箴的诗文主张，也是他本人的诗文特点。他在《书塾侄诗卷》中告诫：

诗言志，志超流俗，诗不求佳，然志高矣。又当俯仰古今，读书尚友，涵养性情，有悠然自得之致，绵渺悱恻，不能自已，然后感于物而有言，言之又足以感人也。后世饰其鞶帨，类多无本之言，故曰："雕虫篆刻，壮夫不为。"然即以诗论，亦必浸淫坟籍，含英咀华，以相输灌。探源汉魏，涉猎唐宋人，于作者骨格神韵，具有心得，然后执笔为之，不见陋于大雅之林矣。

今侄且无肆力于诗，且先肆力于学。以侄之聪明才能，摆脱一切流俗之见，高著眼孔，拓开心胸，日与古人为徒，即以古人自待，毋自菲薄，毋获怠荒，他日德业事功，皆当卓有成就。以此发为诗文，如万斛泉源，不择地而涌矣。况不必以词章小道，与专门名家者争优劣耶。子夏曰："虽小道，必有可观者焉，致远恐泥。"闻侄渐留意于书画笔墨之间，而未知向学，故书此以广所志。勉旃勉旃。

下录二文，陈宝箴的忧国忧民及洞察社情、勤政爱民，于此可见一斑。

谨奏兵事十六条

一曰固畿辅。上年自平壤之后，我军节节溃退，畿辅震惊。倭人声张势厉，所面莫当。乃不谓乘我征调未集之时，以偏师疾驱，迳入重地，迄今数月，犹尚踯躅，惟规取旅顺、威海，图翦津沽枝叶，机势视前已钝。而我军由各省入卫，次第并至，兵力不可谓不厚。所宜亟亟讲求者，调度耳。沿海千里，岂能处处设防？备多则力分，兵分则势弱，非厚集其力以扼冲要之地，而徒令星散置防守障者，然一经敌人蹈踏而入，则缘边皆成虚设。日前奉天等处，经诸军扼守，渐能得力。所最要者，莫如畿辅，畿辅既固，则海边少有得失，尚非安危所系。窃谓宜选久经战阵智勇统将四人，每人各统十营，合兵二万余人，择畿辅适中之地共扎一处，先令各营统将会同阅视海边，自津沽以致山海关所有沿海隘口及可登岸之处，并畿辅远近冲僻数百里之形势，俱令了然心目。然后距海稍远、敌船不及接应之区，而我军可以东西策应者，择其形胜，合兵驻守，各军相距各不出数十百里，而附近一带何处可以截剿，何处可包抄以及设伏出奇之所，务须平时会商审度，成算在胸，斯临事得驾轻就熟之妙。并许给以侦探之费，饬令严密侦探，预知敌军所向，一旦登岸，则随机奋击，或分或合，无不如志。主客之形既殊，劳逸之势又异，胜负之数决矣。且以能将劲兵二万人，雄踞一方，俨然有猛虎在山、藜藿不采之势。纵令敌军致从他道旁窜入内犯，亦不敢越之以入，自陷绝地。军志所谓示敌以形胜，不战而屈人之兵者，此也。

一曰择军将。各省留防之军，其初皆百战之余。迨光绪十年以后，为时已久，将屡易，其中曾经战阵之卒，亦成弩末，新募之田夫市人，更无论矣。现在战守惟淮军聂士成最为得力，此外皆不深知，不敢妄举。其所往来于耳目之前、而为人所共知者，惟甘军统将董福祥、虎字营统将余虎恩、铁字营统将熊铁生及其分统方友升、黔军统将丁槐等灵敏人，皆久经战阵，功绩卓著而年力均未就衰，忠勇奋发，虽资秉各有不同，而或以勇猛持胜，或以谋略终称。联而合之，适以相济，似宜请旨谕调此四军合扎一处，如前所陈，和衷办理。又谕刘大臣等开诚布公，勉以忠义。并令通知兵事之员，周旋其间，共相筹画。务使畛域胥忘通力合作，如手足之捍头目。近闻皖军统将陈文炳一军之械整齐，亦多旧亲弁员，誓与董福祥生死不相负。第所统倍于四军，若令并扎，恐生轩轾。似可会扎稍近内地，与董福祥军相为犄角。此外，各军或三四营、或七八营，亦宜令自相要约归并驻扎，约以万余人为一处。电禀统兵大臣速行之，不宜分守海边，自成孤立。大抵用兵局势贵活，最忌钝置，亦犹熊、余二军不必株守山海关，董、程二军不必株守南苑也。军必择将，将必择地，似为目前急务。

一曰严津防。海边不能偏防，而天津北海塘为切近堂奥扼要之区，不可稍有疏虞。外国以水陆夹攻，炮台是其长技。陆路策应之军与驻守炮台之军，均非精锐不可。近来淮军挫败，类由统将非人。平时既不能扶循士卒，使人服从；临事又不能效命致忠，以为之倡，故至于此，非一军弁勇皆不可用也。似宜请旨谕令北洋帮办大臣，精加考察，博访周咨，审其实不得力者，会商北洋大臣汰而易之。或择人而任，或就本军营官，择其为士众信服者，擢为统将；哨官擢为营官，均无不可。其炮手并宜精择多备，不惜重资，以待能者。兵士最宜壮朝气，忘暮气，一

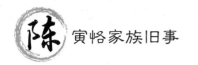

经整饬，壁垒为之一新，应敌自有把握矣。

一曰简军实。各军所用精快枪炮，除陆续运解外，惟丁槐一军所缺尚巨，此外亦有不足者。似宜令帮办北洋大臣详加考察，尽数以给得力之军。其闲散防军非处要地者，如有精枪，亦可腾挪换给，并悬赏购买溃卒已弃枪械，兼消隐患而资协济。如仍有不给，似可以抬枪、劈山炮参互用之。昔刘永福在安南，恃此破敌，军中并无洋枪；苏元春镇南之捷，亦多以此得力。而其时，丁槐又以平炮取胜，卒挖地沟以蔽身，而置炮平地毙敌，故谓之平炮。此炮可装群子数十两，一人可以携挈，而人人可以施放，不似洋械之必待练习。虽不及快炮之速而远，过之里余，比其行近则亦数发矣。现在湖北业已仿造，似可令山东、天津各制造局同时赶办，以应急需。又熊铁生、余虎恩等军，均曾携带锄铲，为挖沟之用。丁槐地营方法，用之越南，大有可效。似直驾聘等人，不乏奇俊，破格求之，以类加招，或可得当以报天下。士有求之而不得，未有不求而得者，况得之而有邱山之益，不得并无秋毫之损乎？

一曰筹急款。近来捐厘两款，有减无增，即息借商款，较洋息有加，而抑勒尚鲜成效，更欲急求筹款之法，徒失民心，而于事仍无所济。目前防军数百营，加以外省江海之防，为费不可数计。非急图借款，何以图功。夫事，苟可已，则诚不如以已为得矣；万不可已，而又无他求以处之，是不得以计较盈绌之心而处必为之事矣。语曰："小不忍则乱大谋。"传曰："皮之不存，毛将焉附。"一念此可为寒心，东隅已逝，尚可收之桑榆。圣君贤相，亦惟坚忍以求干济而已。军事大定以后，上下一心行节俭，屏除一切不急之费，以事当务之急。圣君在上，得人而理之，则富强可以驯敌。存此岁偿息借之款，悬诸心目之间，亦无射钩在莒之意也。戋戋之费，以恐致福，较之宋人岁弊之输，诚不可以道里计矣。

（此件据公元后裔陈封格之子继虞[恢先]光绪十年手抄本。原件仅录此"五曰"。《陈宝箴集》中，此文题为《直抒管见以备采择折》，文字略有不同）

湖南巡抚陈谕勉僚属札文

照得湘省自光绪二十年秋冬以来，雨泽稀少，为数十年仅有之事。上年各地收成歉薄，甚至颗粒俱无，长、衡等府被旱尤甚，地方久已咽糠茹草，至有饿毙及自尽者。本部院到任后，察知小民困苦，寸衷焦灼，寝馈难安。会商同僚，亟将最重灾区，力筹赈抚，并乞援邻省，拨助赈款，目前藉得支持。第入春两旬，滴雨未降，农田待雨，急于燃眉。默念休咎之征，必有感召之理，本部院行能窳薄，才智不及，忝列高位，百愆丛集。常自问是否爱民之心不诚，除害之心不切，有生心害政之事，致酿殃民之祸，中夜彷徨，如刺在背。为此通斥各州县，务必反躬自省，痛自克责，有无思虑未周，耳目所不及，应切实审查，甚勿自欺欺人。后开各条，札到即切实办理，并将奉文遵办日期，先行具报勿违。

一盗案。害民之事，除贪官酷吏外，即以强盗为最。查各属盗案，大力破获者，固不乏人。而仍有疲玩州县，积习相沿，民间赴县呈报盗劫，差役视同仇雠，多方遏抑，甚至勒令改称"被窃"。或有当事者伤毙，也不即行勘验，或委佐杂，或大众临乡，大索发差行票之资，往往倍于盗劫。民间以报案徒增累扰，被盗之家，宁可隐忍，于是盗贼肆行无忌，甚或被奸淫之妇女，忍耻自戕。而县令以境内无盗，夸示长官，幸邀久任。间或破获一二件案以图塞责，而驻役妄拿，为伪作真，小民冤愤抑积，永难申雪。

一拖累。民间因田土、婚姻、债务等诉讼，能早结一日，即为民少耗一日之财，少荒一日之工。无如疲玩牧令，深居简出，从不亲收呈词。出笺迟速，行票迟速，全听之差役。以至寻常细故，累月经年，不得一讯。既讯又不得结，久羁滥监，控诉无门。其间讼棍之挑唆，书差之贪索，往往别生枝节，酿成变故，造成破产倾家，甚且伤残人命。被押囹圄者，听任丁役凌虐，饥寒污秽，染沾疾疫以致于死。即较轻罪人犯，但因案延不结，瘐毙狱中。如此，死者抱恨九幽，室家妻小，冤苦惨痛，小民身家性命，悉误于玩吏之因循。

一相验。民间呈报命案，无论真假，如使轻骑简从照例携带刑仵，立往相验，真则严拿正凶，伪则痛惩诬告。不使差役扰累，痞徒也无所施其串诈，妄控之风亦自息。但每有州县相验，或违例擅委佐杂，或迁延时日，致使死尸腐烂，累己累人。甚或携带多人，充塞道路，差役胁迫地保，催办供应。设场要费，下场要费，仆从车马要费，刑仵差役更是贪得无厌；查获主犯，又索招解等费。一次相验，即中产者，也倾家

破产，如此，民安得不穷耶？

一纵役。天下无不扰民之差役，如束之以法，可令其谨饬奉公。却每有怠驰州县，任门丁与之勾结，表里为奸。每行一票，一二人可了者，亦兴师动众，多寡之数，视两造贫富强弱为定。乡民无奈，任其鱼肉，稍有不遂，即出铁索系导之，甚或宰杀鸡猪，调戏妇女，无所不为。弱者固敢怒不敢言，或有强者偶相抵拒，则以殴差票加罪。至于倚城为崇，私设班馆，扣押善良，唆使痞徒，凭空诬告，执途人而纳之陷阱，而官却不知也。光绪十八年，武冈州差陈远执串催粮，宰杀鸡犬，逼勒无已，州民陈安邦畏惧自尽。十九年，在湖北臬司任内，本院查得黄陂县蛀役二人强奸民女，立置重典，人民称快。而黄陂县令尚执迷不知，后乃反省。可见如对部属察识不精，约束不严，便受其玩弄。至于有意作威，甘心袒护者就更无论矣。

以上四端，略举大凡。不仅贪残素著的官员，忍心荼毒，始有此害；即使谨厚之吏，苟不励精图治，兢兢致谨，其扰害闾间，势必致此。故欲出身加民，必以"清、慎、勤"为自治治人之本。三字苟乖，四害立至。长官可欺，而受害者不可欺。语云："千夫所指，无病而死"，大可惧矣。近来吏治，有疲玩因循、官民隔阂、麻木不仁之习甚矣。本部院于政事无能为役，惟本此好善嫉恶天良，以与同人相见；不务敷衍，不喜逢迎。原与诸同僚交相威儆翼以感召诸公，使偏甽常安耕种。如有力除秕政有父母斯民之实者，谨当奉为主臬，并不敢壅于上闻，自蹈蔽贤之咎；如有言不信，怙过遂非，惟有以白简从事，为弱民一伸久郁不平之气而已。齐心手笔，掬肺腑以敬告同僚，尚其鉴诸！

（此文在《陈宝箴集》中题为《谕勉僚属因灾修省革弊政释民怨手札》，共三稿，文字各有不同。本文所录系长沙图书馆《湘报汇纂·公牍》）

八、逸闻趣事

幼小孝顺

陈宝箴幼即聪慧，并孝顺父母。7岁时，父亲送他到邻村的私塾去念书。他很不愿意离开父母，但又要听父母的话，好好念书。当晚，他在床上辗转反侧，夜不能寐。他想，父母也一定非常想念自己，担心自己，也同样睡不着觉。他又想到，绝不能辜负父母的殷切希望。第二天一早，他对先生说，昨晚有三个人没有睡觉。先生问哪三人？他回答：父亲、母亲和我。先生大惊：小小年纪，竟有许多心事。

戏打泉神

一天，私塾先生病了。村里有人说：先生得病，是被猪婆潭的"泉神"害了。宝箴听后心想：先生辛辛苦苦教我们读书，"泉神"怎么还害他？那"泉神"不是害人精吗？于是，他和几个同学商量，决定打泉神。他们借来村里演古装戏的衣帽，画脸戴须，乔装打扮，敲锣打鼓，来到"猪婆潭"边。宝箴威风十足地喝道："猪婆精听着，我勒令你立刻交还先生的魂魄，否则，叫你天天不得安生。"接着，大家一阵乱石打到水潭中。宝箴说："猪婆精怕了，不敢作声，我们回去吧。"大家神气活现，班师回校。先生得的是重感冒，已吃了两服药，现听说学生打了"泉神"，虽觉得好笑，却也感动。精神一爽，第二天病情好多了，又来上课，还特别夸奖宝箴关心老师，敢同鬼神作对，聪明勇敢，长大后定有出息。

自幼胆大

一次，宝箴随父亲一起进县城玩。走到西门，忽听锣声由远而近，"咣咣"作响。随即只听见有人大喝："县太爷出巡，行人快避！"街上行人如惊弓之鸟，慌忙躲避。宝箴的父亲赶紧拉着他说："快走吧，县太爷来了！"宝箴却站着不动，还嚷着："我要看县官"。父亲急了，说："还不快走，冲撞了县太爷，要坐牢的。"宝箴却努起了小嘴巴："不是说县太爷是百姓的'父母官'吗，怎么看看'父母'还要坐牢呢？"

"虎图"何在

陈宝箴入仕后，与许多文人雅士结交，存有不少名家字画，也带了一部分回老家，其中一幅《草山虎图》十分珍贵。图是中堂式的条幅，一只老虎半蹲半立，隐身于草丛之中，双目眈眈，寒气逼人。据说，起初挂在陈家大屋堂前时，鸡犬乱窜，狂叫不已。后移至书房，闲人不易见到。一

天，一位来陈家做客的老太婆，无事闲走到书房门前，随意推开房门，抬头猛见猛虎在前，眼光逼人，顿时吓得倒地，回家后竟病得不轻。陈家只得把一只"虎"眼刺穿，还是有几分吓人，于是将图收了起来。土改时，《草山虎图》被农会文书拿走，挂在自家的屋里，小孩吓得惊哭不止，就不敢再挂了。20世纪80年代初，有人愿出高价求购，却无下落。1988年，退休教师余杰风撰《草山虎图传奇》一文在《修水报》上发表，引起许多人的关注，但至今仍杳无音信。

巧解矛盾

陈宝箴在谒见曾国藩时，发现曾国藩与江西巡抚沈葆桢有矛盾，即设法从中调解。曾与沈皆是朝中大员，作为当时并无官职的陈宝箴，要调解此事谈何容易？陈宝箴向曾国藩说："船在航行时遇到风浪，掌舵的、撑篙的、划桨的都在奋力，但却不时互相指责、叫骂，即使是父子、兄弟之间，也不相让。风平浪静后，又置酒庆贺平安，互相安慰。这些粗人，真是喜怒无常。"曾国藩说："船夫互相责怪，是因为怕翻船，并无私心。大家平安了，又何必计较先前的争吵呢？此乃人之常情。"陈宝箴马上接着说："以往你与沈之争，也是担心两江（安徽、江苏、江西）不安定，今两江安定了，你俩的矛盾又如何不能消除呢？"曾国藩大悟，随即写信给沈葆桢，表示捐弃前嫌，重归于好。

再解矛盾

陈宝箴并不想在曾国藩的大帅营里过幕僚日子，于是离开安庆，到江西的席宝田军前，却又发现席宝田与沈葆桢也不和。如席军独任防守，沈却袖手旁观；巡抚公文送到军前，席也丢在地上，不屑一顾，造成军、政首长互不买账的局面。陈宝箴先是劝席："沈公本是位贤能之人，只是对你的才智和忠心不够了解。当他了解了你，一定会尊重你的。"接着，又专程去见沈葆桢，说："席宝田沉毅勇猛，忠于职守，即使处于孤单无援的困境，也不致有误军事。如你能对他肝胆相照，大力支持，他必能竭尽全力。以他的才智策略，必能战胜困难保卫省城。否则，席军不利，省垣不保，你能安然无事吗？"沈葆桢听了，认识到应以大局为重，便主动去信安慰席宝田，并增兵五营。从此，沈、席二人关系密切，并携手建立功勋。

心系民众

陈宝箴在江西几个县，沿途目睹因遭战乱，田园荒芜，饥民草根代粮；断墙残壁之中遍有"鸠形瘠骨，垂死挣扎"之人；道旁更有嗷嗷待哺的婴儿，倒地待毙的老人，卖儿卖女的逃荒者。凡此种种，惨不忍睹，陈宝箴极为痛心。向民间了解，原来官府也颁发了"赈章"，但各级官员和地方劣绅从中贪污、冒领、浮销，大半被侵占、渔利，百姓得到的粮食只有其中的少数。陈宝箴在途中上书给巡抚，详细介绍百姓的灾情和官绅的恶迹。在建议救灾的同时，进一步提出发展生产、稳定社会的办法。沈葆桢按照陈宝箴的建议，及时处理了灾情，并十分钦佩陈宝箴的德性和才干。

平生"三哭"

刘以焕在《国学大师陈寅恪》一书中，曾记述右铭公的"三哭"。笔者在上文中也提及两次，一是英法联军火烧圆明园时，二是《马关条约》签订时，陈宝箴捶案痛哭，震惊四座。刘以焕所记的第三次是：

> 光绪二十三年（1897年），右铭在湘抚任上，得知德出兵强占胶州湾，沙俄舰队侵入旅顺湾，强占旅顺、大连，于是痛哭一场。此老真性情中人矣！

《清朝野史大观》卷10亦有记载：

> 陈宝箴……倜傥好奇计。游京师，人皆以为狂。为策论，才气雄伟，略如其乡人魏禧。咸丰庚申之变，洋人火烧圆明园，宝箴登楼望之，抚膺大恸，楼下人皆惊。宝箴亦去，归寓即作书告其友田玉梅于河南，使将所部勤王。

国兴我喜，国耻我悲。陈宝箴的三哭，都是为国家命运而悲，此种"性情"，正是他强烈爱国心的表现，也正是他为国为民、维新图强的原动力。

巧答太后

一次，陈宝箴与同乡举人陈奉显一起晋见太后。因二人既同姓，又同乡，故太后问："你二人是亲戚吗？"陈奉显答："非亲也。我是本地人，他是客家人。"陈宝箴随即答："我与奉显当然是亲戚，因为都是皇上的子民。"太后笑曰："宝箴有才。"

举荐乡贤

陈宝箴任知府时，同乡举人徐家干拜访他，他见徐讲求时务，有投笔从戎之志，便举荐徐到湖北苏元春幕下任事。后来，徐家干很显才干，任荆州知府时，政绩显著，并协助张之洞办武学，为鄂省造就人才。由此可见陈宝箴的识人眼光，且举贤不避亲。

不平则鸣

陈宝箴任河北道时，参加了会审王树汶一案，王在临刑时大呼冤枉。后刑部复查，定为冤案。凡原参加会审的官员，除陈宝箴与河南按察使豫山以外，均以失职给予降调处分。但左副都御史张佩伦上奏，说陈宝箴与豫山逍遥法外，应一并处罚。朝廷果然下谕，追加处分。陈宝箴对张佩伦所奏不服，便奏请朝廷查实，以免"有伤名节"。朝廷派阎敬铭查实，而"阎公首鼠两解之"。于是陈宝箴辞官，"自放山水间"。后又两次辞任，直到张之洞复奏请，陈宝箴才赴粤任缉捕局。

犯颜抗辩

陈宝箴任湖北藩台时，总督张之洞命他用朱某任襄阳知县，巡抚谭继洵又要委任张某任此职。陈宝箴无奈，便悬两块告示牌，一时全城大哗，都觉得奇怪。时任武昌知府的李有棻觉得不妥，建议陈宝箴赶紧撤掉告示牌。陈宝箴说："总督与抚台眼中没有两司（按察使司、布政使司），我要让他们知道'两司'也不是可以任意侮辱的。"后来，撤销了要用的朱某，张之洞很生气，谭继洵说："藩台是省衙管理人事专职的，我们也应当承认有不当之处。"张之洞才消气。陈宝箴不怕犯上，维护了责权。

诊病不受重金

陈寅恪在《寒柳堂记梦未定稿》中说：吾家先曾祖、先祖、先君均擅中医，故"中医之学乃吾家学"。一次，湖北巡抚谭继洵得了重病，吃了一些药，仍不见好转。陈宝箴帮谭开了一纸处方，谭吃过后病竟痊愈。一天，谭继洵派人送给陈家一份礼物：鱼翅一盒，酒一瓮，更有 500 两银票一张。当时陈家生活较困难，谭此举是有意借机资助陈家。但陈家只收食物，拒收银票。

跑街名士

光绪甲午年间，陈宝箴与公子三立居住长沙。父子喜交游，"座上客常满，谈笑有鸿儒"，时人称他父子开"名士行"。行中不但有官绅，还有会计、厨役等人，称作"跑街名士"。罗盛循是陈宝箴之孙衡恪的老师，有时也助陈宝箴应酬，亦称为"跑街名士"。

一杯清茶

湖南大办矿业之后，获利丰厚。但陈宝箴公私分明，十分清廉，从不借机占便宜。据胡迎建在《一代宗师陈三立》书中介绍，光绪二十二年（1896年）二月，陈宝箴到湖南边区巡视，由永州顺道往一矿山视察。知县龙起涛在矿局安排了一餐丰盛的宴席接待抚台大人。但陈宝箴仅喝一杯茶便起身告辞，搞得县令没有面子。

要使社会风清气正，官员必须以身作则。修水有句俗话说，自己的屁股血汪汪，还嫌别人长痔疮。如果自己不能为官清廉，就难以服众。

菜根味甜

陈宝箴任湖南巡抚时，即交代署衙厨子，吃饭要简单，多买青菜、萝卜之类的平常菜，尽量少买鱼肉。厨房仆役对新任抚台大人还不太了解，私下议论说，老爷"故作清廉"。宝箴闻之，并不生气，且作诗一首以答厨工："嚼来确是菜根甜，不是官家食性偏。淡泊生涯吾习惯，并非有意钓清廉。"

从古至今，老百姓都是敬佩清官、憎恨贪官的。撇开陈宝箴的政绩不谈，仅仅是他的为官清廉这一点，就值得后人肃然起敬和认真学习。

智保钦犯

陈宝箴在被革职前夕，慈禧太后下密旨，捉拿珍妃的老师、萍乡籍维新人士文廷式，慈禧并谓"无论行至何处，着即就地正法"。当时文廷式正隐居长沙某处。陈宝箴在抚衙接到密旨后，暂压未发，并立即派心腹携"三百金"找到文廷式，将盘缠交给文，并叫文快走。拖延一阵之后，陈宝箴才安排长沙县衙带领人马咋咋呼呼去捉拿文廷式，而此时文廷式已脱险，此后文廷式经上海到日本避难。另有传说，陈宝箴被革职后，一家人从长沙坐船回江西，而文廷式正是躲在"巡抚大人"的船中，出洞庭，下长江，再转道上海去日本的。

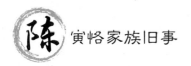

清风亮节

陈宝箴被革除巡抚职后，将回故乡江西，可是两袖清风，连回家的盘缠和安家费都成问题。后来，由湖南朱昌琳及一盐商资助，陈宝箴才携家返回南昌，安葬夫人，并在墓旁筑屋，起名"崝庐"。湖南旧民主主义革命家朱德裳在《三十年闻见录》一书中赞叹："余阅世数十年，所不愧清风亮节者，义宁陈氏足以当之。"

扇面示孙

无论是书籍、报纸还是电视节目，人物传记是笔者阅读的兴趣点之一。

通过一些人物成长的经历来看，家庭往往是很重要的因素。因此笔者以为，从一定的意义上讲，家庭就是一所学校。不同的家庭就是不同的学校，不同的学校培养不同的后代。

陈宝箴对孙辈钟爱备至，但他不是娇惯、溺爱，而是殷切地教育。罢官到南昌后，一次，他给十多岁的次孙隆恪在扇面上书写"家训"。家训云：

> 读书当先立志，志在学为圣贤，则凡所读圣贤之书，圣贤言语便当奉为师法，立身行事都要依他做去，务求言行无愧为圣贤之徒。经史中所载古人事迹，善者可以为法，恶者可以为戒。勿徒口头读过。如此立志，久暂不移，心中便有一定趋向。如行路者之有指南针，不至误入旁径；虽未邃是圣贤，亦不失为坦荡君子矣。君子之心公，由亲亲而仁民，仁民而爱物，皆吾学中所应有之事。故隐居求志则积德累行，行义达道则致君泽民，志定则然也。小人之心私，自私自利，虽父母兄弟有不顾，况民物乎？此则宜痛诫也。四觉老人书示隆恪。

中山大学蔡鸿生教授在《仰望陈寅恪》一书中评论陈序经先生有关"教授"的言论时说道："按其现实意义，可说是一面框架虽旧但仍不失其明亮的镜子，值得后人照一照。"笔者觉得，"扇面示孙"的内容不也是"一面框架虽旧但仍不失其明亮的镜子"吗？

九、师友简介

曾国藩（1811～1872 年），字伯涵，号涤生，汉族，出生在湖南省湘乡县，故称"曾湘乡"。晚清重臣，政治家、军事家、湘军的创建者和统帅，又是晚清理学家、文学家和书法家，"湘乡派"散文的创立者。官至两江总督、直隶总督，武英殿大学士，封一等毅勇侯，谥"文正"，故又称"曾文正公"。

曾国藩一生在两个方面产生了巨大影响。

其一，组织湘军讨平太平天国。1851 年，洪秀全在广西金田村起义，建立太平天国。之后太平军势如破竹，从广西入湖南、湖北、江西、安徽，定都南京。朝廷以八旗子弟组成的八旗兵和以汉人组成的绿营兵，都无法阻挡太平军的攻势。内外危机的清政府，岌岌可危，就像修水老话说的，"痨病鬼屙血——两头扯"。此时，曾国藩在家乡湖南组建地方团练，称为"湘军"。曾国藩带领湘军以"屡败屡战"的意志和"扎硬寨，打死仗"的精神，并凭借湖南人特有的"耐得烦，吃得苦，霸得蛮，舍得死"的性格，苦战 10 余年，于 1864 年攻占南京。而此后，湘军将领中先后有 14 人为总督，13 人为巡抚，其他重要官员 100 余人，在很大程度上掌控着清廷的政局，而这种氛围也激发了此后湖南的人才辈出。

其二，曾国藩是"修齐治平"的楷模。在修身方面，他"笃学尚行，止于至善"，以自己的实际行动作为部属和家人的榜样。特别是在"齐家"方面，古今中外难有人望其项背。他的成功的家教，致使曾家从文正公以后 100 余年来人才辈出，代有英才，而未出现一个败家子。其中最著名的有：

曾纪泽，中国近代著名外交家。

曾纪鸿，近代著名数学家。

曾广均，清末进士。

曾约农，教育家。

曾宝荪，女教育家。

曾宪植，早年入中央军校武汉分校女生队，参加北伐战争、广州起义，后与叶剑英结为夫妻。

曾昭抡，著名化学家，曾任中科院学部委员（院士）兼化学研究所所长。

曾昭燏，杰出的女博物学家、考古学家，曾任国立南京博物院院长，第三届全国人大代表。

郭嵩焘（1818～1891 年），湖南省湘阴县人。曾任广东巡抚，中国首任驻外使臣（驻英公使，后兼任驻法公使），为晚清具有变法维新思想的重臣。与陈宝箴意气相投，交谊颇深。

郭嵩焘17岁中秀才，19岁中举人，29岁中进士。当太平军于1852年底攻克武昌后，咸丰皇帝饬令丁忧在家的曾国藩兴办团练以对付太平军，曾国藩几次推辞不就，郭嵩焘多次上门劝说，曾国藩终为所动，出山组织湘军，郭在军中出谋划策，成为曾国藩的得力助手。假如没有郭的多次劝说，那么太平天国的命运、清廷的命运以及曾国藩的人生，可能就另是一说了。

鉴于国势的衰败，郭很早就十分注意利用各种机会放眼观察世界，认为不仅要学习西方的船坚炮利，更要学习西方的教育、科学、民主政治制度等，因而有研究者称他是中国封建士大夫中首先向西方寻找真理的先行者。先行者就是跑在时代和大众前面的人，本是值得钦佩的人。但先行者往往又是时代的孤独者，大众眼中的另类，其命运往往是可悲的。所以，郭嵩焘遭到上下的一片攻击，壮志难酬，只落得个告老还家、老死乡间的结果。

郭嵩焘去世，陈宝箴父子极为悲痛。陈宝箴作挽联：

推圣哲之心以论事，穷古今之变以匡时，绝识在几先，独抱孤忠泣苍昊；

病虚骄之气为世患，视流俗之誉为士耻，遗编终论定，长悬皓日照幽扃。

陈三立作挽联：

孤愤塞五洲之间，众醉独醒，终古行吟依屈子；

抗心在三代以上，高文醇意，一时绝学并船山。

郭嵩焘文才极高。晚清著名的湘绅领袖、学界泰斗、岳麓学院山长王先谦盛赞"先生之文，畅敷义理，冥合矩度。其雄直之气，追配司马迁、韩愈，殆无愧色"。有岳麓书社出版的《郭嵩焘诗文集》传世。

王先谦（1842～1917年），湖南长沙人。著名的湘绅领袖，近代著名学者、教育家，有史学家、经学家、训诂学家和实业家之称。曾任国子监祭酒，云南、江西、浙江乡试主、副考官，江苏省学政，岳麓书院最后一任山长，李肖聃（李淑一之父，毛泽东有词《蝶恋花·答李淑一》）称其是"长沙阁老，季清巨儒，著书满家，门庭广大"。著有《汉书补注》《水经注合笺》《后汉书集解》《荀子集解》《庄子集解》《诗三百家义集疏》等，还编有《十朝东华录》《续古文辞类纂》，校刻《皇清经解续编》，有《虚受堂诗文集》传世。

王先谦初始积极支持和参与湖南新政，如投资办工矿企业、创设时务学堂、参与南学会的活动等等。但当湖南新政进入到民权、民主的新思潮时，他认为这将危及封建统治，是"志在谋逆"，便转而对新政大肆攻击。更为甚者，1900年唐才常所领导的自立军失败后，王先谦与叶德辉向官府告密，搜捕杀害自立会成员 100 多人。

叶德辉（1864～1927 年），湖南湘潭人。光绪十八年（1892 年）进士，晚清著名的藏书家及出版家，精于版本学，编纂《观古堂书目丛刻》，撰写了系统的书史《书林清话》，刻印了《古今夏时表》，校刊了《元朝秘史》。但他的思想保守顽固，在湖南新政时期反对变法，1910 年湖南水灾时囤谷万石以居奇，袁世凯复辟时又积极赞成复辟帝制。陈宝箴抚湘时，他多方攻击。

1927 年，北伐军攻占长沙。以前给叶家挑粪的都是从后门出入，但北伐军进城后，挑粪人不知为何，没有与叶打招呼便从前门出入了，叶认为毁了风水，将挑粪人打得头破血流。挑粪人跑到隔壁的农民协会告状。农会出面调解，叶置之不理，农会便将此事移交给国民党湖南省党部领导下的特别法院，法院判叶出 3000 元给挑粪人治伤养伤。此钱对叶来讲不是什么大事，出了钱就无事了。但叶根本不把农民协会和特别法院放在眼里，不但不赔钱，还作了一副对联辱骂农民协会。在如火如荼的革命年代，采取这种公然对抗的态度，这不是找死吗？法院遂以"前清时即仇视革新派"等五条罪名判处叶德辉死刑，一枪中头部，一枪中胸部，一命归西矣。

沈葆桢（1820～1879 年），汉族，福建侯官（今福州）人。林则徐的外甥兼女婿，27 岁中进士，35 岁后在江西任九江知府、广信（上饶）知府、赣南道道台、江西巡抚等职。1864 年，在赣南石城捕杀太平天国幼天王洪天贵福及干王洪仁玕等，清廷赏授沈一等轻车都尉世职、头品顶戴。1867 年由左宗棠推荐，被任命为福建船政大臣。沈克服重重困难，抱着"船政系臣专责，死生以之"的决心，造舰 20 余艘，分别部署各海口，并创办中国第一所海军学校——马尾船政学堂。还派遣学生出洋深造，为国家培养海军人才。在中日甲午海战中，中国 10 艘参战舰艇，就有 9 位管带（舰长）是船政学堂的学生，故沈有"中国海军之父"之称。1874 年日本发动侵略台湾的战争，沈又被任命为钦差大臣赴台办理海防。沈在台期间加强军事布防，以实力挫败日本的阴谋，还大力进行"化番为民"工作，着力进行"开禁、开府、开路、开矿"的四大开发措施，各种事业次第兴办，从而开始了台湾地区的近代化进程。

沈为人刚正不阿，民族自尊心和责任感极强，临终时还念念不忘外海水师未及筹办，称其"事关呼吸，迟则噬脐"。

沈葆桢在福州的故居为全国重点文物保护单位。

席保田（1829～1889 年），字研芎，湖南东安人。清末秀才，曾被清廷诰授光禄大夫、头品顶戴，赏戴花翎，赏穿黄马褂，世袭骑都尉兼云骑尉，追赠太子少保，故人称"席宫保"。

席保田一生主要就是带兵打仗，打太平军，打湘贵边的苗民起义军。

1852 年，席在家乡办团练抵御太平军。1859 年，在湖南击败太平天国翼王石达开部，升任知府。1860 年，席募千人组建精毅营，赴湘南阻击广东天地会义军。1864 年在江西石城杨家牌击败太平军一部，俘获幼王洪天贵福和干王洪仁玕等。1867 年，席招募湘军万人，赴贵州镇压苗民起义，1872 年斩杀苗民领袖张秀眉。

席保田除了会打仗外，还会捞钱，每攻占一地，即令士兵抢掠，日久成巨富，从而引起舆论谴责。席于是低头夹尾，赶紧来个"软着陆"，称病退职回乡。在家乡建孔庙，修县志，置学田，办书院。

席保田与"东安宫保鸡"

话说席保田引病回乡后，特别喜欢吃本地的"东安醋鸡"。家中厨师为增加鲜味，在鸡中又加了陈年豆腐乳汁等佐料，使醋鸡更加可口。一天，朝廷大臣曾国藩、左宗棠、刘坤一等到席家做客，酒席上吃了这道菜后，赞不绝口，遂问菜名。席本想说"醋鸡"，又怕名称不雅，故一时支支吾吾。曾国藩见此情景，即曰：这是席宫保家的特色菜，就叫"宫保鸡"可也。此后"东安宫保鸡"就传开了。

光阴似箭，日月如梭，转瞬到了 1972 年，美国总统尼克松首次访华，毛泽东主席会见并用家乡的湘菜招待尼克松，其中就有"东安宫保鸡"。尼克松吃了，连声称赞，回到美国后还念叨此事。

李鸿藻（1820～1897 年），直隶高阳（今属河北保定市）人。少时聪明过人，过目成诵，17 岁中秀才，24 岁中举人，25 岁中进士。曾任内阁大学士，兵部、礼部、工部、吏部尚书，军机大臣，总理各国事务衙门等重要职务，还是同治皇帝的老师，有"高阳相国"之称，在咸丰、同治、光绪三朝为官 50 余年，被称为三朝阁老，死后谥"文正"。

李鸿藻在对待日本侵略方面属于主战派，支持光绪抗敌，反对慈禧太后和李鸿章等人的妥协退让。

李鸿藻为官清廉，体察民疾，慷慨解囊，为灾民捐钱，为后人称道。

张之洞（1837～1909 年），字孝达，号香涛，别号壸公，晚年自号"抱冰"，汉族，直隶南皮（今河北南皮）人。13 岁中秀才，15 岁中举人第一名成"解元"，26 岁中进士一甲第三名成"探花"。先后任翰林院编修，湖北、四川学政，山西巡抚，两广、湖广、两江总督，军机大臣，死后谥"文襄"。张之洞与曾国藩、李鸿章、左宗棠并称晚清四大名臣。与陈宝箴交谊亦深。

张之洞的历史功绩主要在三方面。

一主战。在 1883 年中法战争、1984 年中日战争中，均力主抗争，除自己加强防务外，还向前线大量筹饷运械，予以支持。

二洋务。提议修筑芦汉铁路（北京卢沟桥至汉口），创办中国第一家全国钢铁联合企业——汉阳铁厂、湖北织布局、湖北枪炮厂以及制革、造纸、印刷等企业。故而毛泽东曾说，"提起中国民族工业、重工业，不能忘记张之洞"。

三教育。提出洋务派的基本纲领"中学为体，西学为用"，是中国新式教育的先驱。在督鄂期间，先后创办了自强学堂（武汉大学前身）、武备学堂、农务学堂（华中农业大学前身）、工艺学堂（武汉科技大学前身）、武昌幼稚园（中国第一所幼儿园）。在任两江总督时，还在南京创办了三江师范学堂（南京大学前身）。这一连串的成果，在历史上也是罕见的。

谭继洵（1823～1900 年），字敬甫，湖南浏阳人。36 岁成进士，历任户部主事、郎中，甘肃巩秦阶道道台（官衙设在秦州，即今天水市）、布政使、湖北巡抚，湖广总督，诰授光禄大夫、振威将军。戊戌先烈谭嗣同之父。

中日开战后，中国军队节节败退，朝中不少人主张妥协求和，但主战大臣亦不少。谭继洵说："日本地小饷绌，势难久角。我则地大物博，侭堪坚持。且失地无多，无损大局，军民愤极，势有可乘。"这种分析，与几十年后分析抗日战争是持久战、抗战必胜的观点有相似之处。

1898 年 9 月谭嗣同殉难后，76 岁的谭继洵为其子撰联哀悼："谣风遍万国九州，无非是骂；昭雪在千秋百世，不得而知。"极为沉痛。

刘坤一（1823～1902 年），湖南新宁人。早年在乡办团练，入湘军与太平军作战，擢直隶知州，赏戴花翎。后历任广西布政使、江西巡抚、两江总督、两广总督，兼任南洋通商大臣，后加太子少保。死后追封一等男爵，赠太傅，谥"忠诚"。

刘坤一任封疆大吏 40 年之久，特别是在曾国藩、左宗棠等先后去世，李鸿章失势后，刘坤一成为湘军将领中最有资望的人物。他从开始抵制变法的

顽固派，逐渐转变为热心的洋务派，对戊戌政变后的近代化进程产生了重大影响。

江　标（1860～1899年），字建霞，江苏元和（今吴县）人。光绪十五年（1889年）进士，授翰林院编修，1894年任湖南学政。作为一省文化教育的主官，其在湖南学政的三年任期内，主要做了三件事。1.新学课士。江标反对以"八股"取士，主张博古之外，尤其注重新学。四科院试，命题均具新意，且"有能通地球形势及图算、物理者，虽制义不工，得置高等"。我们现在常说，高考是教学的指挥棒。由于江标高擎"新学"的指挥棒，"于是湖南士子求学，不再以八股文自囿，而务求博学，文风大变"。更重要的是，"士为四民之首，士心既明，民心自不致为积习禁锢"。2.整顿校经书院。与注重制举之业、习应试文、例课八古的湖南岳麓、城南等书院迥然不同，江标在校经书院建造书楼，广购书籍，添置天文、舆地、测量等仪器。通过教学，"诸生于考古之外，兼可知今"，成为湖南全省首开风气之先的士子学园，并导致各府县纷纷改革当地旧式书院，并创办了一些新式学堂。江标并在校经书院内设立校经学会，其后湖南学会如雨后春笋纷纷设立，为全国之冠。3.创办《湘学报》。《湘学报》又名《湘学新报》，1897年春创办，10日一期，共出45期。该报为湖南新政运动之重要文献，而其政治思潮之酝酿，实又具有全国之时代意义。

江标在湖南任职虽仅三年，但其开风气之先的功劳，却是不可埋没的。维新干将唐才常当年曾推举江标"君于湖南得人最盛，异日树大节、倡大雅、行大改革者或即出君门下，不然则皆与君雅素者也"。梁启超也积极评价"江建霞顷督湘学，此君尚能通达中外，……利禄之路三年内，湖南可以不变矣"。

黄遵宪（1848～1905年），字公度，别号人境庐主人，广东梅县客家人。清代诗人，外交家、政治家、教育家。

黄遵宪的父亲黄鸿藻是一位很有作为的人。黄鸿藻中举后，曾任户部主事、广西思恩知府等官。他在任地方官时，"办农桑，修书院，教养兼施，政声卓著"。据说，1885年冯子材率军出镇南关，在谅山一带大破法国侵略军，其重要原因之一，就是黄鸿藻实施了有力的后勤保障。黄鸿藻闲暇时喜诗文，写有诗文多卷。

因受其父的深刻影响，黄遵宪自幼便有远大抱负，立志要"扶摇羊角直上九万里"，求得青史留名。1876年他中举后，先后在日本、英国、美国、新加坡从事外交工作。在从事外交工作期间，他积极维护当地华侨华工的正当权益，认真考察西方社会，写下了著名的《日本国志》一书。胸怀大志的黄遵宪，经过十几年的外交生涯，他的思想水平大大超过了同侪。他明确提出中国必须变法、而且变仿西方的主张。1897 年，他任湖南长宝盐法道，兼署按察使。黄的入湘，使湖南新政又多了一员得力的干将，并在短短的一年多时间内，进行了一系列卓有成效的工作。主要是：大倡禁止妇女缠足；亲自写信延请忘年交梁启超来湘主讲时务学堂；与谭嗣同等共创南学会，并亲自主讲政教；仿西方国家警察制度首创湖南保卫局；听从梁启超等人的建议设立课吏馆；还参与筹设学堂、水利，兴工兴商等等。

黄遵宪从政之余，在诗歌的创作上亦成绩斐然，被公认为是晚清"诗界革命的一面旗帜"。他运用现实主义的手法，反映近代中国社会的主要矛盾，因而其诗又有"诗史"之称。著有《日本杂事诗》《人境庐诗草》等。

熊希龄（1870～1937 年），字秉三，原籍江西丰城县人（今丰城市）。其先世屡官于湘西州、县，遂入凤凰直属厅（今凤凰县），故人称"熊凤凰"。熊希龄 14 岁中秀才，21 岁中举人，24 岁中进士，被钦点翰林院庶吉士，有"湘西才子"之称。

熊希龄是一位忧国忧民的志士，但早期由于环境的闭塞和认识的局限，他的爱国思想还停留在传统的忠君和治世之道上。在他授翰林院庶吉士不久，中日甲午战争爆发，随后中国战败，再后屈辱的《马关条约》签订，使他极为震动并产生思想上的突变，认为"圣朝以数十倍之地，十几倍之众，屈膝东洋倭寇之谬种，列强之觊觎、瓜分之举，不亦惑乎！馈外而和亏，实乃养虎贻患也。与其坐而待亡，孰若革新庶政，与经旬强比埒，乃为上策"。并表示"熊希龄虽恒河之一沙，而堆沙可以成塔，集腋可以成裘，吾意与爱国同仁，鞠躬尽瘁，临危效义，以拯吾国"。因此，当家乡次第举办新政时，他大为赞许。陈宝箴认为熊是一位不可多得的人才，叮嘱其子陈三立，务必设法将熊希龄从湖北拉来。熊于是辞去任职不久的两湖营务处总办之职，投身于湖南的维新运动。

熊希龄以在籍翰林的身份回湘，颇受陈宝箴的倚重，也颇受维新人士的推重。谭嗣同在写给陈宝箴的信中说，湘省维新"幸有黄按察、梁院长、熊庶常诸英杰在左右"。在实际工作中，熊希龄总是与谭嗣同等紧密携手，共同为粤汉铁路、时务学堂、湘报、南学会、延年会、不缠足会等奔波出力。在

湖南新政的方方面面，熊都是一位不折不扣的实干家。

民国后，熊希龄曾于1913年下半年至次年初任过民国政府总理，后长期从事扶贫济困并成为民国时期著名的慈善大亨，以至帮助过共产党，那是后话。

谭嗣同（1865～1898年），字复生，号壮飞，湖南浏阳人。少年时曾师从浏阳著名学者欧阳中鹄。在青少年时代，就最厌呆板僵化的八股文，无意科举，而注重经世致用，思考如何治理国家的问题，曾写出很有见解的政论文——《治言》。后由其父于1896年为他捐了一个候补知府，发往江苏。此间，他结识了维新派领袖人物梁启超等，畅谈变法，并写出了猛烈抨击封建君主专制制度和三纲五常封建思想的代表作——《仁学》。谭嗣同虽然具有新思想，通洋务，但无论走到哪里，却无法伸展抱负。在京时，他感到"京居既久，知所愿皆虚，一无可冀。慨念横目，徒具深悲。平日所学，至此竟茫无可倚"；在南京候补时，"上官"难于"一望见颜色"，"同寅"之间也互相"疑忌"，"社会名士"对他也"屏之不见，并不答拜"，使他感到"孤寂无俚"。他环顾全国，当权的官吏，多为"因循守旧，固步自封"，没有什么希望，只有湖南巡抚陈宝箴能"图谋变革"。因此，在十分赏识他的陈宝箴的一再邀请下，1897年冬，谭嗣同回到湖南。

谭嗣同回湘后，积极参与时务学堂的工作，"负赞划之责"，极力筹措经费、添置仪器，力请梁启超和上海《时务报》西文翻译李维格入时务学堂任中、西文总教习。

大力筹建南学会，此议得到省府大员陈宝箴、黄遵宪、徐仁铸的鼎力支持。谭嗣同在南学会主讲天文，实际上讲论所及包括天下大事、维新变法、民权平等等问题。梁启超在《谭嗣同传》中，称他在学会中"实为学长，任演说之事。每会集者千数百人。君慷慨论天下事，闻者无不感动。故湖南全省风气大开，君之功居多"。

1898年3月，谭嗣同又与唐才常、熊希龄筹资开办《湘报》，他担任董事一职，而实为主要负责人。他在《湘报》上连续发表《壮飞楼治事十篇》，宣扬办学会、开议院、改官制、合群力、变法律等维新主张。

对于其他新政事项，谭嗣同也是出力甚多，正如梁启超在《谭嗣同传》中所说："若内河小轮船也，商办矿务也，湘粤铁路也，时务学堂也，武备学堂也，保卫局也，南学会也，皆君所倡论擘划者。"

谭嗣同此次在湖南的时间不到一年，1898 年 8 月便赴京就任军机章京。同时，在湘与陈宝箴父子特别是与陈三立的矛盾渐深，也是谭离湘的一个重要原因，否则谭不会在实施新政上，避在湖南办事之"实"，而就赴京担任文书工作之"虚"了。

梁启超（1873～1929 年），字卓如，号任公，又号饮冰室主人，广东新会县（今新会市）人。他早慧早熟，四五岁即读《四子书》《诗经》，六七岁与客人应对，9 岁时下笔千言，10 岁应童子试，17 岁中举，少年成名。1890年，梁启超入京会试，始识得康有为，即投其门下，并成为维新领袖，世称"康梁"。

陈宝箴任湖南巡抚时，梁启超正在上海激扬文字，任维新报刊《时务报》的主笔。1897 年年初，湖南筹办时务学堂，10 月，学堂开办。湖南维新人士经慎重考虑，聘请梁启超担任学堂中文总教习。而梁启超也是怀着极大的热情，想去湖南干一番事业。此前他曾认为，"十八省中湖南人气最可用，惟其守旧之坚亦过他省，若能幡然变之，则天下立变矣"。梁启超等在时务学堂对学生大力灌输新知识、新思想。"开学几个月后，同学们的思想不知不觉就起了剧烈的变化，他们像得了一种新信仰，不独自己受用，而且努力向外宣传"。

梁启超的工作特点是不顾疲劳、夜以继日，加上知识丰富，思想激进，盛倡革命，故演说著文，鼓动性极强，所以渐渐为湖南守旧派所不容。以王先谦、叶德辉为首的守旧派，大骂梁启超"专以无父无君之邪说教人"，"乖悖伦常，背戾圣教"，"名为讲学，实与会匪无异"。梁启超因受到强烈攻击，同时也因病，于次年春赴上海治疗，后赴北京。

梁启超是近代中国的启蒙思想家，深度参与了中国从旧社会向现代社会变革的伟大的社会活动家。1925 年清华成立国学研究院时，他又是四大导师之一。

梁启超著作等身，《饮冰室合集》即 1000 余万字。他的"自强不息，厚德载物""少年强则国强"等名言，激励着一代又一代中国青年。

尤其令人赞叹的是，梁启超的子女也是中国近现代的杰出人物，如：

长女梁思顺，诗词研究专家；

长子梁思成，著名建筑学家；

次子梁思永，著名考古学家；

三子梁思忠，毕业于西点军校，19 路军炮兵校官，25 岁因病去世；

四子梁思达，著名经济学家；

三女梁思懿，社会活动家，中国红十字会对外联络部主任，第六届全国政协委员；

四女梁思宁，早年参加新四军，新中国成立后在中国红十字会任职；

五子梁思礼，著名火箭控制系统专家，中国科学院院士，曾负责起草我国运载火箭长远规划。

蒋德钧（1851～1937年），字少穆，晚号戒庐老人，湖南湘乡人。早年任四川龙安知府11年，清廉勤敏，政声卓著。陈宝箴抚湘后创办湖南矿务总局，蒋任阜湘公司经理，并积极创办湖南内河轮船公司，与谭嗣同、陈三立等志士共同创办《湘报》，积极宣传爱国之理、救国之法，倡导维新。还参与时务学堂的创办，为湖南新政做出了重要贡献。

变法维新失败后，蒋在家乡创办学校。他在长沙创办的湘乡驻省中学，少年时代的毛泽东还在该校学习过。民国后，国民政府曾授其匾额"大年大德"。

朱昌琳（1822～1912年），字雨田，晚年自号养颐老人，湖南长沙县棠坡村人。为近代湖南大慈善家，也是晚清长沙首富。

朱昌琳年轻时屡试不第，遂与人做账房先生，若干年后，积累了一些资金，在老板的支持下自己开了个杂货铺。某年，湘中粮食大丰收，谷价十分低贱。朱昌琳倾其所有，吞进稻谷千斛。第二年湖南大涝，稻谷价涨了十几倍，朱昌琳由此一跃成为大款。以此为基础，钱财如滚雪球。朱昌琳大富以后，"以济人利物为己任"，扶危济困，修桥补路，热心公益。

陈宝箴抚湘后，发现湖南省金融市场十分混乱，便决心恢复湖南省官钱局。派谁主持其事呢？通过调查了解到，朱昌琳是一位具备"廉、公、能"素质的理想人选。陈宝箴遂三次前往数十里外的长沙县棠坡，请75岁的朱昌琳出山。朱昌琳不负所托，在金融及新政的各项事业中均发挥巨大作用，仅清理疏浚湘江河道，朱昌琳就捐资13万之巨。陈宝箴被革职回乡，没有盘缠和安家费，又是朱昌琳慷慨解囊。

张通典（1859～1915年），字伯纯，号天放楼主、志学斋老人，湖南湘乡人。清末维新派人士，中国近代民主革命家。陈宝箴抚湘后，张通典受邀创办湖南矿务总局、宝善成机器厂，创用电灯，设立和丰火柴公司。后与谭嗣同、陈三立、梁启超等倡办南学会，兴办时务学堂，创办《湘学报》《湘报》。

维新变法失败后，张通典又积极参与自立军起义，参加同盟会，参加辛亥革命。南京临时政府成立后，孙中山任命张通典为内务总长。袁世凯篡权后，张回到家乡，为桑梓谋利。

皮锡瑞（1850～1908 年），字麓门，一字麓云，湖南长沙人。举人出身，三次会试落第。先后任湖南桂阳龙潭书院、江西南昌经训书院讲席。甲午战争中国失败，被迫签订《马关条约》，皮极为愤慨，深感变法图强不可缓。陈宝箴抚湘，皮在湘省亲，应熊希龄等人邀请，留湘赞助新政。次年春任南学会会长，宣扬保种保教，纵论变法图强，所论深受听众欢迎。戊戌政变后，皮被革去科名，交地方严加管束。后皮锡瑞从事教学和著述，为晚清经学大家之一。50 岁时作自寿联："阅世五十年所欠一死，著书百万字不值半文"。有《尚书大传疏证》《师伏堂丛书》《师伏堂笔记》《师伏堂日记》传世。近年，闻湖南准备整理出版《皮锡瑞全集》。

徐仁铸（1863～1900 年），字缦愔，号研甫，江苏宜兴人。光绪己丑进士，授编修，后任四川乡试正考官、湖南学政，为"清末维新四公子"之一。

1897 年，徐仁铸以翰林院编修身份视学湖南，遇梁启超、谭嗣同在长沙鼓吹新学，遂与二人相识并结交甚深，其讲学宗旨亦与二人相同。徐还颁布条诫分谕各类学校，提倡学习自然科学，培养经世致用人才。戊戌政变后被革职，去世时年仅 39 岁。有《輶轩今语》传世。

文廷式（1856～1904 年），字道希，号云阁，别号纯常子、罗霄山人，江西萍乡市安源人氏。是近代著名维新思想家、诗人、学者。被沈曾植誉为"有清元儒，东洲先觉者"。34 岁中一甲第二名进士成"榜眼"，授翰林院编修、侍读学士，曾任珍妃、瑾妃的老师，深得光绪皇帝的信任。

文廷式心怀家国，性格刚强，言人所不敢言。1894 年，慈禧太后不顾国家的积贫积弱，斥巨资筹办 60 大寿庆典。文廷式联合翰林院 57 人上疏，提出停办庆典，将资金作为军费，以利对日作战。此举惹得慈禧大怒，文为躲避迫害，逃离京城潜回家乡。

文廷式在变法维新中倡导组织强学会，积极推行维新变法。戊戌政变后，遭朝廷通缉，文得陈宝箴大力相助，辗转逃亡到日本。后郁死于家乡，年仅 49 岁。

文廷式学问渊博，著述颇丰，有《纯常子枝语》《云起轩诗钞》《云起轩词钞》《闻尘偶记》等著作传世。家乡有文廷式墓及雕像。

范当世（1854～1905年），字肯堂，江苏南通人。清末文学家、诗人，桐城派后期作家，也是南通市近代教育的主要倡导者和奠基者之一。年轻时屡试不第，中年后受李鸿章之邀任家塾教师4年。甲午战后南归，曾任南通东渐书院山长。后与张謇兴办教育，筹办南通小学堂，并撰写多篇论文鼓吹教育改革。范当世关心国事，思想开通，"颇主用泰西新学以强国阜民"。晚年不受清廷之聘，流落江湖，客死旅邸，亲家陈三立作挽联哀悼："所学转负平生，偶以文章存国粹；小别真成后死，未来世界证心源。"

范当世虽无功名，但文学成就极高。陈三立赞叹："苏黄以下，无此奇矣。"清末著名古文家吴汝纶认为："当今文学无出肯堂右者"。汪辟疆在《光宣诗坛点将录》中，将范当世排座为"天猛星霹雳火秦明"。钱仲联在《近百年诗坛点将录》中则将范以"天雄星豹子头林冲"属之，均推崇备至。有上海古籍出版社出版的《范伯子诗文集》传世。

范的续妻姚蕴素（1863～1944年），字倚云，清桐城派古文宗师姚鼐的曾孙女，受家学熏陶，才华横溢，并积极投身教育改革的实践中，在范去世后，任南通女子师范校长15年，成绩斐然。70岁后任南通红十字会会长。有《蕴素轩诗集》12卷和《沧海归来集》10卷传世。范去世时，姚作诗哀悼："风雷归招爱国魂，雪光惨照泪光深。最怜第一伤心事，辜负生平教育心。"

南通市建有"南通范氏诗文世家陈列馆"。南通范氏为诗文世家，四百年间13代，代有著名诗人产生，收入诗集中就有诗8491首。2009年，联合国教科文组织对外联络官爱丽斯·布斯基翁·德让丽斯一行对南通范氏进行了考察。爱丽斯称赞："我相信，作为世界仅见的文化现象，南通范氏世家诗文极有可能成为世界非物质文化遗产。"

杨　锐（1857～1898年），戊戌六君子之一，字叔峤，又字纯叔，号蝉隐，四川绵竹人。举人出身。1889年授内阁中书，后晋为侍读，曾入张之洞幕府。1895年参与发起成立强学会，1898年在京创立蜀学会，以张之洞的《劝学篇》为指南，兼学中学和西学。戊戌变法时由陈宝箴推荐，受光绪皇帝召见，赏四品卿衔军机章京，参与新政。戊戌政变时被捕，1898年9月28日被害于北京菜市口，斩首时，血喷涌丈余，令观者震惊。遗著有《杨叔峤文集》和《杨叔峤诗集》。

刘光第（1859～1898年），戊戌六君子之一，字裴村，四川富顺人。祖籍福建平武，客家人。幼年父亡，家极贫，其母督学甚严，光第亦发愤读书，后获县考童子试第一名。23 岁中举，24 岁中进士，授刑部主事，为官清正。戊戌变法时，陈宝箴以"器识宏远，廉正有为"之由向光绪皇帝推荐，受光绪召见，赏四品卿衔，在军机章京上行走，参与新政。戊戌政变时被捕，1898年 9 月 28 日被害于北京菜市口，年 39 岁。在刑场头被砍了，身体还"挺立不化"，令观者惊心动魄。死后悼念者络绎不绝，有悼念者见其家贫，留银百两悄然离去，凡此可见人心向背。京中四川人士将其尸运回富顺县安葬，20世纪 80 年代转葬于富顺烈士陵园，由赵朴初先生题写碑名，有塑像，家乡有"光第中学"。遗著有《衷圣斋文集》和《介文堂诗集》。

唐才常（1867～1900 年），字佛尘，著文常署"浏阳子"，湖南浏阳人。其父唐贤畴，潜心典籍，饱读诗书，在乡间设馆授徒，且具有新思想、新教法，培养了不少具有真才实学的人。

唐才常自幼聪敏过人，20 岁参加童子试，在县、府、道三级考试中均名列第一，被称为"小三元及第""二百年来所未有"，一时传为佳话。后在浏阳著名学者欧阳中鹄的家塾教读，并与欧老的学生谭嗣同结下了深厚的友谊。后两人同在武昌的两湖书院就读，时谭嗣同之父任湖北巡抚，两人又同住抚衙，因志趣相投，更加情同手足。后来谭嗣同曾说："二十年刎颈交，惟唐佛尘一人而已"。《马关条约》的签订，唐才常极为愤懑，感慨"国家无人，莫此为甚"。1895 年陈宝箴任职湖南，唐才常闻知朝廷大员有人大力施行新政，即回湖南投入"独步一时"的湘省新政的洪流中去。他参与了各项新政的创办，其热情、才学都是出类拔萃的，陈宝箴对他十分尊重。陈是比唐大三四十岁的封疆大吏，两人的身份无法相比，但陈宝箴竟说过这样的话：按老的说法，我是老师，你是学生；若按才学，你才是老师！由此可见唐才常在湖南新政中的重要作用。

戊戌政变后，唐才常仍在各地奔走，次年在上海成立"自立会"（初名"正气会"），唐被选为总干事。1900 年，唐才常组建自立军，计划分五路大军同时起义，以推翻满清政府。不幸事情泄露，唐才常被捕，英勇就义，成为为国为民而不惜颈喷热血的烈士。

蔡　锷（1882～1916 年），原名艮寅，号松坡，湖南武冈（今洞口县）人。为贫寒农家子弟。幼年在乡读私塾，13 岁中秀才。16 岁考长沙时务学堂，文不甚通，陈三立见其人小且聪明，特录之。在时务学堂初步接受了维新思想教育，后入上海南洋公学（上海交通大学前身）。1900 年参加唐才常自立

军起义，失败后东渡日本，入陆军士官学校。毕业后回国，在新军中任教。辛亥革命前，任云南新军协统（相当于以后的旅长）。辛亥革命后，任云南军政府都督。

1913 年，袁世凯调蔡锷至北京任经界局局长（期间蔡锷聘陈寅恪任秘书），施以笼络和监视。1915 年袁世凯称帝，蔡锷秘密离京，辗转潜回云南与唐继尧等组织护国军讨袁，蔡任护国军第一军总司令（时朱德在军中任团长），率部以弱胜强，在泸州击败袁军。袁死后，蔡锷任四川督军兼省长，次年因病赴日本治疗，于 11 月 8 日病逝，年仅 34 岁。去世后被追授陆军上将，葬于长沙岳麓山。遗著被编为《蔡松坡集》，20 世纪 80 年代由上海人民出版社出版。

蔡锷不但具有杰出的军事才能，且意志极为顽强。他一向体弱，出滇讨袁，正是蔡锷身患重病之时，他强支病体，鏖战经月，与士兵同甘苦，吃的饭半含沙子，难以下咽，每日睡觉不到三小时，身体透支过甚，终至不治。多年后，陈三立与梁启超谈起蔡锷时，陈痛心地说："今其人往矣，不可复得。"

蔡锷一生虽然短暂，但他在中国近代史上却留下了不灭的光芒。

王闿运（1833～1916 年），字壬秋，又字壬父，号湘绮，世称湘绮先生，湖南湘潭人。为晚清经学家、文学家。少孤，由叔父抚养。幼年资质驽钝，但非常好学，以勤补拙。《清史稿》记载：白天所学不能背诵不吃饭，晚上背诵不解其意不睡觉。22 岁中举人第五名，游走于湘军将领之间。26 岁赴京应礼部会试，不第，应顾命大臣肃顺之邀任家庭教师。八大臣被诛后，游走四方，先后在成都、南昌等地讲学。后回湘在湘绮楼授徒，先后得弟子数千人，著名弟子有杨锐、刘光第、杨度、齐白石等，有"湘绮门生满天下"之誉。民国后任国史馆馆长。遗著有《湘绮楼诗集》《文集》《日记》等，文集中多传世之作。

王闿运狂狷谐谑，嬉笑怒骂，他的女儿写信给他，哭诉丈夫吃喝嫖赌，还对她施行暴力时，王在信旁批曰："有婿如此，不如为娼！"如此语出惊人。

邹代钧（1854～1908 年），字沅帆，又字甄伯，湖南新化（今隆回县境内）人。出身于地理世家，曾教过光绪、宣统两代皇帝，为中国近代地图学的倡导者和奠基人之一，被称为是"集前贤之大成，为千古之巨制"的地理学大师。

1896 年在陈三立、汪康年、吴德潇等维新派人士的赞助下，邹代钧在武昌巡道岭创办中国第一个地理学会——舆地学会,编绘中外总图分图千余幅,所绘地图取材于中外名图或实测地图。同时,对于制图所依据的资料,均进行了审核、修订、选译,又采用新式的烂铜板法,使地图更加精审、清晰、美观,享誉一时,为中外各方所重视。

在陈宝箴抚湘期间,邹代钧曾担任湖南矿务总局提调(负责调度)、《湘学报》舆地编撰、时务学堂舆地教席、南学会舆地主讲等工作。戊戌政变后,曾任京师大学堂(北京大学前身)地理总教席。

注　释:

【1】《陈寅恪家族稀见史料探微》第 113 页。

【2】【3】《散原精舍诗文集》第 848 页。

【4】《戊戌百年祭》第 652 页。

【5】《陈寅恪的家族史》第 63 页。

【6】《送陈右铭赴任河北道》,见《郭嵩焘诗文集》第 257~258 页。

【7】《散原精舍诗文集》第 850 页。

【8】《陈寅恪的家族史》第 91 页。

【9】《陈寅恪的家族史》第 94~95 页。

【10】【12】《散原精舍诗文集》第 852 页。

【11】《从鸦片战争到五四运动》第 501 页。

【13】《清朝野史大观》第 436 页。

【14】《陈宝箴集》第 763、771 页。

【15】《戊戌百年祭》第 549 页。

【16】《戊戌百年祭》第 551 页。

【17】《陈宝箴集》第 1931 页。

【18】《中国革命史人物词典》第 445 页,北京出版社,1991 年 6 月版。

【19】《陈宝箴集》第 862 页。

【20】《从鸦片战争到五四运动》第 540 页。

【21】《戊戌百年祭》第 529 页。

【22】《陈寅恪的家族史》第 185 页。

【23】《陈宝箴集》第 1993 页。

参考资料:

[1] 光义堂，修水《义宁陈氏宗谱》，1943 年。

[2] 胡绳著，《从鸦片战争到五四运动》，人民出版社，1981 年 6 月版。

[3] 杨坚点校，《郭嵩焘诗文集》，岳麓出版社，1984 年 10 月版。

[4] 小横香室主人著，李秉新等校勘，《清朝野史大观》，河北人民出版社，1997 年 8 月版。

[5] 李济琛等编著，《戊戌百年祭》，华文出版社，1998 年 3 月版。

[6] 李开军校点，《散原精舍诗文集》，上海古籍出版社，2003 年 6 月版。

[7] 汪叔子、张求会编，《陈宝箴集》，中华书局，2003～2005 年分上、中、下三集出版。

[8] 丁平一著，《谭嗣同与维新派师友》，湖南大学出版社，2004 年 7 月版。

[9]《戊戌政变记》，见《梁启超作品精选》，长江文艺出版社，2005 年 8 月版。

[10] 张求会著，《陈寅恪的家族史》，广东教育出版社，2007 年 6 月版。

[11] 汪荣祖著，《晚清变法思想论丛》，北京新星出版社，2008 年 2 月版。

[12] 刘经富著，《陈寅恪家族稀见史料探微》，中华书局，2013 年 1 月版。

第三章　同光体诗派巨擘——陈三立

一、生平事略

陈三立（1853～1937 年），字伯严，晚年自号散原，咸丰二年（1853 年）农历九月二十一出生于修水县泰乡七都竹塅村。陈宝箴长子，清末同光体诗派代表人物，清末"维新四公子"之一。

陈三立于光绪八年（1882 年）乡试中举，1886 年会试中式，1889 年补殿试成进士，授吏部主事，官阶正六品。因他淡于名利，未实际就职视事，在京城与许多维新志士交游论事，立志革新朝政。1895 年，陈宝箴就任湖南巡抚，极力推行新政，陈三立积极辅佐其父，在罗致人才、擘划新政方面，效力尤多。当时，陈三立与湖北巡抚谭继洵之子谭嗣同、陕甘总督陶模之子陶葆廉、故广东水师提督吴长庆之子吴保初（一说徐仁铸）四人，以"维新四公子"见称于世，而尤以陈、谭二公子著名。[1] 后戊戌政变，陈三立蒙"招引奸邪"罪，与其父同遭罢黜，且"永不叙用"。后随父返回江西，住南昌西山。

1900 年，三立迁居南京。后因遭父丧，更无心问政，便以诗文自娱，且自谓"凭栏一片风云气，来作神州袖手人"。但他一生并未真正袖手，对国家忧患、社会公益极为关注，其民族气节、爱国情怀常溢于言表且见诸行动。

三立长于诗文。他的诗，在艺术形式上多用僻词拗句，流于艰涩，但辞不泛设，字无虚砌，一字一句皆经千锤百炼而出。他的书室称"散原精舍"，故其文集称《散原精舍诗集》及其续集、别集、集外集和《散原精舍文集》。

1937 年，日寇侵占北平，时陈三立正寓居北平城西的姚家胡同。他见寇

氛日炽，国势阽危，遂忧愤成疾。后拒药拒食，终于当年农历八月初十去世，终年八十有五。他的遗柩暂厝于北平长椿寺。1948 年，由其婿、时任国民政府交通部部长的俞大维操办，将三立灵柩运至杭州牌坊山其长子衡恪墓侧，与续配俞夫人合墓。

陈三立原配夫人罗氏，系江西武宁籍举人、四川雅州知府罗亨奎之女。婚后数年，即于 1880 年病故，生子衡恪、同良（殇）。续配夫人俞明诗，讳明度，字麟洲，系浙江山阴人。其父乃湖南知府俞文保。俞夫人性贤淑，多才气，擅书能诗，如其所作《庚戌寒食病中作》："病中忘却是春时，开过辛夷了不知。强起如烟疑化柳，未眠有梦欲成丝。年年药碗为寒食，夜夜残灯隔酒卮。雪外园林花满眼，纵能临赏已空枝。"此诗水准不凡！俞夫人还擅古琴，号"神雪馆主"，生子隆恪、寅恪、方恪、登恪；生女三：长女康晦（1893～1962 年），嫁合肥张宗义；次女新午（1894～1981 年），嫁山阴俞大维；三女安醴（1895～1927 年），嫁四川薛琛锡。

二、志在维新

陈三立虽出身官宦之家，但在其父的影响之下，他并不图做官食禄，以一己之功名富贵为满足。在清末内忧外患的形势下，他的志向是改革旧制，推行新政，以图国强民安。幼年时，陈三立在中国传统文化的教育和家风的熏陶下，既打下了扎实的文史功底，也深深领悟到中国历代兴少衰多、国运不振的弊端所在，从而树立了经世济民的志向。特别是当西方诸国崛起、清朝国势衰败、列强环伺侵凌的形势下，他更确立了"不维新变法便不能兴国图强"的信念。光绪八年（1882 年）应乡试，陈三立因一向厌恶"八股文"，便用古散文体做试卷，因违反了当时考试必须做"八股文"的体制，几乎被取消录取资格。幸亏主考官陈宝琛独具慧眼，从初评即遭废黜的"落第"卷中阅得陈三立的答卷，且连声叫好，并被破格录取。[2]

1886 年，陈三立会试中式，当年未应殿试，1889 年成进士，授吏部主事。他看到吏部官僚弄权作奸，已至积重难返、不可救药的地步；又感到如在官场随波逐流，自己的经世之志则"难有展布"，故在吏部不足三月，便以"侍亲"为由请求辞官，未曾实际视事，常与一班具有新思想的士子交游。无论讲学议事，他皆慷慨激昂，使同人敬佩。维新志士文廷式在《闻尘偶记》中曰：陈吏部说，"举五千年之帝统，三百年之本朝，四万万人之性命，而葬送于三数个昏佞大臣之手"。[3]可见他对现实极为愤慨，希望除弊布新。不久，他离开京城到武昌，协助父亲办理布政司有关事宜，并在实际工作中渐渐显露出其经世才华。湖广总督张之洞与陈宝箴是同辈之人，但因陈三立之经纶、文章名传遐迩，曾屈驾亲往拜访。后陈三立成为张之洞、端方、张安圃三位总督的座上宾，并常有诗文交往。其时，张之洞在湖北大兴实业，还创办两湖书院，选拔两湖高才数百人，设科造士，延请德高望重的通儒名士为"都讲"。当时陈三立虽只有30多岁，却因学识、文名为张之洞所敬仰，而入书院"都讲"之列。而两湖书院之教学，亦为日后其父子在湘省办理时务学堂之有益借鉴。

1895年陈宝箴就任湖南巡抚，有了主政一方实行新政的机会，这是陈宝箴一生政治上的辉煌时期。对于"余尝愤中国士大夫耽究空文而废实用"的陈三立来讲，也是一展抱负的极好机遇。此时，陈三立年过不惑，正是年富力强、才华横溢的年龄。他与一大批维新志士一道，在政治、经济、文化等各个方面，"襄助策划，亲身参与领导了这场政治变革。举凡长沙新政，几乎都有陈三立参与创办策划的痕迹"。在许多问题上，陈宝箴对三立几乎是言听计从。如时务学堂聘请总教习时，先有黄遵宪推荐康有为任主讲，陈宝箴不决。陈三立说，他读过梁启超的文章，认为梁的见解、议论，更胜其师康有为，应聘梁更为合适。陈宝箴终于采纳了他的建议，聘梁启超为时务学堂的中文总教习。因此，连善于嬉笑怒骂、讥弹嘲弄的湘中大名士王闿运也曾说：江西人有爱听儿子话的习惯，北宋王安石变法，许多事由其子王雱主持；明朝严嵩当国，唯其子严世蕃之言是从；如今陈抚台也是行此古道啊！[4]

戊戌政变，陈三立与父亲同被革职，后以诗文自娱，晚年自号"散原老人"。"散原"之意，取自南昌新建县西山的别名"散原山"，此处是其父的茔地。陈三立以"散原"自号，以志其情结。

三、袖手神州

"凭栏一片风云气，来作神州袖手人"。有的人认为，这联诗句反映了陈

三立的心态，说明他在戊戌变法失败后消沉、颓废了，此诗表现了他"深沉的颓废、没落之情"，由此将他划入"清朝遗老"之列，以至有的辞典在"陈三立"条目中也说他"以遗老自居"。我们知道，所谓"遗老"，是指原先的朝代已灭亡了，而他的臣子仍效忠于前朝，希望复辟倒退，或至少是在思想上仍认同前朝。如果我们对他的行事做一点认真分析，便可以认为，陈三立虽不是一位"继续革命"论者，但说他是"清朝遗老"又好像不太准确，因为他的思想、行动又确实与"遗老"有很多不同之处。况且他自己也"不喜人以遗老称彼，谓我虽年老，并非清遗"。【5】

陈三立在遭到变法失败、革职、丧父这一连串的打击之后，产生内心的悲愤、对局势的寒心甚至悲观厌世的想法，是可以理解的。但是对于一位通晓历史、以国家民族兴亡为己任的士大夫陈三立来讲，骨子里的正气是不易消失的。"犹怀中兴略""苦问朝廷变法无？"这些诗句都表达了他心中挥之不去的家国情结。中国历来有骨气的士大夫，都奉行"天下兴亡，匹夫有责"，故当自己饥肠辘辘时却又思念大下人的温饱。杜甫是人人皆知的典型。"安史之乱"中，杜甫和千千万万的百姓一样，"奈何迫物累，一岁四行役"，过着"三年饥走荒山道"的流离困顿的日子。好不容易在成都近郊搭了个草棚子，想遮风挡雨，老天爷又来折磨人，自己的"茅屋为秋风所破"，全家人因"布衾多年冷似铁"而"长夜沾湿何由彻"，却又为"天下寒士"企盼着"安得广厦千万间"。喜欢读人物传记的人就会知道，身居斗室而又心忧天下，是中国历代知识分子一种十分可贵的秉性。对于陈三立所说的"袖手"，要弄清楚是针对民族利益、社会事业而讲的，还是针对失去希望的清廷和之后的国民政府而讲的，这才是理解"袖手"二字的关键。

陈三立的维新理想不能实现了，他发誓"今生不再回北京城"，这话表明他不再为清廷谋事的决心。1901 年，中国被迫签订了丧权辱国的《辛丑条约》。《辛丑条约》的签订，标志着中国已完全沦为半封建半殖民地的国家，中华民族更加灾难深重，清政权也岌岌可危。以慈禧为首的清廷，这时也幻想通过起用一些维新人物、实行一些改良的办法，使朝廷能苟延残喘。光绪三十年（1904 年），正逢慈禧太后 70 大寿，五月初八颁布诏令：除康有为、梁启超、孙文三人因"罪大恶极，无可赦免"外，余者皆获"免其既往"并"开复原职"，陈三立也在"开复"之列。陈三立如是"遗老"，那必定会因"皇恩浩荡"而感激涕零，赶快到京城去戴顶乌纱帽，去效犬马之劳，但他认为腐败的清王朝已不可能挽救国家衰败的局面，便毅然拒绝。[6] 袁世凯入军机，主张君主立宪，陈三立看破袁氏的居心，不附和"立宪"之说。及"资政院"开设，陈三立被荐为"议员"，他亦推辞不就。袁世凯还不死心，又托陈三立旧友毛实君等三人联名电请。陈三立在复电中说："与故旧聚谈，固所乐为，但决不入帝城。非三君誓言，决不启行。"三人只得联名复电："只限于旧友之晤谈，不涉他事"。在这种吃了"定心丸"的情况下，陈三立才于次年四月在保定、天津走了一趟，但始终不入帝城。[7]

从这些事实中我们可以看出，陈三立的"袖手"，明显表示他与慈禧、袁世凯之间的"道不同，不相为谋"的立场。除拒绝"开复原职"、不与清廷合作、不参与复辟活动之外，在思维、行事上也并非率由旧章。他既不愿为清廷效力，也不参与共和之事，但对于民生如改革旧式教育、社会公益事业，却费了不少心血。据陈封怀的一篇《回忆录》中说：

> 自祖父挈家寄寓金陵，延聘西席外，在家又办了一所学堂。学习课程，除四书五经外，还设有英文、数学、物理、化学、音乐、绘画等新科目。也有许多文体设备和仪器设备（如地球仪等）。祖父要求教师改革教学方法，做到第一不打骂学生，第二不让学生死背书。在校学生除自家子弟外，还有亲戚家的子弟如茅以升、茅以南兄弟等也附学。

石三友著的《金陵野史》亦载：1903 年，柳诒徵、陶逊等有感于科举制度的腐败，无可以富国图强，想办一所新型小学，但苦无校舍。陈三立闻知，极为赞赏，并答应将自己寓所后院一厅堂做教室。这所学校遂名"思益小学"，课程除经书外，还设多种形式课程，是南京新制小学之始，学生有陈家、俞家及周叔韬等世家子弟。学生穿操衣（制服），学校有操场。两江总督端方称三立为清流领袖，端方到学校视察，见学生穿制服列队操演，行举手礼。端方很是得意，赠学生每人一套"文房四宝"。

比较熟悉现代名人的读者知道，这所陈三立极为赞赏并办在自己家中的小学，日后竟出现了若干著名人物。

1902 年起，陈三立又先后将四个儿子送到日本、欧美留学。

对于当时一些时局问题，陈三立也明确表达了自己的立场。对于一些社会事业，他也积极参与。

早在 1902 年，陈三立等"既感于外侮之日亟，复惕于贪官污吏瘠公肥私"，"为救亡图存计，遂首倡自行筑路"，[8] 于是积极筹划赣省铁路事宜。至 1905

年，有关事项初定，由萍乡籍名绅李有棻任赣省铁路总办，陈三立为协理，开始了赣省铁路的第一步——南浔线（南昌至九江）的工程。1907 年 8 月，李有棻乘船在鄱阳湖失事，不幸溺水身亡，由陈三立任名誉总理。但由于人事关系的阻碍，陈三立又不善于在纷繁复杂的人事中游刃，搞得疲惫不堪，于 1908 年离开。之后，又与汤寿潜（汤于辛亥后被孙中山任命为中华民国临时政府交通总长）等发起组织中国商办铁路公司，后因"格人事"而未果。

1912 年，孙中山创建中华民国。由于历史的局限，陈三立一方面对封建清王朝覆灭的必然性有一定的认识，另一方面对民主共和这一新生事物缺乏理解。但他与当时的遗老遗少又有区别，从不参与遗老的复辟活动。而对于 1915 年底爆发的蔡锷讨袁护国运动，又表示赞许。蔡锷早期在湖南时务学堂学习，故陈三立、梁启超都了解他。1916 年 11 月，蔡锷英年早逝，陈三立甚为惋惜。1922 年，梁启超到南京东南大学讲学时，曾到散原精舍拜访陈三立。陈三立在与梁谈起蔡锷时，曾悲哀地说："今其人往矣，不可复得！"[9]

1929 年，由陈三立次子隆恪在庐山买得一处房产并适当扩建，起名"松门别墅"，陈三立迁居庐山。因屋前数十步有一巨石，形如卧虎，陈三立遂题写"虎守松门"四个大字，并镌刻在巨石上。三立老人点石成金，这块巨石不但成了"伏虎石"，还成为许多名人雅士吟咏的对象，如东北军中的抗日名将马占山将军的"爱此嵌崎石，状似於菟伏"；熊式辉的"新诗传读云侵屋，怪石争谈虎守门"；林长乐的"散原常住山，松门石如虎"等。[10]

陈三立十分珍爱庐山这颗祖国的珠宝，虽年近八旬，还积极倡议中断两百多年的《庐山志》续编工作，委托江西籍的著名方志学家吴宗慈为主编，还特约著名的地质学家李四光、著名植物学家胡先骕等撰写有关条目，并且审阅、修改志稿，亲自作序。住庐山时，对于白居易"花径"的恢复、"王家坡双瀑"的开发，也是极力赞助，并亲自撰写文章《花径景白亭记》《王家坡听瀑亭记》，以为纪念。

有一年暑期，蒋介石到庐山避暑，因慕陈三立之名，想会见他，并派员先到陈三立处联系。而陈三立不乐于会见，便对来人说："我是一个久不问世事的出世之人了，即使会唔，也没有什么可谈的。蒋先生公忙，我看就不劳驾枉顾了吧"！陈三立八十寿辰，许多人前来祝寿，蒋介石也派员送来寿礼千元，而陈三立对此却"峻拒不纳"。陈三立逝世，曾任商务印书馆董事长 30 余年、新中国成立后任全国政协委员、人大代表的著名出版家张元济先生当

时曾作挽诗，其诗之三"衔杯一笑却千金，未许深山俗客临。介寿张筵前日事，松门高躅已难寻"。即指此事。【11】

"九一八"事变后，日本蓄意发动全面的侵华战争。陈三立对国家的形势，忧虑不安。1932 年 1 月 28 日，日军侵占上海，三立老人"日夕不宁"，每日急盼所订的《航空沪报》，一得报纸，便急切阅读，读后则"愀然若有深忧"。一日，看到南京政府与日寇签订《淞沪协定》，他极为愤慨，并将报纸掷于地上，默默回房间。夜半，他梦中呼叫"杀日本人"! 惊醒全家。

1932 年，末代皇帝溥仪在日寇的胁迫下，在东北长春建立伪"满洲国"，一些遗老赶紧追随。陈三立挚友兼诗友的郑孝胥也赶紧前去效力，并当上了"总理"。陈三立痛骂郑的行径是"背叛中华，自图功利"。不但如此，在《散原精舍诗》重印时，陈三立还将原来由郑孝胥所作的序文删掉，以显示其爱憎。同年，南京政府邀请陈三立出任国难会议主席团委员，由于他对国民党的治策不满，也没有接受。

1933 年，陈三立在北平拜谒他的老师陈宝琛，此时三立尽管年逾八旬，仍对老师行了跪拜礼。在一旁作陪的罗振玉、郑孝胥等见三立仍存"遗风"，便乘机劝三立去"满洲国"排班称臣。陈三立断然拒绝，并称此为"汉奸行为"。

1934 年，陈三立到北平居住。一次，他偕儿孙重游西山八大处，看到曾被八国联军和军阀混战所破坏的衰败景象，深为叹息，说这是中国的奇耻大辱! 此后，他的心境更加悲凉破碎，终日耿耿不安。

1937 年 7 月，卢沟桥事变发生，北平人心惶惶，一片混乱，人们纷纷逃难。陈三立愤然说："我决不逃难!"从此忧心如焚，一病不起。在重病时，仍关心国事，每日询问战事情况。一天，他听见有人议论："我们中国不是日本的对手，终难免被日本人征服……"三立在床上愤然坐起，怒声斥道："呸! 中国人难道连狗彘都不如，岂肯贴然俯首，任人宰割?!"日军攻占北平之后，由于陈三立在中国的名望，而"欲招致先生，游说百端皆不许。调者日伺其门，先生怒……因发愤不食五日死"。陈三立在弥留之际，还问身边的亲人："外面传说中国军队在马厂打败日军的捷报，是真的吗"? 此情此景，可泣可歌。三立老人可谓死国难者。对于他的死，一代醇儒张元济先生痛悼，"戊戌党人尽矣! 怆痛可极"；柳亚子也在日后的诗作中称"少愧猖狂薄老成，晚惊正气殉严城"。【12】八十几岁的老人，为拒绝倭虏的"招致"，绝食而死，"谁能拒绝承认他是烈士呢"?!【13】

四、祇洹精舍

陈三立在戊戌政变等一系列的打击之后，曾想通过教育、实业为社会做些有益之事，但也困难重重，不能操舟自如。在这种处境下，陈三立逐渐产生了不能进而"兼善天下"，就只有退而"独善其身"的念头。于是，他一方面以诗文自娱，以节气自励；一方面寄情于佛教，以营造一个安定的精神世界。

住南京时，陈三立与晚清"昌明佛法第一导师"的杨文会结交，研读了不少佛教经典，对佛理渐渐产生兴趣，并倡导、宣扬佛教。1908 年 8 月的《神州日报》曾报道：陈三立认为，"提倡佛教，当视凡百事业为尤急"。同年 10 月，杨文会在南京"金陵刻经处"内成立了佛教学堂"祇洹精舍"，陈三立不但积极参与"祇洹精舍"的创建工作，还将此前任南浔铁路总理时的薪水捐赠出来。陈三立与杨文会、沈曾植等还计划将来选送学生赴印度学习大乘佛经。但是，由于来学习的人员太少，赴印度所需的经费又太多，此举难以实施。

1910 年，南京成立佛学研究会，杨文会为会长，陈三立、沈曾植、欧阳渐、章炳麟等为会员。研究会成立后，每月讲经一次，研习佛法。但好景不长，次年中秋后，杨文会逝世，研究会活动中断。

陈三立虽积极参与佛教活动，但并未能从中获得解脱，更不能达到四大皆空的境界。除了"人生不如意者十之八九"的客观原因外，还有他心中的家国之痛仍时时搅扰他，才下眉头，却上心头，使他无法摆脱。他"百忧千哀在家国"，仍然有恨、有忧、有泪、有血，这在《散原精舍诗》卷上的第一首辛丑岁《书感》诗中便可以看出：

> 八骏西游问劫灰，关河中断有余哀。
>
> 更闻谢敌诛晁错，尽觉求贤始郭隗。
>
> 补衮经纶留草昧，干霄芽蘖满蒿莱。
>
> 飘零旧日巢堂燕，犹盼花时哕蕊回。

诗中对八国联军占领北京表示了强烈的愤慨，嘲讽朝廷的狼狈西窜，企盼国有干臣能挽救国运。

又从《十月十四夜饮秦淮酒楼闻陈梅生侍御袁叔舆户部述出都遇乱事感赋》一诗中亦可看出，对于列强的残暴、人民的苦难，诗人当时的隐痛和悲愤之深。

> 狼嗥豕突哭千门，溅血车茵处处村。
>
> 敢幸生还携客共，不辞烂漫听歌喧。
>
> 九州人物灯前泪，一舸风波劫外魂。
>
> 霜月阑干照头白，天涯为念旧恩存。

五、诗坛巨擘

中山大学吴定宇教授在《学人魂·陈寅恪传》一书中论及陈三立时曾说："晚清政坛何其不幸，少了一个满腹经纶的官员；晚清和民国初年的诗坛又何其有幸，多了一位卓有才华的领袖。政治上的失意和父亲被迫自缢是转变陈三立生活的契机。自1900年定居南京后，他就把主要精力用在诗歌创作上。陈三立早年诗学韩愈、龚自珍，后来又深受南北朝和宋诗的影响，特别是学习和继承了以黄庭坚为台柱子的宋诗江西派的传统，融铸成为自己的风格。他的诗歌创作代表了同光体诗派的最高成就，奠定了他在清末和民国初年诗坛的泰斗地位"。[14]

清末诗坛的"同光体"是近代诗坛的一个诗派。陈衍在其《石遗室诗话》中说："同治光绪以来，诗不专宗盛唐者，称为'同光体'。"大型辞书《辞海》注："同光体，是活动在清末和辛亥革命后一段时期的一个诗派。"《辞海》在"陈三立"条目中又称"三立是'同光体'重要作者"。在"同光体"条目中，将陈三立列为主要代表之首。汪辟疆在《光宣诗坛点将录》一书中，更将同光体诗派中的名家比喻为《水浒》中的一百单八将，而把陈三立列为"天魁星及时雨宋江"。[15]

"同光体"内又分为三个支派。其一称"闽派"，以陈衍、郑孝胥、陈宝琛、林旭等为代表；其二为"江西派"，以陈三立为首领；其三称"浙派"，以沈曾植为代表。三派都以宋诗为师范，宗王安石、苏东坡、黄庭坚、杨万里、陈师道等为师。后来，陈三立被诗坛大家推崇为"同光体"诗派首领、近代宋诗派的主要代表。

诗界革命领袖黄遵宪在阅读了陈三立的诗后赞曰："胸次高旷，意境奇雅，当其佳处，有商榷万古之情，具睥睨一切之概。""所用一种半虚半实之

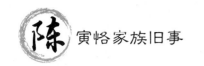

字，不拾人牙慧，具见怀抱"。特别是《高观亭春望》诗中"脚底花明江汉春，楼船去尽水粼粼。凭栏一片风云气，来作神州袖手人"等忧国悲愤之诗句被黄遵宪反复圈点，高度评价。[16]

陈衍在《石遗室诗话》中说："余旧论伯严诗，避俗避熟，力求生涩，而佳语仍在文从字顺处。世人只知以生涩为学山谷，不知山谷乃槎枒，并不生涩也。伯严生涩处与薛士龙乃绝相似，无人知者……然辛亥乱后，则诗体一变，参错于杜、梅、黄、陈间矣。"又在《石遗室诗话续编》中说："五十年来，惟吾友陈散原称雄海内。"[17]

郑孝胥在1910年上海商务印书馆刊本《散原精舍诗•序》中说："伯严诗余读至数遍，尝有越世高谈，自开户牖之叹。……余虽亦喜为诗，顾不能为伯严之诗，以为如伯严者，当于古人中求之。……大抵伯严之作，至辛丑以后，尤有不可一世之慨。源虽出于鲁直，而苍茫排奡之意态，卓然大家，未可列之江西社里也。"[18]

梁启超在《饮冰室诗话》中论及陈三立时认为："其诗不用新异之语，而境界自与时流异，浓深俊微。吾谓于唐宋人集中，罕见伦比。"[19]

张慧剑在《辰子说林》之"韭菜"条中云："故诗人陈散原先生，为中国诗坛近五百年来之第一人，不仅学力精醇，其人格尤清严无滓，足以岸视时流。"[20]

吴宗慈在其所著《庐山志•历代诗存•陈三立识语》中说：

> 有清三百年来，诗坛作者踵起，类多趣于神理声调，不敢少越新城、秀水、欧北、樊榭诸子之绳武。乃至同光间，遵义郑子尹、独山莫子偲、长洲江弢叔辈出，始稍稍矫其趣。至先生而益皎明昌大，天下靡然向风，称为陈郑（孝胥）体。然世尚多以先生之诗辫香其乡先辈山谷，为江西派中宗匠。及至先生之集出，方晓然如郑君序先生之诗，所谓越世高谈，自开户牖，不仅隶于江西社里也。先生之文，金石铭志，早已光烛四裔，其不拘拘于桐城，亦正如其诗之不可囿于双井也。承学之士，自能辨之。际兹世风板荡，俗学浇漓，幸硕果仅存，皤然一老，为群流仰止，不独为吾乡耆献之光，其高躅灵襟，亦镇自与名山同垂不朽也。

吴宗慈在《陈三立传略》中又说：

> 先生一生为学，综贯百家，著述弘富，既竺于旧，又谙于新。其为文章，沈博闳丽，出入范书，如骖与靳。文之绪余，演而为诗，融以至

性，绎以至情，故能鈌刌心目，掐撄胃肾，而自成一家言。[21]

近代诗家评价散原的五言、七言诗，亦可一读。

 义宁公子壮且醇，每翻陈语逾清新。

 啮墨嚬泪常苦辛，竟作神州袖手人。

——梁启超

 诗癖堂堂徵在今，新诗改罢复常吟。

 骨头输与海藏叟，大戟长矛相向森。

 山公知赏语肰肰，迈迮文章各有神。

 三世新承君子泽，并看躬拜振奇人。

 羌雁何能尽玮奇，枝辞苦语偶难知。

 至情不碍开云手，第一崝庐谒墓人。

——章士钊

 义宁句法高天下，简澹神清郑海藏。

 宇内文章公等在，扶舆元气在堂堂。

——汪辟疆

 当年党人儿，老作袖手人。

 缚魂闭荒山，吟与木石亲。

 万古五老峰，骨立同嶙峋。

——钱仲联

原台北文化大学副校长易大德先生曾作《读散原精舍诗感赋》诗，论陈三立为诗为人，颇为详细。

其一

 我读散原诗，恍入万山谷。

 远岫横寒云，危岩飞怒瀑。

 野鹤唳苍松，奇花生古木。

 冷如阴气森，倏若清风穆。

 使我坐其间，百感索心曲。

 公怀济世才，以蠚忤当轴。

 遂挟家国忧，归卧柴桑屋。

隔世换衣冠，人海益幽独。

感此入诗篇，宜作骚经读。

其哀似屈平，其悲似宋玉。

其二

近代论诗派，惟公为大宗。

奇崛师昌黎，排奡出涪翁。

更剪六朝彩，阙由两宋缝。

昌言新奇雅，海内翕然从。

"馆阁"为沮气，"纱帽"为敛容。

一时"同光体"，如日照天中。

劫来四十载，风雅久逸踪。

盈耳皆瓦釜，不更有黄钟。

近闻履川叟，颇欲复旧封。

公诗为大国，儿能作附庸。

空有私淑意，愧无仰钻功。

以上所说虽涉及陈三立的诗风，但主要是介绍陈三立在诗坛的地位。以下再看看陈三立的诗文风格。

陈三立为诗宗江西诗派，推崇黄庭坚和苏东坡，但学古而不泥古。他曾说，为诗"应存己。吾摹乎唐，则为唐囿；吾仿乎宋，则为宋域。必使既入唐宋之堂奥，更能超乎唐宋之藩篱，而不失其己"。此既借鉴传统又创立自己的风格。为文则"应割爱，由篇审段，由段审句，必使词不泛设，字无虚砌"。如此，才能使所作诗文，皆经千锤百炼而出，斯能精魂相接，冥与神会焉。写《志》则应注重科学，以风会不同，文体亦异，应旧从其旧，新从其新。吴宗慈在《陈三立传略》中曾说，三立晚年对诗文尤弥珍重，不轻易下笔，为人作碑铭、传记，若非其人，即使多少倍的润金，也得不到三立的一个字。[22]

在《欧阳竟无集》之《散原居士事略》一文中，欧阳渐大师说：

改革发原于湘，散原实主之。散原发愤不食死，倭虏实致之。得志则改革致太平，不得志则抑郁发愤而一寄于诗，乃至于丧命。彻终彻始，纯洁之质，古之性情肝胆中人。发于政不得以政治称，寓于诗而亦不可以诗人概也。[23]

从政治抱负、民族气节、人格魅力到作诗风格，进行综合而简练的评价，亦为独到。

陈诗在《尊瓠室诗话·卷1》中介绍："陈散原先生题予《陇上草》云：鬓发凋疏面目黧，莽穿关塞命如丝。更弹地变天荒泪，成就穷边一卷诗。先生尝诲予曰：近人作诗多喜广博无垠，每到漫无归宿处，子勿尔，宜竭其才力，成一家言，他日自可永存也。予终身服膺斯言。"【24】

王逸塘在《今传是楼诗话》中说："散原集中，凡涉靖庐诸作，皆真挚沉痛，字字如迸血泪，苍茫家国之感，悉寓于诗，洵宇宙之至文也。"【25】此谓陈三立之诗，实为家国之痛，血泪之情。

在《史家陈寅恪传》一书中，汪荣祖称陈三立"能将其诗人格化，具有独特的高亢之气。其人格超然物外，清逸脱俗，民国以来，殊不多见"。【26】

虽然有人称陈三立为"遗老"，其诗"生涩奥衍"，但细读其诗，便发现诗中不乏新词新事。如《读侯官严氏所译社会通诠讫聊书其后》云："悲哉天化之历史，虬于穹宙宁避此。图腾递入军国旗，三世低昂见表里。……"还有"我欲骑鲸戏三岛""横刀独立向风潮""歌泣已开新世界""为问朝廷变法无"？再如其诗《池荷》："溺溺池塘红白花，烘晴摇雨几枝斜。蜻蜓掠过鱼儿跃，初放秋光明晚霞。"《别墓》二首之一："平生无可了，只有泪纵横。千山压人去，处处杜鹃声"等等。

再看陈三立的为文。

山东大学李开军博士校点的《散原精舍诗文集》中，收录有陈三立的学术短文、序跋、传记（包括墓志铭）、游记等240余篇。李开军的导师郭延礼教授在书的代前言《陈三立的诗文浅论》中说：

> 陈三立的文名为诗名所掩，但散文却也有相当的成就。散原少年即有文名，李肖聃曾称许他"自弱岁名能古文，光绪六年序《鲁通甫集》，年才二十，文已斐然"。稍后著名文学家、湘中派中坚郭嵩焘在看过陈三立的文后说："伯严年甫及冠，而所诣如此，真可畏！"从郭氏"后生可畏"的感叹中，我们不难看出陈三立的文在当时前辈文人眼中的地位。

散原的文虽未标明宗派，但从他的师承关系和个人交游看，大约也是私淑桐城。他的门生袁思亮道出了这一渊源："宝箴曾师事曾国藩，受古文法，但未及为，乃以传其子；三立又受文法于郭嵩焘，复与马其昶、范当世、姚永概等往还，其涵泓演肆，极广极精，然其得之于桐城者固自有在。"陈三立

随父居湖南期间，所受桐城影响自不待言，但陈三立虽然私淑桐城却并不为桐城所囿，文章自成一家，在近代散文史上应占有一定的地位。

关于陈三立的学术短文，郭延礼认为："可观作者的学术思想，于诸子百家的评论，亦有新见，第二类序跋，从中亦可见作者的政治理想和文艺理想。"

关于陈三立的墓志铭等传记文章，郭延礼认为，"它们不是一般歌功颂德的奉承文章，也不是一种公式化的书写模式，而是作者对人生命运的一种感知方式，是作者与传主的情感交流"。一些墓志铭"生动地展现了传主的某些生活侧面，叙事清晰，描写生动，中有传主的喜怒哀乐，常为论者所道"。"……乃是优美的散文，回忆往事，历历在目。它出现在墓志铭中可谓别具一格……真气流荡，力透纸背，情真意切，倍加感人。读之令人回肠荡气，嘘唏感叹"。"……在质朴无华的言语中饱含极深挚的感情，今天读来，仍然仿佛听到那椎心泣血、哀哀不绝的哭声。这种富有感染力的文字在陈三立的传记散文中并不乏见"。

关于游记性的散文，郭延礼感到，"读着这些美文让人徜徉于湖光山色之中，诗情画意，令人心醉"。有些游记散文，读后"如置身其中。乱石怒出森立，水声訇然，双瀑自悬崖间吐出，直流而下。'疑是银河落九天'，确令人惊心动魄，向往之情，油然而生，他的这类散文，不赖词藻修饰，然文辞隽永韵味无穷，令人过目不忘"。

陈三立的文风，概而论之，郭延礼说："可以'清醇雅健'四字概括。他的文，不论是政论、记叙，还是小品，条理清晰，语言简洁，是其主导面，这些地方均可看出散原散文所受桐城派'气清词洁'的影响。当然陈三立为学渊博，所谓'沉酣经史，笼罩百家'，故其文也有恣肆奇峻的一面，诚如龚自珍所云：'从来才大人，面目不专一'。陈三立的文横跨半个世纪，经历过几个不同的历史阶段，生活的坎坷多难，使他的散文带有一种沉郁感伤的韵味，这又须接受主体的涵咏体味了。"

郭延礼教授对陈三立散文的评价，是目前所见到的较为全面细致之说，故录之以作介绍陈三立诗风的补充。

六、诗文活动

作为"同光体"开宗立派的一代诗宗陈三立，其精神生活主要方面是诗文活动。早年，他即有"吏部诗名满海内"之誉，故一生中与诗友的交游唱和几乎不断。即使后生末学，亦"远近向风，以得其指点、评价为荣"。

民国时期修水籍诗人吴天声说，"少年即好作诗，肖似陈散原。一日，散原问及天声：'余诗不足道，子奈何仿效之'？答云：'此吾父之所愿。吾父生平不慕富贵，独慕古之立言者。当世之人，私心最敬爱者莫如先生。……天声宦游俸禄，吾父未尝色喜，独闻先生誉天声则大乐，是以天声心摹力追，以期万分之一肖者也'。"【27】

陈三立曾师从郭嵩焘学训诂、作文，20岁时，有学诗得句云："绮岁游湖湘，郭公牖我最。真学洞中外，孤愤屏二世。"1882年陈三立乡试中举，即与江西的中式举人黄英俊、金保世、蔡京台、陶福履、陈家瑶、胡炳辉等善诗文者时有唱和。

陈三立与维新志士康有为、谭嗣同、杨深秀、吴保初、黄遵宪、范肯堂、陈炽、文廷式、陈衍、梁启超、熊元锷等，因志趣相投，唱和更密。如吴保初在天津买房子，陈三立赠诗戏称：

> 酸儒不值一文钱，来访瘿公涨海边。
>
> 执袂擘杯无杂语，喜心和泪说彭嫣。

范肯堂作《甲午客天津中秋玩月》诗赠陈三立，陈三立和诗中有"吾生恨晚生千岁，不与苏黄数子游。得有斯人力复古，公然高咏气横秋"之句；1904年冬范肯堂去世，陈三立送葬诗中有"重来城郭更寻谁，海气荒荒接所悲"之句，更有洋洋370言的长诗《哭范肯堂》。

陈炽因维新失败忧贫交加而死，陈三立作《陈次亮户部以去岁五月卒于京师追哭一首》：

> 亘古伤心腾不归，谁怜此士死长饥。
>
> 罪言杜牧伴狂废，遗行东方世俗非。
>
> 下榻琴尊来旧梦，买山徒侣泣先几。
>
> 料难瞑目峰烟外，定有羁魂逐六飞。

文廷式病卒，陈三立作挽词6首，其四云：

> 元礼终亡命，邠卿辱大儒。
>
> 孰传钟室语，几索酒家胡。
>
> 祸衅机先伏，烟涛梦自孤。
>
> 光芒接三岛，留得口中珠。

从《八指头陀诗文集》中可以看出，陈三立早在 1885 年起，就与诗僧释敬安有了深厚的诗交。陈三立与他志同道合，以诗唱和，互通声气，《八指头陀诗文集》中有关陈三立的诗有 18 题，文数篇，时间从 1885 年至 1912 年，长达 27 年之久。释敬安对陈三立的为诗为人十分敬佩，从他的《寄题陈伯严吏部〈散原精舍诗集〉》二首诗中，可见一斑：

> 吾家诗祖仰涪翁，独辟西江百代宗。
> 更有白头陈吏部，又添波浪化鱼龙。
>
> 一卷人天殒泣辞，风云态演五洲奇。
> 欲攀太白掬沧海，洗我双眸读子书。

该诗对陈三立极为推崇。因释敬安俗姓黄，名读山，故称黄山谷为"吾家"，更将陈三立誉为山谷第二。他觉得仅仅"读山"还不够，还要"洗我双眸"读陈三立的诗文。

1922 年 9 月，陈三立 70 寿辰，时居南京，"远近以诗来祝者辉溢庭户"。试撷一二：

> 名节虽苦有至味，世人区区各殊嗜。
> 散原自是千载人，不朽何曾待文字。
>
> 卷里秋声满世间，几年华发对钟山。
> 试将新句参消息，似觉承平气象还。
>
> ——郑孝胥
>
> 望望钟陵幕阜云，六朝山色接缤纷。
> 列山姑射冰雪姿，丈室维摩金粟芬。
>
> 诗句流传十洲遍，文心不立一片云。
> 病夫病榻神游去，未复诸公介雅勤。
>
> ——沈曾植
>
> 戊戌党人存几辈，月泉吟社祝良辰。
> 诗名高比陶徵士，秋气生成宋遗民。
> 湖海归来尊大老，乾坤毁后剩词人。
> 诸男好笔古稀寿，山色清凉别有新。
>
> ——康有为

陈三立与当时的文坛大家名流如王闿运、冯煦、缪荃孙、张謇、皮锡瑞、易实甫、俞明震、沈曾植、吴士监、胡思敏、杨增荦、李翊煌、李瑞清、胡梓方、徐容九、卢以恕等，或放舟湖上，或登山入阁，或雅集酒肆。有时是两人促膝，有时是数人唱和，有时则是高朋满座。据刘经富所著《义宁陈氏与庐山》一书介绍，晚年的大型诗会有两次。

一次是1933年7月29日，30位名流齐聚庐山的万松林李氏山庄（因陈三立住处较狭窄容纳不下），举行"万松林诗会"。其时，以佛教净土宗始祖慧远大师《游庐山诗》的70字分韵给75人（未到会的诗家按代拈者所拈韵目步韵，有数人同韵）。参与此会的大多为诗家，亦有像汪精卫、戴季陶、李烈钧、熊式辉等喜爱吟诗的军政大腕。这75首诗，后来由时任行政院简任秘书的曹经沅负责编成《癸酉庐山雅集诗草》一册，册中有陈三立、冒鹤亭、陈衍所作的三序。是年陈三立八十高寿，虽然诗会不是他发起的，在此次诗会中他亦未分韵赋诗，但却是因他的凝聚作用而起。陈三立在诗序中说，"余以荒老，久废篇什，顾不弃其如喑蝉，要遮接踵，遂强一至而赘其列焉"。尽管如此，该诗集中却处处浮现陈三立的身影。如吴宗慈的"岿然一老灵光在，涵负乃为众秒律"；曹经沅的"灵光尊一叟，齿宿神逾全"；谢远涵的"儒将升台亲校射，诗人分韵自探阄。斗南一老光坛坫，检点佳篇入选楼"；张默君的"两江宁独以诗鸣，诗名自以千秋在"等句，对三立老人大有众星捧月之势。[28]

紧接着在该年的重阳节，又恰逢三立老人赴北京途中暂停南京，东南名士曹经沅、陈衍、冒鹤亭、李拔可、邵元冲、柳翼谋、黄秋岳、汪辟疆、夏剑丞、吴梅、卢冀野等60余人，雅集南京市清凉山扫叶楼，为三立老人接风。此次聚会又得诗80余首，后编成《癸酉九日扫叶楼登高诗集》。

仅从以上两例便可看出，陈三立晚年在诗坛的声望已达到其一生的顶峰，无怪乎诗人罗复庵赞"散原品节匡山峻，老主诗盟一世雄"。[29]

陈三立住庐山期间，徐悲鸿、李四光、欧阳竟无、李济琛等许多名人都曾上山拜访过他。徐悲鸿与陈家交谊深厚，1927年，徐悲鸿就给陈三立绘全身油画像（此画现存北京徐悲鸿纪念馆）。1930年暑期，时任中央大学艺术系主任的徐悲鸿，登山拜访陈三立，并为陈三立画了一幅炭笔素描肖像。第二年夏，徐悲鸿再度上山，并在陈家住了一个月，还为陈家的每个人都作画相赠。[30]

著名民主人士、新中国成立后曾任政务院（后国务院）参事的李一平先

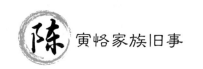

生，对陈三立是终身景仰。陈三立去世，李一平十分悲痛，并作《世难如山散丈逝矣追怀杖履涕泪纵横》一诗：

最忆年时约看花，从翁烂醉不还家。

龙潭去听三更瀑，酒颊犹香万里茶。

往事如烟翁逝矣，人间何世我非耶。

誓从儒仲铭翁嘱，陶瞿鸿光洵有涯。

1924 年 4 月，国际著名诗人泰戈尔（1861～1941 年，印度人，印度国歌《人民的意志》的作者，1913 年获诺贝尔文学奖）来华访问，我国诗人徐志摩等陪同泰戈尔到杭州西湖净慈寺拜访陈三立，由徐志摩任翻译。两位诗人互相倾吐仰慕之情，交谈气氛十分融洽。泰戈尔以印度诗坛代表的名义，赠给陈三立一本自己的诗集，并要求陈三立也以中国诗坛代表的名义，赠给他一部诗集。陈三立对泰戈尔的赠诗表示十分感谢，但对于"中国诗坛代表"的称呼，陈三立谦虚地说："你是世界闻名的大诗人，足以代表贵国诗坛；而我却不敢以中国诗坛代表自居。"临别时，两位诗人比肩合影。此事当时反响很大，称"接迹重洋，诚近代中印文化沟通之佳话，尤国际诗人罕有事实也"。此次会见的照片及消息，当时的《晨报》《申报》等主流报纸均有报道。[31]

七、诗联文摘

陈三立晚年自号散原老人，住金陵时曾将书室命为"散原精舍"，故其诗文集称作《散原精舍诗文集》。

原先多种版本的《散原精舍诗文集》，所选均为陈三立 48 岁以后即 1901 年以后的作品。对于中年以前的作品，梁鼎芬以为功劲追随汉魏，意境典雅高古，与后来诗风不尽相同，建议不收入，以保留"同光体"面貌。

百年来，多家出版社印行了《散原精舍诗文集》。1909 年，商务印书馆石印本《散原精舍诗》2 卷；1910 年，商务印书馆铅印本《散原精舍诗》2 卷；1916 年文艺杂志社石印本《散原精舍诗》2 卷；1926 年铅印本《散原精舍诗》2 卷；1914 年铅印"古今文艺丛书"时，印行《散原精舍诗·集外诗》2 卷；1922 年商务印书馆铅印本《散原精舍诗集》2 卷、《续集》3 卷，并于1926 年再版；1936 年商务印书馆铅印本《散原精舍诗》2 卷、《续集》3 卷、

《别集》1 卷；另有民国石印本《西湖杂诗》、1926 年文明书局铅印本《现代十大家诗钞》、1930 年写印本《匡庐山诗》，各有陈三立诗钞 1 卷；1949 年中华书局铅印本《散原精舍文集》17 卷；1962 年台北商务印书馆印《散原精舍文集》；2003 年上海古籍出版社印行的《散原精舍诗文集》上、下两本，即李开军校点本。该书共收录《散原精舍诗》2 卷、《续集》3 卷、《别集》1 卷、《集外诗》1 卷、《文集》17 卷和《集外文》1 卷。通记全书，诗 2000 余首，文 240 余篇，另附录吴宗慈等大家撰写的诗评、传、论 48 篇；2007 年 1 月，江西人民出版社出版了由潘益民、李开军合辑的《散原精舍诗文集补编》，收录陈三立的诗作 340 余首、文（含铭、序、跋等）200 余题，除少数已收录于《散原精舍诗文集》外，主要是陈三立中年以前的作品。

在"诗文活动"一节中，已随录了陈三立的 6 首诗。因陈三立诗多"恶俗恶熟"，故在此节所录，多较为通俗易懂之作。其实，在陈三立诗作中，亦不乏时兴口语，如"见典型""兴女学""朝廷变法""文明世纪"；还有一些诗句，言简意赅，读之有若天籁，或者饱含情感，如"小院风疏萤火流""泪痕吞作酒"等。

视女婴入塾戏为二绝句

两三间屋小如舟，唤取诸雏诵九流。
莫学阿兄夸手笔，等闲费纸愤沟娄。

公宫化杳国风远，图物西来见典型。
安得神州兴女学，文明世纪汝先声。

夜舟泊吴城

夜其冥冥白，烟丝窈窈青。
孤蓬寒上月，微浪稳移星。
灯火喧渔港，沧桑换独醒。
犹怀中兴略，听角望湖亭。

舟夜口号

风邪潮邪断续声，山邪云邪天外横。
电火满船大江白，中有一人涕交缨。

粔籹胡麻以为饵，下听流水鸣淙淙。
鲲鲸那得遂脍汝，欲掷长杆惊小龙。

夜渡宫亭湖（二首）

满枕轰轰汩汩声，飞舟一夜指吴城。
栾公袖卷波涛去，看取珠宫明月生。

宫亭湖尽蛇龙尾，五老峰留蛟角牙。
应笑古来无此客，昏昏搜句煮春茶。

别　墓（二首）

回回田水鸣，濯濯山花醒。
五日拜春风，暖我石上影。

平生无可了，只有泪纵横。
千山压人去，处处杜鹃声。

崝庐雨坐戏为四绝句

山中三日雨如绳，数竹看松几拊膺。
成就胡床抱书睡，开关射雉更无能。

朝餐新剥猫头笋，夜饮重煎鹰爪茶。
一落江南忆乡味，分明庐墓似还家。

客佣之母吾邻媪，自识儿时四十年。
白发苍颜今再见，避谈旧事益凄然。

跳踉娇憨谁氏雏，走携论语杂屠沽。
昨日里老谈蒙学，苦问朝廷变法无？

小院纳凉

小院风疏萤火流，依依儿女映茶瓯。

看星数点新凉味，不在人间乞巧楼。

小　孤

拔波一千尺，瘦骨孰削刻？

珉璞为肺腑，藤蔓垂佩饰。

翰林江上吟，妩汝可倾国。

一水隔彭郎，终古误颜色。

丙寅除夕

转徙依穷海，凄迷引暮年。

泪痕吞作酒，花影对生烟。

战伐成娱老，痴顽乞补天。

灯楼有今夕，付抱雨声眠。

天　泉　洞

断壑天成瓮盎形，山人寻胜亦题名。

何当倚杖听泉滴，洞口挑云赠女婴。

（原注：谓孙女小从）

九江烟雨亭

昨宵江上雨，明灭在湖台。

众绿浮山动，飘红映水廻。

云低盘燕羽，日细暖鱼鳃。

挂梦钟楼外，匡君识酒杯。

陈三立亦善为联，现录几副于后：

康有为六十寿联

广逍遥游，身行六十万里；

证菩提果，手援四百兆人。

挽朱蓉生联

哀窈窕，思贤才，放逐余生成负国；

息邪说，拒跛行，低回落海更何人。

（朱蓉生为进士，因抨击李莲英而辞官）

挽费念慈联

盐豉莼羹苦忆君，花时邀扫焦岩，未共高僧抱琴至；

文采风流长照世，庐记乞摹晋帖，已成孤本付人看。

（费念慈，进士，官编修，被劾放归，精诗书画）

挽陆凤石联

分庙堂忧，待息厄言窥相业；

联文字饮，重寻海屋失人豪。

（陆凤石，状元，曾为溥仪师）

快阁铭并序

　　赣之水危悍而曲盘，郦氏称赣川石岨，水急行难，倾波委注是也。而泰和当赣水之冲，水沿其外郭，至是流始舒夷。波渟澜清，山川载宁，人遗其险。县城东南，形胜之盛，快阁临其上。宋元丰间，里人黄鲁直至官，觞咏其地，快阁名迺大著，翰墨歌吟，照烂无极。咸丰初，值粤寇之灾，阁毁无存，历纪不治。余友澄海陈君凤翔为丞兹县，萧澹委蛇，乐其民人，综千岁之遐迹，挹名贤之孤尚，纠工饬材，还其旧观。余闻诸父老，当乾嘉盛时，南赣闽粤阻奥之区物力饶衍，货产充溢，富商巨贾，辗转贩运，竹木名材，牵连断续，蔽江映日，悉由赣水，遮县城，下豫章，折彭蠡，以达于九江。阁之外，舳舻弥望，风帆上下，日夕如织，橹音欋讴，常满观听。自与岛夷通商，有司榷厘税益急，岭以外行贾绝迹，率附轮舶取海道，转输江汉间。兹阁一也，而陈君于此，盖可得天人盈虚、世变盛衰之故焉。既奖陈君之高致，复惜羁旅，未躬履其胜，摅古今无穷之思，乃为铭曰：

　　荡荡赣流，肃肃崇陵。山韬水渊，杰阁载兴。翠云夕疏，绛霄朝落。秀霭澄川，影延双鹤。邀尊送日，引领承霄。眺临风峭，暝入天寥。割赏题襟，冯虚遗照。情满千龄，江横一笑。隼构攸跻，鳌柱不惊。配灵作镇，式是增城。

王家坡听瀑亭记

匡庐王家坡之瀑，奇胜冠山北，顾自晋唐宋相嬗讫今代，人迹所不至，名辈所未纪，十载前乃为海客发其秘，游泳者趋焉，始稍播于众。庚午秋，余为山居，邻旧导往游。道取小天池，东下行十许里，途塞，排榛莽折而北，乱石怒出森立，几不可置履。跳越造其趾，闻水声訇然，而穹崖帷张，延绣苔藓，双瀑吐崖隙，潴为潭，玲珑澄澈，环映倒影。浭濑界巨石如席，可蹲可坐卧。斜缘绝壁，猿猱升，出双瀑背，别辟为广场，天光乍开乍合，有白龙从天半垂胡，下饮碧海，则又一瀑也。竽崖叠石，错落怪伟，所潴潭亦益深且广。前瞰彭蠡孤出，鞋山浮镜面，草树含石气，吹嘘寒碧，与眉鬓裾袂同色。其所擅景物如此，疑山南三叠泉、青玉峡诸胜，莫能轩轾也。造物既不终閟其藏，徒以路径绝而攀陟艰，寻胜者往往苦之。咸议亟治道，而司山市皖人刘一公躬任其役，疏凿营缮，逾月工竣。今年三月，余复往游，于是易险而为夷，失畏途而获康庄矣。未几，一公踵置亭双瀑下，名曰听瀑，益便舒筋骸恣休憩，且使劫余避乱之山中人，娱目骋怀，写幽忧忘世变，非兹亭也欤？遂为综述本末，刊诸石。壬申四月，八十老人义宁陈三立记。

（此文于次年（1933年）由九江罗镜仁书写，刻碑于庐山王家坡听瀑亭）

万松林集社诗序

庐山牯岭为海内外人士避暑之所，今岁争趋者愈众，中杂骚人墨客以能诗鸣者不下数十人。一日，此数十人者齐集万松林别馆，咸责赋诗纪遇，因援远公游庐山诗，分摘诗中字为韵。余以荒老，久废篇什，顾不弃其喑蝉，要遮接踵，遂强一至而赘其列焉。于是振响穹壑，飞笺络绎，蔚为巨观。复有未及与会，闻风投咏者。庐山游客唱酬之盛，盖旷千岁始获擅兹一时也。《记》曰"君子以文会友"，又曰"登高能赋"。今诸子把臂入林，群鸟在枝，殆有感于求其友声，效嘤鸣之相乐欤？抑国势岌岌，迫危亡之会，无所控诉，姑假以写忧而忘世变欤？凡得诗若干首。辑而授印，佥督为述发兴所由云。癸酉初秋散原老人陈三立，时年八十有一。

八、逸闻趣事

厌恶八股

陈三立一向厌恶僵化呆板的八股文，在参加乡试时，他没有按照"破""承""起""入"等格式，而是用他欣赏的古文体，洋洋洒洒数千言写了《岁寒而知松柏之后凋也》的文章。这种连基本要求都不符合的试卷，自然被考务人员打入另册。幸而主考官陈宝琛慧眼识珠，从落第考生的试卷中发现陈三立文采飞扬的文章，并打破常规，录取陈三立为举人。陈三立对恩师的恩情终生不忘。1933 年在北京遇见陈宝琛时，年逾八旬的陈三立对仅比自己长 5 岁的陈宝琛仍行跪拜大礼，旁人见此，莫不感叹。

城门对对

陈三立中进士后，邀同乡举人徐家干回乡探亲。地方官绅父老得知此事，便到城门口迎接。也有心中不服者，在城门两边贴了一副对联，上联是"宁州门迎两学士"，下联却是空白。一番迎接的客套话后，一老学究摇头晃脑，拱手上前道："鄙人才疏学浅，这副对子对不出下联，有请二位新贵赐教。"陈三立与徐家干相视一笑，明白这是老学究想为难他俩。陈三立稍一思索，笑着对上一句："弥王头顶半边天"。众人一听，鼓掌叫好，那位老学究也跟着打哈哈："后生可畏，后生可畏也。"

（"弥王"即弥王峰，是竹墩东南面一高山，海拔 1198 米，现称眉毛山）

龙塘水清

桃里有座眉毛山，山口有一"龙塘"，长年有水，但浑浊不清，不好使用。但自从桃里的陈三立、徐家干、涂家杰中了举人之后，龙塘的水却变清了。乡人迷信，认为是此地出了能人，家乡山水沾了灵气，应了"人杰地灵"那句话。从此，桃里的陈、徐、涂三姓的人，每年定期安排人员修"龙塘"。

整修池塘

眉毛山下还有两口塘，一口叫"没木塘"，一口叫"暴木塘"，传说这是某道人示意要陈三立整修的，塘边还立了石碑，上刻"陈三立主修"。未整修前，有个怪现象，不管往"没木塘"里丢下多少树木，过一夜都沉没不见了，却在另一口塘即"暴木塘"里冒了出来。陈三立请工在塘边沿砌起麻石，又立了石碑。从此，再也没有出现这边沉木那边冒木的现象了。

破除恶习

陈三立不但厌恶束缚思想的八股文、状如算子的馆阁体，对其他封建恶习也十分讨厌。在长沙时，就大力支持谭嗣同设立"不缠足会"，提倡女孩放脚。当时，他的夫人要给女儿康晦裹足，担心不裹足以后找不到婆家。但女儿疼痛难忍，陈三立知道后予以制止，女儿才被"解放"。

陈三立家曾有一乳妈，乳妈之姊新寡，当地人力主其守寡，"入节妇堂"。陈三立认为，此举为宋理学家程颐"饿死事小，失节事大"的恶习所害，"情殊可悯"，并与友人设法救助她。

不置侧室

旧社会，士大夫之流纳妾者甚多，陈三立对此深恶之。他的原配夫人罗氏早卒，续配俞夫人，夫妇感情很深，相敬如宾。陈三立恪守一妻制，不置侧室，这种操守在当时是难能可贵的。

代民申冤

光绪三十二年（1906 年），江西铜鼓县双坑发生粮荒。当时的铜鼓县称"铜鼓营"，属义宁州管辖。双坑饥民得不到衙门的关注，富商大户也坐视不管，不得已便纷纷往邻县宜丰的天宝购粮。而天宝一奸商何大毛乘机大抬粮价，饥民不服，便与何抗争。何竟诬称"匪徒劫粮"，并挑动天宝农民与双坑饥民械斗，致使双坑饥民死数十人。双坑饥民向县衙以至抚台告状，又久无音讯，于是乃告知陈三立。陈三立闻之十分气愤，便上书朝廷，呼吁刑部详察。刑部终于查明案由，严惩了主犯何大毛及当地知县，为饥民申了冤。

不忘乡音

20 世纪初的光绪末年，江西的廖国仁等青年欲赴日本求学，途经南昌时，

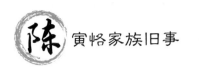

住在由陈三立等赣省乡贤创办的省农工商矿局内，得幸拜谒陈三立。陈三立在与廖交谈时，见廖说话带客家口音，遂改用客家话与廖交谈，并说：客家人应不忘本，自家人说话应用客家话。后来，廖国仁在日本与陈三立次子隆恪结交，回国后俩人又同在南昌做事，且"过从甚乐"，并因此而获得陈三立的墨宝多幅。

叨念乡俗

陈家虽长年流寓外乡，但生活上仍保留着故乡修水的一些风俗。如逢年过节，陈三立总要家人做几样家乡风味的菜肴和点心。据其孙女小从先生回忆：在团年的饭桌上，必有一大碗蒜头煮咸腊肉，一碗腊猪肠（肝）炒胡萝卜。有时尽管有山珍海味，但这样的例菜，特别受全家人的青睐。

陈小从先生还说：最具代表性的是两样节令风味点心，是春季的"艾粑"，秋冬的"韶子"。

"艾粑"，系采初萌的嫩艾叶，煮熟并捣烂，和以糯米粉，做成圆粑，里面包上糖、芝麻等，用蒸笼蒸熟，是色、香、味俱佳的美食小吃。衡恪（师曾）的生日是二月，衡恪逝世后，家中往往做艾粑表示怀念。

"韶子"的主要材料是芋头和薯粉。将芋头去毛蒸熟，和以薯粉揉成面团，做成上有尖蒂的圆团形。馅料主要是两大类：一是以腊猪肉、切碎的油豆腐等菜类为馅的肉韶子；一是以糖、芝麻、碎花生米等为主的糖韶子。陈三立先生最欣赏这种食品，常要家里做来招待客人，很受客人欢迎。陈小从先生1989年第一次回修水写的《故乡行》诗组中的"芋艿掺薯粉，纳馅蒸成团。先祖最嗜此，为是家乡传"，即指此。

陈三立常教孙辈用客家话唱念故乡童谣。陈小从说："直到老年，我还能背出一二首祖父当年教会的客家童谣。"

一袖忘穿

陈三立年纪大了以后，胳膊不灵活，早起穿衣多由家人伺候。一天早起，家人不在身边，他自己穿衣时，脑子里正琢磨诗句。这一天，他老感到两手臂厚薄不匀，冷暖不均，起坐俯仰之时，总觉得左臂多一溜疙瘩，很不舒服。晚上脱衣时，才发现里面小袄的袖子没穿，裹在外衣的袖子里，夫妇二人拍掌大笑。

不入帝室

陈宝琛是陈三立的老师，也是后来溥仪的老师。陈宝琛十分赞赏陈三立的才学，曾推荐他进宫给溥仪讲授古文。但陈三立不愿入帝王家，便婉言谢绝，并转荐进士朱益藩以自代。

错认家门

陈三立在南京时，住在中正街。平时，陈三立很少独自出门。一天晚上，他一人到朋友家宴饮，深夜回家时，竟认不准自家的门，徘徊一阵后叩门，却是邻居家。邻居见是三立老人，知道是敲错了门，忙招呼："先生，隔壁才是您的家呢。"陈三立恍然大悟，继而俩人拍掌大笑。

文人之"痴"

陈三立居南京时，一次，与朋友郊游，出了中山门，来到一片田野，麦苗长得绿油油的。陈三立见了十分喜爱，说："南京真是个好地方，连韭菜也长得这般齐整。"众人大笑，还以为先生故作诙谐，而先生却是一副严肃认真的样子。

又有一次，先生将一病蝇置于案头，仔细观察其行动状况，久久不倦。此种穷理格物于最细微之处的实验精神，亦至为难得。

不会用钱

陈三立在作诗作文上肯用脑筋，但家庭生活由夫人管理，自己不善安排。一次，陈三立坐人力车。下车时，他给车夫一枚铜钱，车夫说："老先生，少了一些，再添一点吧。"陈三立又在衣袋里摸了摸，摸出一块银元递给车夫，车夫说："哪要这许多？"陈三立这才知道多了，又不好意思收回，便笑着摆手说"算了，算了"。车夫见此，连连点头称谢。

陈三立住南京时，有次要到上海去，他知道家中钱不多，便开口向朋友借几百块钱。朋友问他借这么多钱做何事，陈三立说要去上海，自己无钱买车票。朋友问，到上海一张车票多少钱，陈三立说不知道。朋友笑了，说："南京到上海，头等车厢是 11 元，二等车厢是 7 元。"陈三立这才知道，南京到上海不要很多钱。

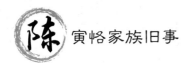

陵谷山原

钱钟书曾说，唐以后的大诗人，可以用一个地理词语来概括，叫"陵谷山原"。"陵"乃杜少陵（杜甫），"谷"为黄山谷（黄庭坚），"山"是李义山（李商隐），"原"即散原也。

云锦杜鹃

陈三立居庐山松门别墅时，其次子隆恪在院内栽种数株山枇杷。此花亦称土枇杷、天目杜鹃，属杜鹃科，学名"羊踯躅"。陈三立见此花似锦如霞，十分喜爱，便起名"云锦花"。此名一出，便得到专家和文人的一致认可。我国植物园学的先驱胡先骕在撰写《庐山志·植物卷》时，为"云锦杜鹃"立一条目，下注："牯岭附近溪涧常见此花，陈三立老人名之曰'云锦花'，取其形状美丽之意。"著名文学家叶圣陶先生 1961 年 5 月在庐山疗养，目睹此花亦十分喜爱，即兴填《蝶恋花·云锦杜鹃》词一首，其上半阕为："五月庐山春未尽，浓绿丛中，时见红成阵。耀眼奼花相识认，杜鹃佳品名云锦。"

天伦之乐

陈三立在庐山的几年，与隆恪夫妇和小从这个小家庭住在一起，这几年老人极享天伦之乐。据陈小从回忆，祖父到庐山，她就有活干啦：吃饭时将好菜夹到祖父碗里；替祖父拿烟，装上烟嘴，并替他点燃；晚上祖父要睡觉，帮祖父脱鞋袜、掖被头、放蚊帐，口里唱着："公公明天见，早睡早起身体好"，然后回自己房里睡觉。祖父有晚睡的习惯，有时她等得睁不开眼睛还硬撑着不肯离去，坐在椅子上打瞌睡，祖父不忍心，只好提前上床，还说："这个伢崽，怎么这么古板！"

有时祖孙俩还猜谜语。一次祖父说："白鸡子，髻颠颠，来时饱，去时空。"（打一用物）小从猜着了，"是小茶壶"。小从又马上回敬祖父一字谜"日下人"。祖父一下子没猜着，小从说："是个'是'字。"祖父想了一想，连声夸奖："打得好，打得好！"

鄙视应景

20 世纪 30 年代，由一些国家的诗人、剧作家、评论家、小说家等组成国际笔会，每年集会一次。1936 年在伦敦举行年会，邀请我国派代表参加。当时中国还没有这样的笔会，国民政府为了应付，指定两人为代表，一为胡适，代表中国新文学；一为陈三立，代表中国传统文学。当时陈三立已 84 岁高龄，其孙陈封怀问他怎么办？他说："南京寄来的通知，我不懂，丢掉了！"其实国民政府并未征得他本人的同意，也估计他年老，难以远渡重洋，不过是做做样子，登在报纸上发布新闻，表示国府在此事上已"作为"了。对于这种"应景"之作，陈三立鄙而弃之。

溥仪必败

在日本人的威逼利诱下，郑孝胥等一班清廷遗老，扶持溥仪复辟，在东北建立伪"满洲国"。这一汉奸行径，受到许多爱国人士的抨击。欧阳竟无大师认为陈三立与郑孝胥素有深交，便托陈三立劝郑不要做此等冒天下之大不韪之事。陈三立说："欧阳太不了解郑的为人。郑是一心一意要搞复辟，借日本人之武力推出溥仪，这是他求之不得的事，还能劝得转吗？郑孝胥这样做，只能是害了溥仪，使溥仪在中国无容身之地。"据后来溥仪写的《我的前半生》及其他相关史料看，结果都应了陈三立的预言。

劝友维新

陈三立在湖南助父行新政时，与修水举人卢以恕有书信交往。陈三立劝卢要读新书，掌握新知识，树立新思想。卢以恕《寓斋文稿》卷 3 中有《与陈伯严书》，信中说："前年承教，购西书十余种，去年以薪水余资又添购数十种。披阅之下，其中虽有识大识小之殊，要皆穷极道理，知之精而行之力，故能立致富强。倘徒虚袭其表，若知之若不知之，若行之若不行之，以为洋务在是，误矣。……如今尊大人之竭力整顿，以实力行实政者不可多得矣！"可见卢以恕在陈三立的劝导下，也向往维新，赞助新政，并认识到洋务派不是真正的维新者，独对陈宝箴父子倍加钦敬。

不重权位

1932 年陈三立居庐山，时年八十。抗日名将马占山派员专程上山，将自己的诗作《游匡庐有感》呈送陈三立指教，陈三立对马的诗作很赞赏。后来，马的诗作镌刻在庐山"月照松林"石上时，陈三立荐孙女陈小从的启蒙老师罗镜仁书写。罗的书法功底很深，尤其是颜体，写得舒张遒劲，陈三立的《王

家坡听瀑亭记》碑刻，即由罗镜仁书写。但马占山的下属认为，罗只不过是乡间老师，岂能与将军同列？竟将"罗镜仁书"四字铲除。这虽然不是一件大事，也可见陈三立重才不重位的思想境界。

晚年弟子

陈三立以"同光体"诗派领袖的身份雄居海内，故从他学诗的人很多。而他对古文辞也独具功力，但不肯以文授人。只是在晚年，有两广总督袁树勋之子袁伯夔、李鸿章之孙李国松、清文宗八大臣之一陈孚恩之孙陈病树三人，相约拜陈三立为师，时人称为"陈门三杰"。三人均英俊有才，对陈三立极为尊敬，每年春节及陈三立寿辰，都相约同赴陈三立处敬酒祝贺，从不爽约。陈三立居庐山时，尽管交通不便，三弟子每年也一定同上山拜望。

收女弟子

维新志士吴保初，与陈三立交谊深笃。吴一度郁郁不得志，尝与沪上名伶彭菊仙狎游，菊仙慕其才，许以终身。菊仙又名彭嫣，有忧国忧民之心，因读散原诗而深表感佩，恳求收为女弟子。陈三立并未鄙视她的社会地位，欣然应诺，一时传为佳话。

不攀权贵

曾任国民政府主席、行政院长的谭延闿，有女谭翔。因谭小姐贤淑、善文，加上有如此显赫的家庭背景，故求婚者众。而谭延闿偏看中陈三立的五公子登恪，并托人三次上陈宅说媒。在一般人看来，这天上掉下来的何止是"馅饼"？这是要当"皇亲国戚"、当"驸马爷"了，定会高兴得似中举后的范进。但陈三立心如止水，对此事一再拒绝，说："谭是大官，我不能高攀。"谭延闿只好作罢。

书慰一平

李一平（1904～1991 年），云南大姚县人。1927 年，年仅 23 岁的李一平即任国民革命军总政治部社会科长，因不满国民党的政策，1930 年脱离国民党，上庐山养病。1931 年"九一八"事变，李"震惊悲痛，兴亡之感，若决江河。念国之不国，由于人之不人，……遂拔剑而起，决然兴学"，于是在庐山办了一所半耕半读学校，名"存古学堂"。学堂的课程有语文、数学、英语、物理、化学等，学制十年，学生大多为贫苦人家子弟。师生开荒种地，砍柴烧炭，自制校具。学生成立自治会以加强自我管理，还组织学生下乡办农民夜校，宣传抗日，之后甚至还有学生奔赴延安。黄炎培、林语堂、杜重远等著名人士，对李一平此举极为赞赏。可就是这样的一所好学校，1936年当局竟以"聚众讲学，图谋不轨"的罪名，下令解散该校。李一平是在国家危难之时，"翻罢六经忽痛哭，还将洒扫课童蒙"，为国为民而办学育人的，竟遭受这样的打击，非常痛心。陈三立对李的办学精神和办学宗旨非常赞赏，闻知学校被勒令解散，时年84岁的陈三立正居北平，即写信安慰李一平，信中说："豺狼当道，遑问狐狸，时日曷丧，与汝偕亡，勿为此戚戚也！"既同情李一平，也表达了自己对时局的不满。

最后贺联

陈三立因名气大，故于一般人来讲，是一纸难求，且陈三立之年愈高而愈之难，故人称"虽尺笺之微，罕与人通"。陈三立尽管比李一平年长50多岁，而这对忘年之交却是情深意笃。除了上文讲的写信安慰李一平外，李一平于1936年在庐山结婚时，居住北平的陈三立已寿高84岁，还亲自为李写了贺联"笃行鸿光维世教，高风陶翟恋山居"，由次子隆恪带到庐山。第二年，日寇占领北平，陈三立拒药拒食，五日而死，李一平闻之大哭。

造像多多

由于陈三立的声望，一些著名的画家如徐悲鸿、齐白石、冯刚百、彭友善和雕塑家江小鹣、滑田友，都曾为他精心作像。

1926年，徐悲鸿为陈三立作全身油画像，现藏北京徐悲鸿纪念馆

1930年，冯刚百为陈三立绘制半身油画像。

1930年，徐悲鸿在庐山为陈三立作素描坐像画一幅，题款中有"庚午初夏"字样。

1931年，由徐悲鸿等集资，请著名雕塑家江小鹣为陈三立塑半身铜像。《雕塑大师江小鹣传》一书中，附有江小鹣所摄"陈三立铜像"照片，照片中铜像的下方，有江小鹣自题"散原老人八十寿造象，民国20年秋江小鹣造于庐山"字样，江小鹣乃当年维新大将、湖南学政江标之子，早年留学法国，

为我国现代造像大师，曾为孙中山造像五尊，并为黄兴、陈其美、蒋介石、谭延闿、陈嘉庚、龙云等民国著名人物造过像。另，据《江小鹣传》载，"小鹣弟子滑田友也曾作一散老胸像，一说他当年也去庐山，一说是以小鹣作品为样所塑习作"，故此尊所塑的时间还不好确定。两尊塑像，一存陈封怀处（笔者赴华南植物园拜访陈贻竹时，曾在陈家见过），一存台湾俞大维家。

1935 年，齐白石为陈三立画像一幅（按照片绘制），由陈封雄收藏。

1943 年，画家彭友善按相片为陈三立画像一幅；1982 年，彭又按相片绘陈三立半身坐像一幅，画的左上方有彭友善书写的李一平诗作"正气留天地，浩然无古今。丹青增仰止，虎守忆松林"，两幅均存陈小从处。彭友善（1911～1998 年），现代画家和美术教育家，江西余干县人，曾师从刘海粟、潘天寿、徐悲鸿、齐白石等大师，抗战时曾任国防部二处艺术专员（少将衔）、国民政府新闻局"抗战绘画研究会"主席，新中国成立后任江西师院（即后来的江西师范大学）教授。

墓地风波

2008 年 10 月，笔者有幸拜谒位于杭州市郊的陈三立夫妇墓及其长子衡恪（师曾）之墓。

乘公共汽车沿钱塘江北岸往西走，到"九溪口"下车，进小山沟沿九溪水北行约 15 分钟，便是进九溪的第三座小桥。桥头左边，有一条蜿蜒上山的鹅卵石铺就的小路，路口立有一指示牌，上面用中、英、日、韩等五种文字刻写有"陈三立、陈衡恪父子墓"。沿小路往上走几分钟，来到茶园。往左前方看，一座花岗岩砌就的气派、庄严、肃穆的茔墓便呈现在眼前。

茶园中百米左右的小路，由花岗岩石板铺就。墓前，是一大片生机盎然的茶园，墓后山势渐高，是一片茂密的树林，环境极好。

墓基呈半圆形，前方面南，宽十米有余，后方弧形，砌有齐胸高的石墙。墓基上坐落两尊圆桶状墓茔，墓前各立约 1.8 米高、60 多厘米宽、10 厘米厚的墓碑，左边墓碑上刻着"诗人陈三立暨夫人俞氏之墓"，右边墓碑上刻着"陈衡恪先生之墓"，字为墨色，由著名书法家、浙江省文史馆馆长、浙江省书法家协会名誉主席郭仲选老先生书写。

站在三立父子墓前，不由得想起此墓的三次风波。

第一次发生在 1951 年，有关部门计划在牌坊山建疗养院，需征用墓地。

三立先生的四位儿子一方面向陈家世交、国务院参事李一平先生反映，同时，向时任华东军区司令员兼上海市市长的陈毅写信反映。后来，在周总理和陈毅的过问下，墓地得以保存。

第二次是在"文革"中，墓地遭受严重破坏，墓围、石碑等均被砸烂，整个墓地一片狼藉。所幸的是，深埋地下的三副灵椁得以保留。拨乱反正后，经李一平先生数年呼吁奔走，于1986年，由公家出资予以修缮。

第三次是在1990年至1991年之间。报载，西湖风景区清理墓葬，凡未重新登记者均以"无主墓"论处。远在成都的三立先生孙女陈流求闻讯后，专程赴杭。幸有友人嘱其学生代办了登记，但三立墓碑却被拦腰砸断，三立后人只得新置墓碑。

现在的三立父子墓地，是杭州市为加强西湖风景区的整体建设，于2008年整修一新的，并将"文物保护"四字、三立父子的简介（中、英文）刻在墓旁的牌子上。

事不过三，"但愿青山葬永安"。

九、师友简介

陈宝琛（1847～1935年），字伯潜，号弢庵，又号听水老人、沧趣老人，福建闽县（今福州市）螺洲人。为陈三立座师。

陈宝琛幼即聪慧，13岁中秀才，18岁中举人，21岁中进士，授翰林院编修、侍讲官，为皇帝讲解经书，后升至内阁学士兼礼部侍郎。宣统三年（1911年）又任溥仪的老师，赐紫禁城骑马（紫禁城禁止文武官员骑马坐轿）。

陈宝琛为清朝有名的谏官，敢于讲话，甚至在慈禧盛怒时也敢犯言直谏，清谏之名广为人知。溥仪登基后，他奏请为"戊戌六君子"昭雪，予以褒扬。他反对溥仪在日本人威逼利诱下到东北建立伪满洲国，指出："贸然从事，只怕去时容易回时难。"还不顾风烛残年，冒死赴东北劝阻，险被日本关东军囚禁。

1885年，陈宝琛曾因"举人失当"受降五级的处分，后闲居乡里，至宣统登基始起复原职。赋闲其间在家乡大力兴办新式教育，培育人才泽被乡里。如其在光绪末年创办的福建优级师范学堂，就是福建师范大学的前身。他是

福建省近代教育的开拓者、实践家和奠基人。

1935 年，陈宝琛于北京去世，逊帝溥仪特谥"文忠"，追赠"太师"。陈三立挽座师联："沆瀣之契，依慕之私，幸及残年赏小聚；运会所遭，辅导所系，务搋素抱见孤忠"。主要著述有《沧趣楼诗集》《沧趣楼文存》《沧趣楼律赋》等。

李有棻（1842～1907 年），字芗垣，江西萍乡上栗人。1873 年考取拔贡，入国子监学习，次年通过朝考授内阁中书，后任地方知府、道台、按察使、布政使、护理巡抚。八国联军攻占北京后，被任命为江西团练大臣。光绪三十年（1904 年），任江西铁路大臣（陈三立为副理），创办江西铁路，计划从九江至南昌为第一段，南昌至吉安为第二段，吉安至赣南接广东铁路为第三段（与百年后的京九铁路江西段基本吻合）。惜于九江视察后乘船经鄱阳湖返回南昌时遇风浪翻船遇难，朝廷特别追赠太子少保（俗称宫保）。

李有棻为官清廉自守，关心民瘼，品端精祥。任武昌知府时，在衙门前置一木柜，鼓励士民投书其中（类似现在的申诉、举报箱），自己及时斟酌施行。任职八年，风气大变，百姓呼其为"李青天"。

陈　炽（1855～1900 年），字克昌，后更名炽，取字次亮，别号瑶林馆主，江西瑞金人。寻求近代富国之道的思想先驱，陈三立诗友。

陈炽 12 岁中秀才，19 岁拔贡为一等四名，钦点为七品京官。光绪八年（1882 年）举子，历任户部、刑部郎中，军机处章京，与康有为、梁启超同倡变法，是强学会的骨干。所著《续国富策》，阐述其对振兴国家经济的思想方略，分农工、矿书、工书、商书 4 卷 60 篇，影响极大。戊戌政变后，陈炽眼见维新思想成为泡影，精神失常，时而高歌，时而痛哭，抑郁而死，年仅45 岁。

杨文会（1837～1911 年），字仁山，号深柳堂主人，自号仁山居士，安徽石台人。中国近代著名佛学家。

杨文会早年勤于读书，除儒学外，兼及天文、地理、历数、音韵等，但不喜科举。27 岁后，潜心佛学。30 岁时，与诸友人募捐集资，在南京成立金陵刻经处，从事刻印佛经的工作（在南京淮海路 35 号，笔者 2009 年于术后曾入内参观）。1878 年曾随曾纪泽出使英、法，考察政教，并在日本找回国内失传的经疏 300 余种，择要出版《汇刻古逸净土十书》等。后又与英国人李提摩太一起将《大乘起信论》译成英文。致力刻经事业数十年，刻经 3000

多卷，并有著作多种。晚年培养佛学人才，设立祇垣精舍、佛学研究会，乃中国最早的佛学院。门下高徒有谭嗣同、章太炎、欧阳渐等，被称为"现代中国佛教复兴之父"。

沈曾植（1850～1922 年），字子培，号乙庵，晚号寐叟，别号近 40 个，浙江嘉兴人，陈三立诗友。

沈曾植出身官宦之家，但幼年丧父，家道衰落。从跟母亲读唐诗起，读书之志便无一日废过。光绪六年（1880 年）中进士，历任刑部主事、员外郎、郎中，江西广信、南昌知府，总理衙门章京、安庆提学使署布政使，曾受张之洞之邀主讲两湖书院。1901 年任南洋公学（上海交通大学前身）监督（校长），以"硕学通儒"斐声中外，被誉为"中国大儒"。一生藏书 30 万卷，著述颇丰，惜付梓传世者仅十之一二，有《蒙古源流笺注》《元秘史笺注》《汉律辑补》《海日楼诗集》《海日楼文集》等。

沈曾植是国学大师、"同光体"诗派代表人物之一，又是著名书法家。其书法培养和影响了一代书法名家，如于右任、马一浮、谢无量、王蘧常等。在去世前，还奋笔挥毫，在五尺宣上书写对联三副，躺下后几小时就咽气了，真乃奇人。三副对联中的甲联上，有陈三立、冯梦华、吴昌硕等 39 人题跋。

八指头陀（1851～1912 年），俗姓黄，名读山，湖南湘潭人。自称是北宋修水籍诗人、书法家黄山谷的后裔，清末著名诗僧，与陈三立、陈师曾交厚。

他 7 岁丧母，12 岁丧父，兄弟寄养于祖父家中，曾短时间在私塾读书，后替人放牛、当书童，吃尽苦头。16 岁到湘潭华法寺出家，法名敬安，字寄禅。27 岁在宁波阿育王寺佛舍利塔前燃二指并剜臂肉燃灯供佛，自此号"八指头陀"。

八指头陀幼年即聪慧，又极易伤感，这种性格的人注定其人生将备受折磨。对于穷人的苦难他心中充满悲悯，甚至看见雨打桃花也失声痛哭。出家后，甚至在中年后担任六座寺院的住持和中国佛教协会第一任会长时，生活仍极为清贫。他虽读书不多，但悟性极高，21 岁开始学诗，23 岁开始写作，一生留下诗篇 1400 余首（一说 1900 余首）。梁启超称其为"当世第一流诗僧"，"充满了忧国忧民的情怀"。有金陵刻经处、岳麓书社先后出版的《八指头陀诗文集》传世。

陈　衍（1856～1937 年），字叔伊，号石遗，福建侯官（今福州市）人。清末"同光体"闽派代表人物，著名诗歌评论家，陈三立诗友。

陈衍自幼饱读诗书，10 岁时已读完《诗》《书》《礼》《易》等国学经典，1882 年中举人。先后入台湾巡抚刘铭传和湖广总督张之洞的幕府，并任武昌官报局总编纂。戊戌变法期间，积极支持维新事业。变法失败后，以办报著文广泛介绍西方经济发展情况。其著作《石遗室诗话》出版后，风靡一时，声播海内外，具有集大成的意义。民国初年编修《福建通志》，以 15 年时间，除盐政、水利等少数专志外，皆由陈衍一人经营编纂。该志洋洋千万言，至今仍是省级志书中最为完备的一部。

陈衍晚年寓居苏州，与章太炎、金天翮共倡国学会，并任无锡国学专科学校（苏州大学前身之一）教授。

俞明震（1860～1918 年），字恪士，号觚庵，浙江山阴县（今绍兴市）人。1890 年中进士，授翰林院庶吉士，1892 年授刑部主事。中日甲午战后，奉台湾巡抚唐景崧奏调，于 1895 年任台湾布政使。《马关条约》后，台湾被割让给日本，俞明震与唐景崧、丘逢甲一起组织守军抗日，成立台湾民主国，唐任总统，俞任内务大臣，兵败后逃回大陆。

戊戌维新期间，俞明震积极支持湖南新政。变法失败后，任南京江南水师学堂兼附设矿务铁路学堂总办（校长），鲁迅曾在该校读书，鲁迅日记中记有"恪士师""恪士先生"多处。1907 年任江西赣宁道，有政声。1910 年任甘肃提学使，1911 年代理布政使，民初任平政院肃政使，后归故里。晚年寓居上海、杭州等地。有上海古籍出版社出版的《觚庵诗集》传世。

山阴俞家在近现代是人才辈出的大家族。

俞明震的妹妹俞明诗，能诗善琴，号"神雪馆主"，是陈三立的继妻，陈寅恪的母亲。

俞明震的三弟俞明颐，曾任湖南武备学堂总办、湖南督练公所兵务总办、湖南学政等职，其妻曾广珊，是曾纪泽之女。

俞明震的长子俞大纯，早年留学日本、德国，先后任北洋政府工艺局长、国民政府陇海铁路局局长。

俞明颐的长子俞大维，在陈寅恪一章中另行介绍。

俞明颐次子俞大绂，我国著名植物病理学家，中国科学院学部委员（院士），粉碎"四人帮"后，以 80 高龄担任北京农业大学校长。

俞大纯的三子俞启威（黄敬），早年参加革命，新中国成立后为天津市首任市长，第一机械工业部部长，中共第八届中央委员。

俞启威的次子俞正声，中共第十八届政治局常委，第十二届全国政协主席。

周大烈（1862～1934 年），字印昆，湖南湘潭人。生员，曾留学日本，为湘中名士。早年任陈宝箴家塾先生，为寅恪兄弟早期的老师。宣统年间任吉林省民政厅长，入民国后当选众议员、国史馆纂修、张家口税务署监督。晚年居北京。工诗，喜藏书，书法参习北魏，简练古朴。

光绪二十二年（1896 年），宫中太监寇连才上书反对慈禧专权，被杀于菜市口。周大烈为此作诗："寇监陈词动上京，冤沉菜市竟成名；亲装小册交兄手，喷血含嗔字有声。"（原注：内监寇连才见孝钦归政后犹独揽政权，且日侈纵，屡次泣谏。光绪二十二年誓死上书十条，首请勿揽政权，勿驻跸颐和园。后大怒，杀之菜市。寇监上书先数日归，决其父母，以所记宫中事一册授其兄，言孝钦后骄侈淫逸及虐待德宗事）

前些年，台湾地区搜集编辑的 1912～1949 年间的古典诗作《民国诗集丛刊》（第一编）中，有周大烈的《夕红楼诗集》。

周大烈之女周俟松，北京师范大学毕业，为陈寅恪好友许地山教授的夫人。

喻兆藩（1862～1920 年），字庶三，江西萍乡市上栗县清溪村人。24 岁中举人，28 岁中进士，被钦点为翰林院庶吉士。

1892 年，在为其父奔丧期间，正值哥老会起义，喻在当地招募乡勇 500 人协助萍乡知县守城，受朝廷嘉奖。1895 年，萍乡大旱，饥民遍地，喻赴金陵面见两江总督刘坤一，面陈灾情，获刘坤一拨银两数万，萍乡地区数十万饥民得以活命。

光绪二十九年（1903 年），喻补宁波知府，因围海造田和发展海运等政绩，被授以道员在任、候补加盐运使衔，二品顶戴。1905 年，牵头筹白银三万两成立萍乡瓷业有限公司，喻任总办。1906 年，补杭州知府，后升任宁绍台海防兵备道，次年任浙江布政使。后十数年在家潜心著述，有《问津录》《温故录》《既雨轩诗钞》等传世。

喻兆藩有二子五女。长子喻磐，清末举人，喻磐之女喻宜萱（1909～2008 年），著名歌唱家和声乐教育家，是我国声乐界泰斗式的人物，新中国成立前就在美、英、法等国举办多场独唱音乐会，把《康定情歌》等中国民歌唱响世界。1948 年，《康定情歌》被联合国确认为"世界十大民歌"之一，同年，受联合国教科文组织派遣，赴欧洲考察并举办演唱会。1949 年 10 月回国，11 月即被邀请到中南海怀仁堂演唱。先后任中央音乐学院声乐系主任、

副院长、中国音乐家协会顾问，第二、三、四、五、六届全国政协委员等职，1958 年加入中国共产党。培养了黎信昌、吴雁泽、李双江等顶尖级的歌唱家。2004 年陈小从出版《图说义宁陈氏》一书，请 95 岁高龄的表姐喻宜萱题写书名。2008 年去世，享年 99 岁。喻宜萱的长子管维拉，离休前任解放军海军少将。

喻兆藩的三女喻徽，即陈小从先生的母亲。

欧阳渐（1871～1843 年），字镜湖，40 岁后改字竟无，世称欧阳竟无先生、竟无大师，江西宜黄县人。支那内学院的建立者，复兴法相唯识学，是现代中国佛教研究的先锋。

欧阳竟无出身于官宦之家，父亲在京城任小官，郁郁 20 年不得志。竟无 6 岁时父丧，与寡母相依为命，家中还有一个寡嫂，一个寡姐，一门三寡妇，家中贫困、阴霾之气可想而知。竟无自幼刻苦读书，20 岁中秀才，后入经训书院，从叔父学习经史百家，兼修天文数学，得风气之先。1894 年甲午之役，中国战败，竟无逐渐转向佛学，后到南京拜谒杨仁山老居士。36 岁时母丧，竟无自后学佛信念愈坚。在杨仁山居士去世后，竟无坚守金陵刻经处，组织佛教会，创办支那内学院，研究佛典，刻印经书。

竟无大师一生著述颇丰，但多数在搬迁中散失。晚年手订所存者为《竟无内外学》共 26 种 30 余卷，是研究中国现代佛学思想史和哲学史的重要文献。

吴宗慈（1879～1951 年），字蔼林，号哀灵子，江西南丰人。现代著名方志学家、历史学家。吴 3 岁丧父，8 岁入学，19 岁乡试中举列第一名。后赴京殿试，列文科第二名，任建郡中学堂（今南城县一中前身）监督（校长）。辛亥革命后，历任四川将军署秘书长、军政府列席政治会议秘书、参谋部秘书长、国会宪法起草委员会理事兼书记长，主持宪法起草工作。他编著的《中华民国宪法史》，是近现代中国第一部宪法史。

因《庐山志》有 200 余年断修，1930 年吴到庐山，时居庐山的陈三立老人即邀请吴宗慈主持《庐山志》的续修工作。吴亲自调查，查阅典籍，并邀请著名植物学家胡先骕、地质学家李四光参与相关条目的编写。特别是有关政治方面设立相关纲目，这在中国山志纂修史上实属首例。经 3 年多的努力，完成《庐山志》，后又任中山大学、西南联大教授。1940 年，应约为重修《江西通志》筹备委员会主任、《江西通志》馆馆长兼总纂、江西文献委员会主任委员。经过 10 年的努力，完成各种专稿 10 余种。新中国成立前夕，为避免稿件受战火损失，他将资料运往南丰家乡保存。新中国成立后，他将志稿、资料、档案等全部交给人民政府。1950 年任江西省人民政府参事室参事。1951 年去世，江西省政府成立由副省长任主任委员的治丧委员会。

1959 年 8 月，中共中央在庐山召开八届八中全会。毛泽东一到庐山，就要工作人员借阅《庐山志》（曾有一帧毛泽东看《庐山志》的照片）。当他看了吴宗慈主编的《庐山志》和《续志》后，侃侃而谈，感慨良多。

徐悲鸿（1895～1953 年），原名寿康，江苏宜兴人。中国现代美术事业的奠基者，杰出的画家和美术教育家。

徐悲鸿出身贫寒，自幼随父学诗文书画。17 岁任师范学校图画教员，21 岁入上海复旦大学法文系半工半读，并自学素描。1917 年留学日本学习美术，回国后任北京大学画法研究会导师。1919 年考入巴黎国立美术学校学习油画和素描。1927 年回国，先后任上海南国艺术学院美术系主任、中央大学艺术系教授、北京大学艺术学院院长。1933 年起，先后在法国、比利时、意大利、英国、德国、苏联举办中国美术展览和个人画展。抗战爆发后在香港、新加坡等地举办义卖画展，支援抗日。新中国成立后任中国美术家协会（当时为中华全国美术工作者协会）主席、中央美术学院院长、第一届全国政协委员。

在 1949 年全国政协会议上，徐悲鸿关于将《义勇军进行曲》作为《中华人民共和国国歌》的提议，得到与会者的一致赞同。

徐悲鸿画的《奔马》《田横五百士》《愚公移山》《负伤之狮》等作品，极大地振奋了中国人民的奋斗精神。徐悲鸿去世后，其北京故居被辟为徐悲鸿纪念馆，周恩来亲自题写"悲鸿故居"的匾额。

李一平（1904～1991 年），又名李玉衡，云南大姚县人。著名民主人士，曾任国务院参事、中国佛教协会常务理事。

李一平早年投身爱国运动，1925 年在南京参与领导了反对帝国主义的"五卅"爱国运动。1931 年后在庐山从事 5 年的平民教育，收的学生大都为平民子弟。学生不收学费，半工半读，男生自己种地、砍柴，女生从事做饭等劳动。后学生中有一批人投入抗战，为国捐躯，有 8 位学生赴延安参加革命。

抗战开始后，李一平回到家乡创办大姚中学，并积极从事抗日活动，还多次与中共南方局领导人董必武接触，逐步接受中共的抗日主张。在云南和平解放前，还依照地下党提供的名单，营救了一批共产党员和进步人士。1949 年夏，李一平先后与中共领导人董必武、朱德、周恩来共商滇军和平起义之事，为云南和平解放做出了重大贡献。1950 年，被中央人民政府任命为云南省政府委员，参加了全国政协一届二次会议，后被任命为政务院参事。

中共十一届三中全会后，李一平已年愈古稀，还经常搞调查研究，为国家建设提出许多建议，并在祖国统一、保护文物等方面做了很多工作。

李一平去世后，《人民日报》刊载的新华社电讯中说："李一平先生几十年来与中国共产党风雨同舟、肝胆相照，是党的挚友和铮友。他一生研究儒学、佛学，讲求做人之道，深受爱戴和敬重。他为我国的社会主义建设和祖国统一大业做出了很大贡献。"

江小鹣（1894～1939 年），又名江新，江苏吴县人。为维新派人士、曾任湖南学政的江标之子，被誉为"中国雕塑界的泰斗"。

江小鹣受家学熏陶，自幼爱好诗书、绘画及古铜器纹饰。后留学日本、法国，先后学习素描、油画和雕塑。回国后受刘海粟邀请，出任上海美术专科学校西洋画教授、教务主任。据《江小鹣传》一书的不完全记载，江曾为孙中山、黄兴、蒋介石、谭延闿、龙云、陈其美、哈同、陈三立、陈嘉庚、徐志摩等军政界、文化界人士塑像 25 尊，其中孙中山的最多（5 尊），许多人在武昌首义广场看到的孙中山塑像，就是江小鹣的代表作。2011 年，又在南京发现江在 1935 年的作品——孙中山汉白玉雕像，此外还有镇江市伯先公园的黄花岗起义总指挥赵伯先的铜像，也是江小鹣的作品。惜天不假年，45 岁去世。

滑田友（1901～1986 年），原名庭友，江苏淮阴人。现代著名雕塑家，出身乡间一个木匠家庭。少年时历尽坎坷，念过小学，学过木匠。1919 年考入江苏省立第六师范学校学美术，毕业后回家乡仟小学教员。1930 年连续痛失妻子、幼儿、老父，滑田友的精神几乎崩溃，便在木头上依记忆雕刻了一尊儿子的头像。有人将头像拍了照片寄给徐悲鸿，徐惊叹：中国现在恐怕还没有人能刻出这样的雕像！便把他介绍给雕塑家江小鹣当助手。

1932 年，徐悲鸿建议为陈三立（散原）造像，便致信滑田友，滑又将此事告诉江小鹣，江小鹣说："散原老人是我的年伯，我当然要做。"后江小鹣、滑田友二人各做一尊，徐悲鸿联络 30 位教授具名铸铜像，作为散原老人 80 岁的寿礼。

1933 年，在徐悲鸿资助下，滑田友赴法国留学。留学期间，他创作的《沉思》雕像（坐姿）就获得了巴黎艺术展铜奖，之后创作的《法国农民》获银奖，《沉思》（站姿）再获巴黎艺术家沙龙颁发的金奖。回国后，任北京艺专教授。新中国成立后，任中央美术学院雕塑系主任，人民英雄纪念碑美工组副组长，并亲自创作了纪念碑基座上的大型浮雕《五四运动》。一生创作颇丰，1960 年创作了毛泽东主席胸像，由韶山毛泽东纪念馆收藏。

2007 年 12 月，江苏美术出版社出版了《滑田友》一书，收录了滑田友众多的作品，并较详细地介绍了他的生平。

十、三立芳裔

陈三立的子孙辈中，人才辈出，衡恪（师曾）、寅恪、封怀三人各有专篇介绍，其他子孙简介如下。

隆　恪（1888～1956 年），陈三立次子（大排行第五），字彦和。隆恪 6 岁启蒙读书，16 岁（1904 年）与时年 14 岁的寅恪一同东渡，先入日本庆应义塾，后升庆应大学理财科，23 岁时又转入东京帝国大学学习，24 岁（1912 年）回国。在日本留学 8 年，广交文化界俊彦，如李叔同（弘一法师）、鲁迅、欧阳予倩等。归国后，正值政局混乱之时，他不愿攀缘附会混迹浊流，曾赋闲 6 年。在其《病中夜感》诗中有云"甘旨惭无措，浮沉谢不能"句，以申其怀。

1920 年秋，应留日好友之邀，到奉天四平铁路局任科员。1922 年，因直奉战争爆发，先生携妻回南京，在父亲 70 寿庆后又到北平。在北平时，与兄衡恪往还密切，一起品画、论诗、览胜、访友，极享"伯氏吹埙，仲氏吹篪"之乐，并通过其兄与王梦白、齐白石、姚茫父等京中书画家结识。1924 年回江西，在省财政厅任职。1926 年，因父亲生病，先生辞职到杭州陪伴老父。此时其弟寅恪、登恪都回国并到杭州看望老父，故期间先生诗兴大发，8 月得诗 60 余首。1927 年，先生就任九江南浔铁路局局长。次年秋，任汉口电报局主任。1929 年夏辞职，携眷居庐山，此后很少长时间供职。1936 年夏至次年春，曾在广州任粤桂闽黔统税局全权顾问。1937 年卢沟桥事变后，父丧北平，先生到北平奔丧。事毕后南返经上海时，原留日同学陈群正充当日寇的走狗（陈群任汪伪政府的"内政部长"），见到隆恪后，极力诱劝，想拉先生进汪伪政权充当汉奸，先生拒绝。为防止汉奸纠缠不休，陈隆恪连夜离开上海。抗战期间，先生携眷辗转流徙，先后在萍乡、泰和、兴国、宁都等地，其间仅在战时省会泰和县任过短期的省财政厅专员和江西兴业公司秘书之职，一家生活陷入困境，常有断炊之虞。但先生宁受清贫，不改其节操，不求不义之财。他曾对女儿小从说："我们现在虽然过着粗衣粝食的贫困生活，但我们没有做对不起国家民族的任何事，还是于心颇安的。凭我们家的关系网，要昧着良心去钻营，早做了大官。但我决不能这样做人。"并手书文天祥的诗篇《正气歌》，悬于中堂，以明己志。其妻喻夫人还作《颂穷文》，表达夫妻俩安贫乐道的高尚情操。抗战胜利后，先生一家回到庐山"松门别墅"。此时，其表弟兼妹夫俞大维时任国民政府交通部长，看见先生生活无着，准备想办法让先生弄个"庐山管理局局长"干干。先生婉言谢绝，并说：要干也只能干春、秋、冬这三季，夏季这么多党政要员上山，我不愿应酬。1946 年冬，先生就任南昌邮政储金汇业局副理。其间，曾与诗友们结社唱酬，名"宛社"，被公推为社长。"宛"字者，寓"饭碗不全"之意。1948 年初冬，先生调南京任邮汇总局秘书。1949 年三四月间上海解放前夕，邮汇总局迁往台湾，先生与部分同事不欲往台，坚持到解放军接管，而后参加留用人员学习班。学习结束后，先生被分配到北京人民银行工作。先生因病未就职，后于 1951 年经李一平联系，由中央统战部向上海推荐，任上海市文物管理委员会顾问，月薪 90 元，从此长住上海。1956 年1 月，先生因患膀胱癌 6 年而与世长辞，享年 68 岁。

陈隆恪于 1915 年与喻徽女士结婚。喻徽（1891～1956 年），字婉芬，萍乡清溪人。其父喻兆藩是陈三立的同年进士。喻夫人能诗文，识大义。晚年不幸患乳腺癌，于隆恪去世后 5 个月亦不幸去世，享年 66 岁。夫妇生女一，即小从。

陈隆恪虽学经济，但平生所致力者为诗。由于家风的熏陶，在日本留学期间即喜作诗，但初时不敢将诗作呈父。后来陈三立在刊物上看见他的诗作，惊喜道："是隆伲之作，他也会做诗？写得不错呀！"

陈隆恪 40 年不辍笔耕，积诗 1000 余首，均亲自正楷抄录。1982 年经复旦大学蒋天枢教授向出版界推荐，陈小从经手挑选 800 余首，名《同照阁诗钞》，并作编后记，1984 年由香港里仁书局印行。蒋天枢说："晚清百余年来，世道俶诡变幻，先生时撷之以入诗，以故同照阁诗于晚清以还世道隆汙所反映者实多。此留心近世史者所宜观览也。诗署名'同照阁'者，散原老人庐山牯岭'松门别墅'中阁也，老人离牯岭后，彦和先生常居之，为书匾其上，因以名其集。"中华诗词学会常务理事胡迎建先生在《近代江西诗话》之二上说："隆恪诗甚秀美俏丽，如'扁舟破睡群峰起，孤日依人万籁虚'，'占秋丛栗大，宿雾乱峰驯'，造句迥异常人。其父三立多次说隆恪的诗写得充实，平日凡有应酬之作，多命他代笔。"

这里抄录陈隆恪诗作 10 首，以见一斑。

雪夜独酌感愤（节录）

忆昔扶桑侣英少，腾挐豪气撑天庭。
等闲论辩誓节义，揶揄时政矜独醒。
一朝归国猎富贵，十年封殖空凋零。
桃僵李代傥可说，虎威狐假浑忘形。

1916 年，萍乡

（见当时留学同学中有归国后随俗沉浮，徒猎个人富贵者而作。原诗共 22 句，此录 8 句——小从抄录时注）

前题谨步大人韵

吞月湖光千万条，巫思漏网笑鱼跳。
弥天缺憾无人补，独有闲情续断桥。
断桥今已增堤筑路，车骑可通。

1925 年，杭州

（此诗系步陈三立"七月十五夜移艇子就断桥步月"诗韵——笔者注）

诸弟妹庐山祝大人八十寿别后有怀

看云成聚散，千里梦飞扬。
菊影残依几，松风脱劲霜。
倾樽闲里醉，坐日别来长。
独揽寒山趣，何时共烛光。

1930 年，庐山

秋日山径独步

暑尽游踪寂，闲听鸟语真。
占秋丛栗大，宿雾乱峰驯。

109

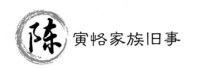

息影松知倦，忘情石自珍。

悠然遗世外，一枝独怆神。

1933 年，庐山

初春游北海公园感赋

裙屐游嬉入苑庭，禁门锁钥付园丁。

劫余太液明开镜，禅定浮屠静咽铃。

石火生涯蓬鬓白，人天消息柳丝青。

铜驼不载兴亡迹，围噪寒鸦落日醒。

1935 年，北平

丁丑冬南旋过沪，友人召饮，赋示同座

南渡凄然指陆沉，斜阳败垒气萧森。

相逢何世魂犹寄，一掷无涯梦可寻。

劫外盘飧今日尽，眼中形影故交深。

少年同学堂堂在，谁识当时未死心。

1937 年，庐山

日暮闲行观获稻

树树鸣蝉步步闻，雨扶瓜蔓上孤坟。

丰收不负双肩力，担尽黄昏万顷云。

1939 年，萍乡

秋夜雨坐

悄然袖手对风廊，几榻沉沉夜未央。

秋气含香丛桂湿，雨声催睡一灯凉。

如珠米价难容醉，盖世兵尘恰坐忘。

虑始乐成形已槁，踟蹰犹计理征装。

1941 年，萍乡

八月十日闻日本乞降，喜赋

爆竹惊苏庞下魂，乞降飞讯破黄昏。

沾裳涕泪悬家祭，避地形骸负国恩。

三户忘秦陵谷变，八年思汉子遗尊。

枯杨休忘生稊日，元气长蟠万古根。

　　　　　　　　　　　　1945 年，萍乡

腊月十六日小从自牯岭归迎以小诗

念汝冲冰雪，携归旧梦赊。

春岩花换世，雾壑梦藏家。

小别询眠食，相依缀笑哗。

白头娱岁晚，霁色映阶斜。

　　　　　　　　　　　　1950 年，上海

（以上 10 首系陈小从供稿，此次又与《陈隆恪分体诗选》校核）

附：

陈小从《同照阁诗钞》编后记

　　先君早岁游学东瀛，习经济科，初未尝致力于诗。学成归国越二年，与先慈结缡于萍乡清溪外家。外祖喻公庶三，试导之吟咏。自是诗思勃发，如决堤之水，奔腾澎湃，一泻千里，创作热忱垂四十载不少衰。虽遭变故，颠沛流离，又或罹疾苦，经绵病榻，未尝搁笔。盖家庭薰染，积久成习，触景情生，不能自已也。

　　初，吟成未敢直呈先祖前。先祖偶于他刊物见其篇什，始知其能诗。先君偶外出，先祖时步至书室，取其窗稿披览，盖深喜之也。或有酬应之作，间亦命先君代笔。

　　小从年十五，先君始课之以诗，命题使习作，著重讲授诗之意境。至于平仄格律，则曰："多吟诵自能了然。"强调避俗、避熟，切戒虚砌浮夸。忆从初学，得"细雨檐声清客梦，虚窗灯影静鹤眠"一联，先君指出："鹤"字系虚假语，盖现代人已无养鹤者，乃易以"蚕"字，并谆谆告诫："做诗要说内心话，写真情实景，不要图表面好看，弄虚作假。"先君不唯以此旨诲女，其自立亦若是也。诵其诗者，大处可以观世事，

觇风俗，细处亦可以纪亲朋之聚散，一己之哀乐。

先君遗稿，生前虽已手订，而未尝自题集名。尝语从曰："我之诗，不过写个人一时感慨及经历，只以自娱，非求世知也。"及1956年初，先君以痼疾不起，甫半载，先慈亦以幽忧，癌疾加剧。弥留之际，诏从曰："汝父诗稿，汝须妥善保存，以求传世。此汝父毕生心血所注也。"廿余年来，从拳拳在膺，如临深履薄，散失是惧。今幸获完璧梓行，乃不自揆，谨以《同照阁》名斯集焉。

同照阁者，匡山故庐"松门别墅"中一亭阁。阁三面轩窗，日辉月映，晶莹敞亮，故名之曰"同照"，为先君与家人侍杖起居之所。先君常燕坐吟啸于其间，听松涛，观云海，送夕阳，迎素月，顾盼俯仰，怡然自乐。尘襟涤而遐想生，情景融而歌咏成，此殆同照阁所以答主人之眷爱者欤？先君九泉有知，得悉以"同照阁"名其诗集，谅亦为之欣然也。

先君遗诗计共一千余首，以篇什浩繁，剞劂维艰，不获已，从乃一再选录，约将三分之二以付梓。

至于家世及个人出处，略备于"前言"，亦不赘述。若论诗风之所宗尚，则有待识者品评，非从所敢妄赞一辞也。蒙蒋秉南、汪荣祖、何广棪诸教授大力赞助刊行，特此致谢。壬戌立秋日，女小从谨述。

方恪（1891~1966年），陈三立四子（大排行第七），字彦通。方恪幼年与兄长一起在长沙家塾和南京思益小学读书，1907年入上海教会学校震旦学院就读，并随父亲的好友、著名教育家、复旦公学创办者马相伯（1840~1939年）学习法文和拉丁文，1910年震旦学院毕业。

1914年经梁启超介绍，入中华书局任杂志部主任；1916年春，又经梁启超介绍，到北京任财政部盐务署秘书；1918年初，任财政部秘书；1920年后，先后任奉天张作霖督军府秘书、江西督军公署副秘书长、景德镇税局局长、江西省立图书馆长及田亩丈量局、厘金局、湖北黄梅小池口、黄梅二套口统税局（所）长等职。1930年秋，受聘在无锡国学专修馆分校教授诗词，并兼任当时设在上海的暨南大学、私立持志大学教授。1931年秋，任上海正风文学院教授、教务长，至1938年日寇轰炸、该校停办为止。1938年秋，方恪被伪"教育部"聘为编审委员、龙蟠里国学图书馆馆长、伪"中国文艺协会"理事、伪"南方大学文学院"教授、金陵刻经处董事会代表等职。1942年底至1943年初，方恪受邀为抗日地下组织服务，成为军统运用人员，主要任务是利用自己的身份掩护重庆人员、藏匿电台、解决潜伏人员经费等，其间，还与共产党地下情报人员徐楚广等有接触。日本鬼子失败前夕，搜查出方恪藏匿的电台，并将他抓至日本宪兵队，受到严刑拷打，先生不屈。到 8 月 14 日夜电台广播日本投降，第二天才被抬出宪兵队牢房。先生是个文弱书生，短短 10 天的折磨，头发全白，体重只剩 60 多斤。1946 年，国防部保密局裁减人员，方恪被解除关系，生活无着，穷愁潦倒。方恪对此颇为不满，感到"为抗日立过功，未受重用，出生入死不值得"。

1950 年，由统战部介绍，方恪被安排在国立南京图书馆工作。由于他熟悉图书古籍，精通业务，为人厚道，所以馆长和同事们都很尊敬他。他具体负责中国古典文学戏曲资料室，有不少作家、研究人员、文艺工作者等向他求教。1951 年，方恪被推选为南京市政协委员，不久，又当选为南京市文联理事。同年 12 月至次年 4 月，在安徽阜阳地区的太和县参加土改工作。1957 年至 1960 年，曾借调到江苏省委宣传部主办的《江海学刊》工作，任副主编。1960 年后，体弱多病，经常住院。1966 年 1 月病逝，享年 76 岁。陈方恪去世后，著名学者、南京大学教授吴白匋（1906～1992 年）特送祭诗《挽陈彦通丈》，悬于灵堂之上，概括了方恪的一生：

> 少日风物茂，衰年学习勤。
>
> 鸿词抛旧院，鹤貌接新春。
>
> 雅量如翁少，多方馈我贫。
>
> 重过牯岭路，凝望泪沾巾。

方恪于 1915 年曾与一龙姓女子相恋，家人强烈反对，后经人说项，勉强以"如夫人"（即小老婆）身份入住家中。后与孔紫英结为夫妻，孔紫英于 1951 年去世后，与夏小文生活在一起。名下无子女。

南京潘益民先生编辑的《陈方恪先生编年辑事》一书，内附章品镇先生文章《徜徉在新社会的旧贵族——记陈方恪》，文中对陈方恪新中国成立后的"三翻"讲得很生动，录下与读者共享：

> 说"三翻"，得从第一翻说起。这第一翻，我听到有两种说法。有人说是：南京解放后几天，由陈毅同志主持，举行一次盛大宴会，招待南京各界名流。据传宴席上陈老总颇有豪气地说："我们荣幸地在这里招待南京市卓有声誉的各方面人士……这次宴会作了一些准备，凡留下来愿意同我们合作的朋友，大概都到了吧！"讲话过后，有位地下党同志对陈

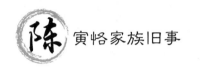

老总说："还有一位漏请了。"陈老总忙问是谁。回答是"陈宝箴的孙子、陈三立的公子"。

"是陈衡恪、陈寅恪的兄弟吗"？

"是的，他们的七弟。诗人，也当过教授。"

陈老总做了个表示抱憾的手势道："怎么搞的？快派车子去接。"

其时方老住在门西的一条陋巷里。南京解放前坐困愁城，盘缠不继，常以大饼油条度日。突然又有小汽车开了进来，邻舍围观、奔告，竟然是共产党邀请赴宴的。忙净身、整容，又借了套整洁的衣服，匆匆登车。这是一说，辗转流传已是民间故事色彩。另一说是市委统战部同志登门拜访的。我想两说并存，先后发生也是可能的。从此方老"破雨伞里戳出"，当上了南京市政协委员（后来是省政协委员），工作落实在南京图书馆，搬进了山西路四卫头的公房。此是第一翻。

1959年，30年代初他教书时的学生吴天声来任省宣传部副部长兼教育厅长，去看他。吴素以关心人著称，对于方老，更是深知底蕴的。由于吴的申说，旋即调《江海学刊》编辑部，看文史稿件，是更着实地将他的力量运用起来了，也增加了工资。他了解，更有分量的增加是：信任。

如今这第三翻，来头就不可同日而语了。据传某次宴会，是毛主席说起陈宝箴任湖南巡抚时锐意推行新政，丁酉、戊戌间（1897～1898年）保荐康有为，又大集青年豪杰之士，仿西法建矿产、轮船、电报、铁路等事业作新政的基础，同时办各类新式学堂、《湘学报》，更创立南学会研究变法理论和推行方案，与北京的保国会相呼应，业绩烂然冠于各省，当然就全国侧目，更被湖南的顽固派王先谦、叶德辉之流指斥为"无父无君之乱党"了。毛主席又说，他就读的湖南第一师范就是这位维新派巡抚办的，更问起陈家后人的情况，陈衡恪、寅恪，他是晓得的。熟悉情况的同席介绍现在大陆的有：老二隆恪在上海任文保会顾问，老八登恪研究法国文学，在武大教书，还有位老七在南京云。大概毛主席当时说了什么，于是喜从天降，来了第三翻。这一翻，得三级教授待遇，又搬进了牯岭路一楼一底的房子，独门独户，有园子的，只是汽车间不派用场。……方老亮出底牌后，借《水浒传》中的话说："只见有撑船就岸，哪见有撑岸就船的？托庇先德，惭愧，惭愧。"大家都说，"就"得高明。

　　笔者拜读了《陈方恪先生编年辑事》一书后，对于方恪先生有了一个基本的印象，觉得方恪在习性上不同于其兄其弟，可说是一位集聪明、潇洒、放浪于一身的"风流才子"。他在旧社会生活了大半辈子，但这位"旧贵族"却又风调雨顺地徜徉在新社会十几年，于"文革"前夕去世，福分啊！

　　陈方恪在读书时甘坐冷板凳的耐心不足，但人极聪明，在创作上长于诗歌，在民国诗坛上占有重要席位。他的诗风，出唐入宋，既有唐人的丰美华赡，也有宋人的思理峭刻，似乎比晚清同光体中某些人之仅求宋人堂庑，格局更为开阔。由于时代的原因，其诗词有着苍凉的历史感，尤以情感描写细腻深刻见长，让人读后感慨万千。新中国成立前后的有关刊物上，均刊登过先生的诗词。2007 年初，由潘益民先生搜集整理、江西人民出版社出版了《陈方恪诗词集》，内收诗词 438 首。现选诗 5 首如下：

梁 溪 曲

其一

曲罢真能服善才，十年海上几深杯。

不知一曲梁溪水，多少桃花照影来。

其二

休言灭国仗须眉，女娲强于十万师。

早把东南金粉气，移来北地夺胭脂。

其三

灯痕红似小红楼，似水帘栊似水秋。

岂但柔情柔似水，吴音还似水般柔。

诗中化名句为己言，化常字、熟字为玑珠，乃神来之笔。

为先母卜兆域至临安华法山中夜宿兰若

荒山独夜自惊神，鼠落鸱腾籁屋尘。

灯影扑床疑有魇，松涛如海欲沉身。

免怀顾覆承家日，换劫艰难拜墓人。

明日出门愁雨脚，麻鞋茧足仰苍旻。

为先母寻觅兆域福地而悲哀之极，彻夜废眠，读之催人泪下。

寿章行严七十

渭阳门馆旧从容，入洛声华慷慨中。

早构崎岖过履虎，晚迎剥复望犹龙。

津梁未觉疲孤诣，冰蘖何妨剂圣功。

长我十年清兴在，论诗还喜一尊同。

章士钊（1881～1973年），字行严。章七十大寿时，方恪作此诗祝寿。

陈氏父子多不填词，而方恪却独乐且善为此道，汪辟疆的《光宣诗坛点将录》和钱仲联的《近百年词坛点将录》均点列其名，称其词作为"绝世风神，多回肠荡气之作"，下录7首：

风中柳·题缀玉轩话别图即送畹华赴日本

渡口梅风，轻约薄罗歌扇。带朝慵宫衣剪剪。几多离愁，经海清怨。早归来，翠樽低劝。　梦想云裳，莫负十洲仙愿。数绣程，珠帘尽卷，春樱壶峤，照沧桑人倩。待闲话，画图亲检。

梅兰芳，字畹华。梅兰芳1919年率团赴日本演出时，方恪作此词送别。

疏影·为王伯沆师题孤雁图

西风渐紧，对暮天杳蔼，云意低暝。倦羽催归，迢递烟程，凄凉说与秋景。寒山占断相思路，盼不到，书题斜整。帐玉楼，缥缈香深，合是酒消人醒。　还忆长门影暗，怨啼似诉语，封泪鸳枕。渭水波声，几点清晖，换了唐宫金镜。苍茫别下汀洲去，任瑟瑟，秋江淘尽。更那知，梦稳霜葭，自有寒心难省。

方恪10岁即受教于王伯沆先生，成年之后师生重逢，此词情深意切，士林评价甚高。

忆江南

闲睡起，庭树午阴园。百尺冰泉吹露井，几竿石竹间茶烟。长日静如年。

闲坐起，零露湿罗衣。屐响暗回波影动，发香微度晓风吹。滋味忒凄迷。

闲语罢，露叶点团龙。庭际早梅低屈戍，桐阴眉月映房栊。人影小屏风。

闲罪罢，归去满鞋霜。门馆春灯迷曲社，石桥烟月照牌坊。行迹祇凄凉。

方恪此《忆江南》，颇有"花间词"词风香软、词藻华艳的特点。

少年游·忆旧

青山衔郭，青溪绕步，巷口夕阳斜。烟暮悲笳。倦秋疏柳，几点挂寒鸦。　归来庭户清如水，白发语交加。侍坐盘餐，下帷灯火，争忍数年华。

登　恪（1897～1974年），陈三立第五子（大排行第八），字彦上。登恪先生幼年先后在家塾和思益小学读经诵史，1913年入上海震旦学院，后转入北京大学文学院学习。1919 年毕业后，赴法国巴黎留学。1925 年回国后在南京东南大学工作，先后任法语教授、中文系教授。1928 年，闻一多任武汉大学文学院院长时，登恪受聘到武汉大学，任外文系教授、中文系教授，后曾代理文学院院长。

陈登恪是著名的古典文学研究专家，兼长历史、诗词、小说。他在留学归国后，曾以"陈春随"的笔名创作了一本反映留学生生活的中篇小说《留西外史》，由上海新月书店于 1927 年出版，在当时影响很大。

登恪为人光明正直，读大学时是"五四"运动积极分子。在南京任教时，一次因校方对某位教员处理不公，登恪愤然辞职以示抗议。到武汉大学任教后，一次法文考试，某省长之女交"白卷"，校长几次要他记 60 分，好歹给省长一个"面子"。他坚决拒绝，只记"0"分。登恪交游很广，知名人士徐悲鸿、闻一多、许德珩等都是他的好友。登恪讲话有点口吃，但他知识丰富，话语风趣，形容细致，又平易近人，所以大家都乐于与其交谈。

陈登恪于 1951 年被选为"全国高等教育劳动模范"，1960 年前后任湖北省人民代表大会代表。先生在武汉大学是德高望重的人物，被尊称为武大中文系"五老"之一。2000 年出版《湖北省志》，该志辑事的时间跨度是 1840～1985 年。在 146 年中，湖北省方方面面的杰出人物必定是不可胜数，在人物表中的教育、科技、文化界部分，陈登恪先生榜上有名。

陈登恪的未刊文稿，在"文革"中丧失殆尽。现有一首七言绝句在亲友中流传，题为《咏乐山大佛》：

　　　　一篙波送到中流，百转回澜敌万牛。

　　　　逝者如斯浑见惯，千年屹立大江流。

陈登恪于 1932 年暑假在庐山"松门别墅"与贺黔云女士结婚。贺黔云，江西萍乡人。为江西近代名人贺国昌之女。贺国昌（1856～1919 年），清末曾任知县、道台，百姓称其为"贺青天"，1905 年在日本加入孙中山先生创立的同盟会，民国后曾任江西省省长。贺黔云于 1973 年病逝，生子一，即陈星照（后附小传）。

封　可（1896～1971 年），陈衡恪长子。1917 年留学日本，后又留学德国。回国后曾在北洋政府任国务院、外交部秘书。1924 年后，先后任中国驻德国汉堡领事，教育总署编审会编辑，北京师范大学德语教授等职，从事教育工作时间较长。新中国成立后在对外贸易学院（即以后的"对外经济贸易

大学")任德语副教授，国家建委德语翻译。

由于家庭艺术氛围的熏陶，陈封可对于书法和绘画，很早就"小荷才露尖尖角"，受到长辈的嘉许，尤其善长山水。遗憾的是，他没有以此为专业。虽仅仅是业余爱好，但也成就可观，弘一大师1920年在介绍陈师曾的文章中曾说："子封可，亦善画，能篆刻。"近年来他的作品经常被拍卖。他与当时的艺坛名家交往很深，如齐白石、黄宾虹、徐悲鸿等。他还收藏有不少名人字画，可惜"文革"中被抄而遗失。

1957年退休，1974年病逝，享年76岁。

陈封可之女名陈翠微，曾任北京大学纪委书记。陈翠微的丈夫王希祜，退休前任北京大学总务长。2006年6月上旬，夫妇俩与陈氏其他后人一道回修水寻根祭祖。当得知修水将要建陈氏纪念馆后，二老非常高兴，回京后，翠微老师即购买了其祖父的大型画册《陈师曾书画精品集》（人民美术出版社出版，上下两集，定价680元）寄到修水政协，作为今后的馆藏品。

封　雄（1917～1999年），陈衡恪第三子，燕京大学新闻系毕业。1940～1945年，先后在中央银行经济研究处和重庆《国民公报》工作。1945年国共两党在重庆举行和谈，"双十"协定签订后，国民党代表团首席代表张治中将军举行宴会为出席和谈的毛泽东饯行。当时，陈封雄代表《国民公报》前往采访，曾请毛泽东在他的采访本上签名留念，也是那次宴会上唯一获得毛泽东签名的记者。

日本投降后，陈封雄曾在天津与燕京大学校友创办《新星报》。

新中国成立后，陈封雄任新华社英文编辑，《人民日报》国际部编辑、高级编辑，直至离休。

陈封雄一生屡经忧患。他1957年被划为"右派"，并遣送至"北大荒"劳动3年。1960年结束在北大荒的劳动，被安排在晋东南的长治二中教语文。"文革"中又被批斗、住"牛棚"（现在很多年轻人不知道"牛棚"是怎么回事，以为是关牛的棚子。文革中的"牛棚"，是指关押"牛鬼蛇神"等"坏人"的地方）。1986年离休后，仍为《人民日报》撰写国际方面的稿件。在此后的"研陈"方面，陈封雄亦提供了许多珍贵史料。1993年在修水政协编写《一门四杰》一书时，他又为该书撰写了行云流水、大气磅礴的序文（附后）。

陈封雄一贯工作勤奋。抗战时在重庆《国民公报》工作时，除负责编排要闻版外，几乎每天都写一篇短评。1945年8月6日，他工作至半夜以后，突然从收音机里收听到美国用原子弹（当时称此弹为"小男孩"）轰炸日本广岛的消息，马上写下新闻稿，刊登在次日的报纸上，是当时最早报道这一消息的人。

陈封雄不仅长于写作，还喜爱绘画。他曾回忆：5岁时，其父从日本给他带回两本儿童画册，还买来小黑板、粉笔，叫他任意涂鸦，有时还捉住他的小手教他画一些简单的东西，可惜第二年父亲就去世了。否则，陈封雄就不仅仅是业余爱好，而有可能走上专业的绘画道路了。

陈封雄的夫人何秀敏，原北京大学附属医院护士长。女儿陈苹，教育工作者，曾任北京市纺织局职工大学讲师。

附：

《一门四杰——陈宝箴、陈三立、陈衡恪、陈寅恪史料》序

大凡历代杰出人物之能垂范于后世者，概由于他们具有中国人的正气与骨气，或曰具有高尚的中国传统道德思想。在此基础上，他们的所作所为必大有益于民且无愧于国，因而为人们所追慕和怀念。我家自先曾祖父宝箴以下四人被故乡修水县尊为"四杰"，当亦由此之故。

先曾祖父一生亲历鸦片战争、英法联军入侵及甲午战争等重大国难，深受帝国主义侵略者蹂躏中国之苦。这些奇耻大辱的惨痛经历，对于他后来在湘抚任内力行新政、举贤荐能、支持国家变法图强无疑有重大影响。1898年戊戌变法不幸告败，"六君子"慷慨成仁，先曾祖父被那拉氏罢黜回乡，不二年突以"微疾"卒于南昌。因此，先曾祖父可谓生于忧患死于忧患的坚贞爱国者。

北宋范仲淹的《岳阳楼记》结句云："居庙堂之高则忧其民，处江湖之远则忧其君，是进亦忧，退亦忧，然则何时而乐耶？其必曰：先天下之忧而忧，后天下之乐而乐乎。噫，微斯人，吾谁与归？"先曾祖父当可列为范文正公所赞扬的这种志士仁人之一。

先祖父三立虽于光绪十二年（1886年）成进士，授吏部主事职，旋以侍父告归，未尝一日居官。先曾祖父在湖南推行新政，先祖父经常从旁赞划，戊戌政变后同被黜落，自兹即隐居不出，"以诗文自娱"而成一代诗家。他表面上虽不问世事，意态消沉，但心中仍充满忧国忧民的爱国情绪，而在诗作中不时有所反映。"九一八"事变时，他卜居庐山，闻

日兵攻占沈阳凶耗，曾彻夜不眠；"七七"事变时，他困居北平危城，不久即卧病且日益沉重以至不起。我随先母先叔寅恪、登恪等昼夜环侍，老人于朦胧间尚询问："廊坊收复也未？"忧国之情于斯可见。因此，先祖父也是生于忧患死于忧患的坚贞爱国者。

先父衡恪幼秉家学，尤其是继承了爱国的家教，发奋向学，专攻艺术，卒成国画大家，兼擅诗书篆刻，中年即享盛名。虽然如此，他一直认为人品应属第一，画艺次之，亦即遵循正义和爱国的为人之道。这种思想都曾在他的诗画中有所表现。不幸，他在壮岁（48）即因传染病辞世，为中国文化界人士所痛惜。

先叔寅恪是我家学识最渊博、享名中外的史学大师。关于他的学术思想、治学方法以及为人处世之道，至今仍是思想学术界的研究课题。他生当前清末世，内政腐败，外患日逼之际。他从青年时代起，游学东西洋各国十余载，广涉古今典籍，探求国家兴衰成败的历史教训。自 1926 年归国后，寅恪叔在动荡不宁的环境中，辗转于各大学执教四十余载。他在国史领域所开创的业绩是前人以及同时代学人不能企及的。他终身致力于捍卫本民族的文化传统和地位，崇奉独立的学术研究。这个原则是他绝对不让步的，亦即他所说的决不"插标卖首"。

近来有人撰文说："凭先生的家世、才学，及在学界的声望和地位，他完全可以像他同时代的有些人那样，由学界步入仕途，或亦学亦宦；或承诏侍讲；或曲学阿世；或学界称霸。如怕有伤清誉，玷污先人，而欲独善其身，亦可乘槎浮海，入外国籍，当洋教授，这些许多人求之不得的事，先生恐怕都不难办到。然而他没有那样做，因为那都是他宁死不愿做的。"（上引文见张汝伦《理想就是理想》，载《读书》月刊 1993 年第 6 期）先叔寅恪晚年曾写道："默念平生固未尝侮食自矜，曲学阿世，似可告慰友朋"。所以他确实可称为现代中国一位"一身正气，两袖清风"式的爱国大学者。然而他却死于知识如粪土的十年"文革"动乱中。他实践了守道以终的诺言，以其崇高的品德为后代树立了一个爱国学者的楷模。他是我家又一个生于忧患死于忧患的人。

我家三代四人之得以青史留名，可以说是由于一脉相承的坚贞爱国主义思想和高尚的中国传统道德修养加上各自奋发不懈的进取精神。他们有生之日虽未能多造福于桑梓，但已广立德于四方。这也许更具有久远的意义与价值，因而已为祖国人民肯定和赞誉。吾乡先哲黄涪翁九泉之下有知，亦当莞尔矣。

政协修水县委此次为纪念我家四先辈，鼎力将他们生平事迹编纂成书，实为一大善举。我谨代表义宁陈氏后人向促成此书出版之诸君子致以诚挚的谢意。

陈封雄

1993 年 7 月于北京

封　猷（1923～2000 年），陈衡恪幼子。1945 年毕业于辅仁大学化学系，曾任大连化学工业公司高级工程师，大连市政协第六、七届委员，九三学社成员。夫人褚宏云，上海人，1950 年上海大同大学化工系毕业，曾任大连化学工业公司高级工程师。

封猷之子陈钢，1982 年大连工学院（大连理工大学前身）化工系毕业，现任大连合成纤维研究所股份有限公司高级工程师；陈钢夫人刘耘，大连市产品质量监督检验所高级工程师。陈钢之子陈彦平，2005 年考入中国科技大学。

封猷之女陈铟，大连市交通公司职工，2006 年 6 月，她随其他陈氏后人一道，回修水寻根祭祖。

小　从（1923～2017 年），陈隆恪之女，中央美术学院肄业，后在武汉任中学美术教师，1980 年退休。1958 年，陈小从与武汉水利电力学院（2000 年并入武汉大学）教授彭旭麟结婚。彭旭麟的父亲，即著名的国民党左派彭素民（1885～1924 年），为同盟会第一批会员，曾任孙中山总统府秘书、国民党中常委、总务部长、农民部长等，与早期共产党人毛泽东、周恩来、瞿秋白、林伯渠等关系密切。2011 年 3 月，在广州大元帅府纪念馆举办了"彭素民先生生平史料展"，"史料展"有单行本汇编材料，展出史料包括毛泽东、周恩来写给彭素民的汇报各自工作情况的信札手稿，极为珍贵。

小从先生幼承家学，语文功底较深厚，前面所录《同照阁诗钞》编后记及《故乡行》组诗，即可见其功力。同时亦善画。抗战时期避战，随父母居萍乡外祖家，当地举办书画募金赈灾活动，小从即以"汲井图"参展。15 岁时，父母就教以作诗方法，尤着重以求意境、弃文饰为要求。"吾母画荻课经史，吾父把手教平仄"，即为当时秉承家教的写照。陈声聪在《荷堂诗话》一书中，评价小从的诗"约略有唐人风致"，"名德之后，诗教并传及诸孙女，

信泽长而流远也"。胡迎建在《近代江西诗话》一书中，在评论小从的《故乡行》组诗时，称其"诗得其家传，况出自至性至情，有若天籁"。

湖北省赤壁一中语文教师俞启崇（1926～1993，陶渊明研究专家、诗人）在《柳风亭集》一书中有《人随黄叶散，我为白云留——略谈女诗人陈小从的诗词》一文，评价小从的诗词是"词含风雅，义兼比兴，写得含蓄蕴藉，深得诗教温柔敦厚之旨，毫无一般人所容易犯的嚣突叫嚣、矫揉造作的习气"。其诗如"一泓清水，清澈见底，具有它独特的美"。如她经数年避寇后于1946年重回庐山时所作《匡庐山居秋日遣兴二首》：

其一

一雨顿知秋，山寒木石幽。
人随黄叶散，我为白云留。
境静能迟客，松高不碍楼。
何须重借酒，倚立自忘忧。

其二

八载流离苦，归来喜可知。
四山围落日，一壑响松枝。
径僻人行少，山深月上迟。
憧憧无限思，微雨夜灯时。

郑叟兰无土，山人敢爱家。
一腔宗国痛，几树笔生花。
有弟能同趣，佯狂耻种瓜。
清云逸韵远，百代仰清华。

——留题青云谱八大山人纪念馆

万松挦雾作冰芽，负曝晨熹喜可赊。
了识身心如幻后，何妨病眼看空花。

——庐山雾凇

以下录小从先生词《水龙吟·春节》：

又逢腊尽江城，天公作美如人意。收清宿雾，劝回瑞雪，放晴天气。会友招朋，添灯照夜，人欢除夕。也蒸糕酿酒，权随俗习。情怀淡，知老矣!　　欣看儿辈嬉戏,乍唤醒,多少回忆。灯舞长龙,花喧夜市,旧游堪记。不怕霎丝,但祝春好人一聚。待诗怀再整,霜毫染就,写春光媚。

真乃"绝妙好辞"! 俞启崇先生直称此词有李清照《永遇乐》的韵味情怀,胡迎建先生更称其"有如古之班昭、蔡文姬之流"。

小从先生的文章也写得极好,除以上介绍其父时附有她的《同照阁诗钞编后记》一文外,特将原《义宁陈氏五杰》之序附后:

1994 年,修水县政协文史委编纂出版了《一门四杰——陈宝箴、陈三立、陈衡恪、陈寅恪史料》一书。这是一部首次将我家先辈生平事迹推介于世,原汁原味,乡土气息浓郁的地方文史资料。在义宁陈氏家史研究上,具有"筚路蓝缕,以启山林"的奠基意义。

是书问世十二年来,世事推移,人文日新,陈学研究园地发生了很大变化,其中有几件事不可不说。一是故里修水县政府在县城建立了"陈氏五杰纪念广场",在"四杰"的基础上,加入先堂兄封怀的事迹。这比出版《一门四杰》的资料集又进了一步,"五杰"的事迹在家乡父老中口耳相传,"五杰"的称谓从此名成义立。二是先六叔寅恪夫妇的骨灰安葬庐山,魂依故土,应是寅叔最好的归宿。三是三联书店《陈寅恪集》、上海古籍出版社《散原精舍诗文集》、中华书局《陈宝箴集》的出版发行,为学界研陈提供了文本材料。四是学术界研陈层层深入,新材料、新成果不断涌现,研陈更加学术化,加强了科研的分量。

为适应形势发展的需要,修水县政协决定将原书增订再版,将书名改为《义宁陈氏五杰》,与"五杰广场"互相呼应,并命我作序。按 1994 年初版之序,系先堂兄封雄手笔。此文对于传主的志业成就、节操风骨,均有论说,陈义甚高。我虽欲重写新序,势难超出原序之藩篱,爰就我家三代人生于斯、歌于斯,美轮美奂之散原精舍别墅内大家庭,做窥豹一斑之初探。

自 1900 年春,先祖挈家从南昌迁居南京,寄寓江南达二十四年之久,此时父叔辈正值可塑性强的青少年时期。先祖之教子,有异流俗,恒与塾师约:第一,不打板子;第二,不背书。父叔在这种宽松自由的授读氛围里渡过了启蒙这一关。当时先祖在士林位望甚高,所交往之人事关系,几乎罗尽一时俊杰,可谓"座上客常满","谈笑有鸿儒",诗酒文会,

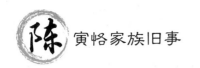

几无虚日。父叔辈处于这样的书香尔雅的大环境中，耳濡目染，近朱者赤，遂奠定持身处世、志学专攻的大方向。

再进一层一探阃帏：俗语男主外、女主内。这近百人口之旧式府第，全仗先祖母俞太夫人支撑调度。先祖母之治家，形成了一种既严谨肃穆，又孝悌和谐之家风。家中无赌博，无喧哗斗口者。其御下亦宽严相济，阖府上下虽有丫鬟多人，但她们的境遇却可与小康人家之闺女相埒，常日只伴陪主人绣花读书，端茶续水，事务轻松（粗重之活，则另有仆妇担任）。及至婚嫁年龄，则为之择一家境清白殷实，婿有一技之长可以自立者，并赠妆奁，婚后走往如亲戚。她们之中，没有像《家》中的鸣凤，被主人当作"礼品"赠人作小星，更没有《红楼梦》里习见的被家主侮弄、收房等凄凉结局。用一句现代话来说，她们的人格受到充分尊重。

上述往事，因忆先慈曾屡屡谈叙，深为感佩祖父母之严明宽仁，因之特为标出，以为家史资料之补充。

在举世滔滔，中华传统优良文化正面临式微末运之时，而金陵散原精舍这一方沃土，却能硕果累累，人材辈出，这是否出于清醇敦厚之家教起着涵润催化之功呢？

最后，谨向为此书的增订再版付出辛劳之各位乡贤致以由衷谢忱！

陈小从

2005 年 11 月于武汉

陈小从退休后为江西诗词学会理事，其诗词常在《江西诗词》发表。此前从刘经富处闻知小从先生《吟雨轩诗稿》即将出版，真是诗词界、文史界的喜讯。

从 20 世纪 80 年代末以来，有关专家学者和故乡修水的有关部门和个人，因研陈之需，经常向小从先生请教问题和索取资料。小从先生克服年老体弱的困难，不厌其烦，乐于助人。自己还多年寻寻觅觅，孜孜矻矻，于 2004 年和 2006 年，先后出版了《图说义宁陈氏》和《松门别墅和大师名流》。两本书中收集了丰富的历史照片，并配上优美的诗文，具有较高的史料和艺术价值，为了解义宁陈氏提供了弥足珍贵的史料。

陈隆恪夫妇在小从出生前，曾有 5 个孩子未存活。小从也是不足月出生，生时不会哭，不睁眼，不会吮吸，体重仅两斤半。因为太弱小，像只"小虫"，之后就取谐音名"小从"。小从先生从小身体很差，因此没有经过完整而正规的学校生活，主要是秉承家教。1950年的某一天，李一平邀李四光同去参观徐悲鸿画展，刚好在展厅碰见徐悲鸿。三人是老相识，就随便聊了起来。时值初夏，天气有点热，李一平将随身所带的折扇打开扇了起来。徐悲鸿见扇面上有幅画，便接过来一看，说："这幅画不错，有点功力。"李一平问："你知道这是谁画的吗？"徐说："我怎么知道？""你还记得散原先生经常带在身边的那个小女孩吗？""记得。""这就是她画的。""啊，是她画的？不错，不错。"徐悲鸿连声赞扬，李一平和李四光说："既然你认为画得可以，就收她做个学生吧。""那好，就叫她来吧！"徐悲鸿当时是中央美术学院的校长，答应个把学生的权力是有的。于是小从先生就到中央美院学习了，只因父母经常生病，小从自己身体也很差，学习一年多就回去了。

流　求（1929～　年），陈寅恪先生长女，1953年毕业于上海第一医学院（现为复旦大学上海医学院），分配在重庆610纺织厂医院工作，1961年调成都第二人民医院内科工作，主任医师，1992年退休。夫婿董有松，机关干部。有女三，名景宜、景同、晓红。

小　彭（1931～　年），陈寅恪先生次女，1953年毕业于岭南大学（1952年院系调整时并入中山大学）农学院园艺系，分配到海南工作，后调入中山大学生物系任教，20世纪80年代退休后，与丈夫林启汉先生（教师）在香港居住。有子一，名日晖。

美　延（1937～　年），陈寅恪先生小女，出生5个多月即在襁褓中随父母逃难。在成都时，寅恪先生身体很差，经济又困难，有时还典当衣物维持生计。夫人很着急，便买了一只较便宜的跛脚母羊饲养，挤点羊奶给寅恪先生补充营养，因两位姐姐都要上学，所以"小羊倌"的职责就落到美延身上了。她每天在附近放羊，还捎带扒些落叶、捡小树枝回家当柴烧。1961年，陈美延毕业于上海复旦大学化学系，先分配在中山医学院工作，后调入中山大学化学系任副教授。夫婿许台庄，教师，已病故。有子女各一，子名苍山，曾就读于中国科技大学，现在美国工作；女名郁葱，在上海工作。2006年6月，许郁葱陪同母亲随陈氏后人到庐山、修水竹塅祭祖。

陈寅恪先生三位女儿的名字都有说道。陈宝箴父子对于甲午战争中国战败、割让台湾、澎湖等领土给日本是痛心不已的。加上寅恪夫人唐篔的祖父唐景崧曾为台湾巡抚，因了这些原因，所以长女名"流求"，因台湾古称"流求"（琉球）；次女名"小彭"，隐喻台湾海峡中的澎湖列岛（古时"彭""澎"

二字可通用）；小女名"美延"，则是散原老人根据《荀子·致士》中"得众动天，美意延年"之意而起名的。

据张求会先生在《陈寅恪、唐筼骨灰安葬侧记》一文中介绍，"文革"结束后，流求和美延二位就作了分工。流求主要负责父母骨灰的安葬，美延主要负责搜集父亲散失的文稿，准备在原基础上整理、出版父亲的文集。这两件事，对于年老体弱的姐妹俩来讲，都是难度极大的事情。首先寅恪夫妇骨灰安葬的事，中间的波折一言难尽，张求会先生将此事大概地介绍一下（即《陈寅恪、唐筼骨灰安葬侧记》一文），就写了近 6000 字。至于寅恪先生文稿的搜集，面广量大，且姐妹俩又都不是学文史的，要搜集、整理父亲的鸿篇巨制，其难度难以想象。所以当 13 部 14 册 7000 余页 300 余万字的《陈寅恪集》出版时，姐妹俩"百感交集，真不知何以表述其经过于万一"。

除此之外，姐妹三人还为研陈者提供资料，撰写了《回忆我家逃难前后》《忆先父陈寅恪在成都燕京的日子》《童年回忆点滴》《缅怀刘节先生》《我们的父亲陈寅恪》等文章，并于 2010 年由三联书店出版了 18 万多字、150 幅珍贵图片的《也同欢乐也同愁——忆父亲陈寅恪母亲唐筼》一书。

星　照（1936～　年），陈登恪之子，谱名封烈。陈星照生于 1936 年农历七月初七，乃牛郎织女相会的日子，散原老人特地为这个孙子起名"星照"。

陈星照于 1958 年毕业于武汉华中工学院（1988 年更名为华中理工大学）动力系热能动力装置专业，学习期间，成绩优秀，是当时数千名学生中唯一全部课程获得五分的学生。毕业后在上海汽轮机锅炉研究所工作，主要致力于燃煤无烟燃烧的技术研究。1972 年美国尼克松总统访华，尼克松当时兼任全美环保委员会主席，在参观北京环境时，曾建议周总理注意环保工作，特别是首都的烟尘污染。周总理对这一建议十分重视，责成万里同志主抓此事，万里将当时正进行这项研究的陈星照调至北京，组成专门工作组，开始了以北京市烟尘治理为主的科研开发及环保治理工作，为我国开辟节能环保产业迈出了第一步。他先后在建筑科学研究院采暖通风研究所、北京市环保局工作。曾任北京市环保局副总工程师、北京市环保技术设备中心总工程师、北京市节能环保技术研究中心主任兼总工程师，1989年晋升为教授级高级工程师。

陈星照在几十年的工作中，一直专业从事节能、环保技术设备的开发研制工作，曾获得全国科技大会奖、全国发明奖、机械部及北京市科技奖。自

1984 年后，共获发明及实用新型专利 40 余项。他研制出大量的节能环保产品、新技术，在全国得到广泛应用。他在环保工作中首先提出了消烟、除尘的理念，是我国燃煤炉窑消烟节能燃烧设备——双层炉排、往复炉排、下饲式炉排、旋转式炉排及双层炉排燃烧热水采暖炉、双层炉排燃烧蒸汽锅炉、往复炉排热水锅炉及铸铁锅炉、热风炉等诸多节能环保热能设备的主要开发设计者。1996 年退休后，继续为节能环保科研生产部门主持技术开发工作。特别是他经过多年精心研究，于 2005 年开始，推出了燃煤洁净化燃烧锅炉，该产品同时在多家生产厂试制成功。经权威单位对十余台多种规格炉进行热工、环保性能测试，并经用户使用，节能环保效果十分理想。该技术集制气、点火、燃烧、传热、脱硫、除尘系统为一体，创造性地解决了结构紧凑、使用成本低、排放性能好、运行安全、控制方便等一系列问题。它不仅可以在常压、有压整体炉及工业炉窑上应用，而且可以用于原燃煤、燃油炉的改造，非常适应我国当前形势，具有十分广阔的市场前景，该技术已获得四项国家专利权。2007 年经过多次专家评议，被国家发改委节能信息传播中心推荐为最佳节能技术，并获国家环保产品认证，国家质检总局也列为重点节能项目。1987 年被评为北京市有突出贡献专家，当年 7 月 14 日，北京日报头版头条以《五十年代大学毕业生陈星照不坐机关蹲基层，艰苦实践结硕果》为题，以近 800 字的篇幅，介绍了他"二十年来主持设计四十一个系列、一百二十六种规格新产品"的先进事迹，并配上一篇 400 余字的短评：《人民期待着》。1992 年享受国务院特殊津贴，并荣获首都劳动奖章。

陈星照早在 1956 年就加入中国共产党，因涉嫌"同情右派"而取消预备党员资格。1987 年恢复党籍，同年被选为代表，参加 12 月召开的北京市第六次党代会。

陈星照的夫人殷惠君，医务工作者。

陈星照之子欢明，天津师范大学生物系毕业，先在天津师范学校任教，现在天津市实验中学任教，高级教师；欢明的妻子陈惠雯，女陈晨。

陈星照和欢明、惠雯、陈晨，2007 年 9 月参加了凤凰县"陈宝箴世家博物馆"开馆仪式。

陈星照长女欢平，原武汉大学化学系助理工程师。

次女欢欣，北京师范大学音乐系毕业。

贻　竹（1941～　年），陈封怀次子，1966 年毕业于广州中山大学植物生

理专业，被分配在湖北省宜昌市气象站工作。1974 年，为便于照顾年迈父母
而调广州华南植物研究所。1982 年至 1984 年，在澳大利亚"澳洲联邦科学与
工业研究组织"留学，1996 年至 1998 年在菲律宾"国际水稻研究所"任访问
学者。陈贻竹主要研究方向是植物生理，曾任华南植物研究所生理研究室主任、
农业与资源研究中心主任、研究员、博士生导师，华南植物研究所学术委员会
委员、学位委员会委员（由中科院发文），多次在国家学术刊物上发表论文。
夫人罗广华，是陈贻竹在中山大学的同学，为华南植物研究所研究员。夫妇俩
均已退休。有子女各一，子名海羿，女名菊羿，都是从事计算机行业。

近年来，贻竹先生积极参加有关陈氏家族的各项活动，并整理父亲的文
稿、画作。

在各位研陈者的专著和文章中，介绍陈氏后人，都是顺着陈宝箴到三立
到衡恪兄弟这一支往下写，极少涉及陈宝箴次子三畏及其后人。修水政协先
后两次编写陈氏史料，在"四杰""五杰"之外也只简介"三立芳裔"。2005
年，在修水县召开的"纪念黄庭坚诞辰 960 周年研讨会"期间，刘经富先生
认识了天津来的陈云君先生，刘依稀记得郑逸梅的《艺林散叶》一书中提起
过陈家有一后人陈云君在天津，遂与陈云君交谈，后又经陈小从回忆，三人
将情况凑到一起，确认此陈云君就是陈三畏之孙、陈覃恪之子。此后，陈云
君参加了修水竹塅、凤凰、庐山等地的陈氏后人的祭祖及各种纪念活动。现
将陈云君简介如下

云　君（1946～　年），谱名封桐，著名学者、教授。陈三畏之孙，久
居天津。现为中华诗词学会常务理事、天津中华诗词学会会长、河北省佛
学院客座教授、著名茶文化专家、中国书法家协会会员。曾任天津东方艺
术学院副院长、天津茂林书画进修学院常务副院长、天津中华文化学院教
授、福建电视大学教授、天津书画院院长。幼承家学，及门诗词古文学者、
书法大师吴玉如，学习古典诗词和书法，并亲近巨赞法师、梁漱溟先生，
于佛学、诗词、书法、绘画潜心研习 40 余年。书宗晋人，画追四王。先后
在国内及日本、韩国、新加坡、港台地区举办多次展览、讲学，均获盛誉。
在国内外先后出版《中国书法史论》《书法美学纲要》《中国书法技法概论》
《陈云君诗书画选集》《陈云君七言绝句选》《尚有所住集》《书谱解》《九
成宫抉微》等著作。

陈云君知道自己是陈宝箴的曾孙后，曾说过，如果我有很深的造诣，不

必是陈家人，也能出名；如果我一点学术价值也没有，就算是陈家人，又能怎样？

不倚仗先人的业绩、声望作为自己的资本，陈云君不愧为名人之后。

注　释：

【1】徐一士《一士类稿》，见《散原精舍诗文集》第 1203 页。

【2】《一代宗师陈三立》第 15 页。

【3】文廷式《闻尘偶记》，见《史家陈寅恪传》第 15 页。

【4】《陈寅恪的家族史》第 225 页。

【5】郑逸梅《艺林散叶》第 1338 条。

【6】《一代宗师陈三立》第 106 页。

【7】《陈寅恪的家族史》第 249 页。

【8】《陈寅恪的家族史》第 252 页。

【9】吴宗慈《陈三立传略》，见《散原精舍诗文集》第 1195 页。

【10】《义宁陈氏与庐山》第 33、34 页。

【11】《义宁陈氏与庐山》第 101 页。

【12】《清末四公子》第 134 页。

【13】《清末四公子》目录页第 2 页。

【14】《学人魂·陈寅恪传》第 6、7 页。

【15】《汪辟疆说近代诗》第 52 页。

【16】《陈方恪先生编年辑事》第 7 页。

【17】《散原精舍诗文集》第 1222、1224 页。

【18】《散原精舍诗文集》第 1216 页。

【19】《散原精舍诗文集》第 1225 页。

【20】《散原精舍诗文集》第 1214 页。

【21】《散原精舍诗文集》第 1218、1197 页。

【22】《散原精舍诗文集》第 1198 页。

【23】《散原精舍诗文集》第 1199 页。

【24】《散原精舍诗文集》第 1126 页。

【25】《散原精舍诗文集》第 1128 页。

【26】《史家陈寅恪传》第 20 页。

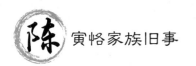
【27】《近代江西诗话》第 135 页。

【28】见《义宁陈氏与庐山》第 79~81 页。

【29】见《义宁陈氏与庐山》第 82~83 页。

【30】见《义宁陈氏与庐山》第 87~88 页。

【31】见《图说义宁陈氏》第 58 页。

参考资料：

[1] 胡迎建著，《近代江西诗话》，百花洲文艺出版社，1994 年 8 月版。

[2] 吴定宇著，《学人魂·陈寅恪传》，上海文艺出版社，1996 年 8 月版。

[3] 《汪辟疆说近代诗》，上海古籍出版社，2001 年 12 月版。

[4] 陈三立著，李开军校点，《散原精舍诗文集》，上海古籍出版社，2003 年 6 月版。

[5] 陈小从著，《图说义宁陈氏》，山东画报出版社，2004 年 2 月版。

[6] 刘经富著，《义宁陈氏与庐山》，中国文史出版社，2004 年 9 月版。

[7] 汪荣祖著，《史家陈寅恪传》，北京大学出版社，2005 年 3 月版。

[8] 胡迎建著，《一代宗师陈三立》，江西高校出版社，2005 年 12 月版。

[9] 潘益民著，《陈方恪先生编年辑事》，中国工人出版社，2005 年 12 月版。

[10] 陈小从著，《松门别墅与大师名流》，江西美术出版社，2006 年 6 月版。

[11] 俞启崇著，《柳风亭集》，台海出版社，2006 年 12 月版。

[12] 张求会著，《陈寅恪的家族史》，广东教育出版社，2007 年 6 月版。

[13] 王忠和编著，《清末四公子》，东方出版社，2008 年 10 月版。

第四章 书画大师——陈衡恪

一、生平事略

陈衡恪（1876～1923 年），乳名师曾，后遂以"师曾"为字，陈三立长子，于光绪二年（1876 年）二月十七出生。他是近代著名画家，民国初年便名扬京城和海内外，同时篆刻、书法、诗文兼长。其作画的笔名有"槐堂""朽道人""朽者"；篆刻常用"唐石簃""染仓室""安阳石室"等笔名。很多作品则直接用"义宁衡恪""修水陈人"印章。

陈师曾 5 岁即丧母，"于是衡恪夕依余母（祖母）寝，朝就余父（祖父）识字说训诂"，[1] 由祖父母抚养。他幼即聪慧，光绪七年（1881 年），年方 5 岁，一次，随祖父母游西湖，看见水上盛开的荷花，非常喜爱，情不自禁地用手指在轿上比比画画。回家后，赐以纸笔，他能将荷花画得有模有样，从此便热爱绘画了。他 10 岁能作诗文，短章断句，便初显天分。祖父陈宝箴不避"溺爱"之嫌，常在宾客面前夸奖师曾。

1898 年，陈师曾在南京入住江南陆师学堂之附设矿务学堂，次年元月鲁迅亦转来该校读书，从此二人结交。1901 年，陈师曾入上海法国教会学校学习。1902 年春，陈师曾和其弟寅恪，由江南督练公署派遣，赴日本留学。陈师曾先入东京弘文学院学习，同入该校的又有鲁迅先生。1904 年秋，陈师曾入高等师范学校，习博物科，其间与杨昌济先生（杨开慧之父）同住一室。1909 年夏，陈师曾毕业回国，曾短时间任江西省教育司长。第二年，应张謇之邀，任南通师范学校教员。1913 年 2 月，任湖南第一师范学校教员，同年

秋赴京入教育部，任图书编辑，并兼任北京高等师范学校手工图画科教师、北京女子师范及女子高等师范博物科教师。蔡元培任北大校长时，大力提倡美学教育，并于1918年年初成立北京大学画法研究会，聘请陈师曾为中国画导师。1919年起，又任北京美术学校及国立美术专门学校国画教授。

1922年春，应日本画家荒木十亩和渡边晨亩之邀，陈师曾和金拱北携作品赴东京参加"中日联合绘画展览会"。他的画作受到国外美术界的好评，"即海东西诸国，类有嗜而购致者，"被国外高价抢购一空，为国家和自己争得了荣誉。

1923年秋，陈师曾因病逝世，年仅48岁。对于他的英年早逝，中外美术界均深表痛惜。1925年，陈师曾被安葬于杭州西牌坊山其继母俞夫人之墓侧。

陈师曾婚娶三次。先娶通州范肯堂之女范孝嫦，生子封可、封怀。范孝嫦不幸于1900年病逝，年仅25岁。继娶江苏吴县汪凤瀛知府之女汪梅未，字春绮。汪氏善诗词，兼善绘画，有一首词入选叶恭绰主编的《全清词钞》，1913年年底，汪氏又因庸医误诊不幸病逝，年仅31岁，鲁迅、许季上、钱稻孙等在京的文化名流送挽联致哀。陈师曾的第三位夫人，是1916年由杨昌济先生介绍，乃长沙名士、湖南湘潭候补知府黄昭奎之女黄国巽。[2]黄国巽是湖南最早的留日女学生之一，1905年，与其姊黄国厚同赴日本，曾与"鉴湖女侠"秋瑾同学。黄氏生子封雄、封举、封邦（封举、封邦早殇）、封猷。陈师曾英年早逝后，黄国巽未再婚嫁，含辛茹苦地抚养后代。

二、书画大师

陈师曾10岁时，在长沙师从尹和白先生学画。尹和白先生原名金阳，擅画花卉，尤善画梅，齐白石曾有诗"雪冷冰残肌骨凉，金农罗聘逊金阳"以赞之。陈师曾后来在花卉画上的杰出成就，尤其是别具一格的梅花，是与在尹和白先生处所受的良好早期教育分不开的。15岁时，陈师曾又师从著名画家胡沁园、王闿运。[3]1910年在南通师范学校任教时，陈师曾又经常去上海，得著名书画篆刻家吴昌硕亲授。[4]后在北京的10年中，陈师曾又与当时文坛、画坛的著名人士鲁迅、姚华、金城、王梦白、胡适、梁启超、黄节、黄宾虹、蔡元培、汤定之、余绍宋、陈衍、颜伯龙、杨潜庵、周养庵、齐白石、萧厔泉、萧谦中、陈半丁、溥心畲、罗雁峰、凌直支、杨令茀、孙诵昭、林宰平、徐悲鸿、贺履之、李毅士、罗瘿公、罗敷庵、陈彀庵、曾刚甫、黄孝觉、林琴南、吴镜汀、徐燕荪、徐宗浩、郑锦、胡佩衡等均有交往。[5]

山水画

陈师曾的画，主要成绩和贡献是山水画。他的山水画，先学龚半千，继学沈石田，后又学石涛，并参各家之长，融会贯通，而不拘泥于一师一派。因此，他的山水画既见笔力之刚劲挺拔，又显得柔和温润。是刚中有柔，避免硬而无神；又柔中有刚，不是软而无骨。这种别开生面的风格，使当时的山水画从清初"四王"（"四王"指王时敏、王鉴、王翚、王原祁，其画尚古，但之后渐趋程式化，缺少创新）的桎梏中解放出来，开辟了一条新路。他说："四王派的画遍天下，我们必须另寻门径、别树一帜，方能出人头地。若随波逐流，阿世所好，不但不能越过王派中的首领，恐怕也未必能赶上王派中的徒弟"。[6]陈师曾的弟子俞剑华说，陈师曾山水画的基本风格是"树木穿插似黄子久，山势重叠似王叔明，苔点圆浑似吴仲圭，笔清坚硬似沈石田，皴法简单似李流芳。集合诸家之长而独具面目，并不专似某一家。无论画树画山，全用中锋篆籀之笔，加以勾勒，笔深见笔力。就是皴法也是纯用中锋圆笔勾勒，仍然有笔，无一含混，绝不侧擦卧拖。画完之后也不用水墨烘染。因为要突出用笔，对于用墨就比较简单，也很少设色，大有粗笔白描山水之感"。[7]

陈师曾还善于用写生的方法画庭院小景，笔简意足，画小境大，构图设色，各具匠心。这或许是他早年随祖父宦游及以后留日学习时，就爱留意观察名山大川、奇石异物，故胸中之丘壑，早已储藏丰富。他还运用西洋画法，对透视、解剖、色彩等诸般新技，能娴熟运用。因此，他画山水，愈画愈奇，既仿前人之笔，更将新法学而化之，予以创新。如他所绘的长卷《趣园图》，图中花卉茂密，楼台巍峨，流水潺湲，虹桥曲折，假山玲珑，俨然一幅"苏州园林"小景。

花鸟画

他画花鸟、花卉的成绩也很突出。花鸟学吴昌硕到了神形逼似的程度，但他并不满足，而是精益求精，并独具创见，直至青胜于蓝，深得吴昌硕的称赞。他也学过徐青藤（文长）和"扬州八怪"的画法，并从中悟出新意。在写生手法上，他融化出一种大写意的新风格，用笔健爽，用墨能燥湿浓淡任意挥洒，用笔则厚郁娇丽，生动自然。此外，还学过华新罗、赵

撝叔、吴让之等人的画技，尽取多家之长。总之，他学古人而不拘泥于古人，取古人之精华，又保持自己的特点。因此，识者一看他的画，既能辨出有学某师的神韵，又能明显看出具有他自己的独特笔调，这就是陈师曾的过人之处。他还善于在博古图上补插花卉，如在《暗香在鼎》一幅博古图的拓本上，插画梅花数枝，横斜挺拔，更显古趣盎然，这可以说是他的创新之一。

画梅、兰、菊、竹，也是陈师曾的特长。他的兰竹在近代画家中是很少有人可以和他相比的。他作有《画梅歌》长诗一首（全文见"艺术见解"一节），说画梅虽有众多家数，并各有师承，风格各一，但"我今画梅无所本"，他并未专学一家，而是从造化中得来，"何当醉卧梅花下"，主要是从仔细观赏真梅花着手。在另一篇专论画梅之法的文章中，他又说："文人弄笔，不拘成法，任意为之，自饶清逸；努掠太甚，或流粗犷；软媚取姿，则病纤弱；梅之风格，失之远矣。总宜奇不伤正，怪不伤雅，乃称佳作。"[8] 好个"奇不伤正，怪不伤雅"，这就是他在总结前人优缺点的基础上，提出自己的主张。他画梅，兼画红梅、白梅、腊梅，且最能画出腊梅的特质，这也是历来画腊梅者所不及的。

他画兰，超过老师吴昌硕，可与郑板桥、李晴江、石涛等相媲美。或独画兰，或兰竹并画，而更多的是兰石相配。用笔婉转圆润，潇洒流利，极能表现兰花迎风摇曳的美姿，显得多而不乱，飘而不弱，挺而不僵，融汇众长，独开生面，在近代兰花艺苑中独树一帜。他在扇面画兰，常有题词，词中多有狷介自好、不同流合污的警语颂词，反映了他人品的高洁。

他画竹是多面手，无论墨竹、新竹、雨竹、晴竹、风竹，既形肖又韵美，精于着笔濡墨，风晴雨露，变化多端，绝不程式化。其原因，一方面他能广泛吸收历代画竹专家的画法，另一方面又能对多种竹子的生长状态进行入微的观察，同时还运用书法上的篆籀草隶等笔法，所以画竹石扇面，尤其别具格调：或淡石浓叶，或竿淡叶疏而石突出，皆显清逸情趣。正如他在一幅画中自题："长夏偷闲，为此君写照，觉清风生我肘腋间也。"这般情趣，令赏画者亦有"清风生我肘腋间"之感。另一幅题为《悬崖带雨垂垂绿》的竹画，仅画横竿两根，横枝两条，用饱蘸水分的笔画垂叶，使人看去，真觉其含雨欲滴。姚茫父是一位有成就的画家，而且此君从不轻易颂扬别人的作品，但他看了陈师曾的这幅画，却题诗赞曰："垂垂雨叶仍荒索，屈铁为干墨尚寒。画史几人同写竹，槐堂去后不堪看。"槐堂去后不堪看"，姚氏竟将陈师曾的画竹推崇到后无来者的地步，从中亦可看出他画竹的格调和技巧。

陈师曾画菊，又博习古人潇洒的风度，既具有吴昌硕浑厚的情趣，更将其笔下的菊花升华为君子的高洁品质。如他为"南孙仁兄先生"所作的立轴图《菊》，在题画诗中便将秋菊比之陶渊明和屈原："彭泽爱佳色，灵均餐落英。微物有至性，孤芳保坚贞。如何千载后，假尔托高名？"

除花鸟画外，陈师曾也画过动物画，同样也表现出文人画的特点。在《旧墨记·世纪学人的墨迹与往事》（鉴赏收藏家方继孝著，北京图书馆出版社，2005年）一书的第104页，有以下记载：

在我收藏的文人画中，自己最喜欢两幅，一幅是林纾的山水，一幅是钟泰旧藏陈师曾所绘的国画。是画因无钟泰上款，是否为陈师曾所赠不得而知。这幅画设色纸本，草泽之中有一条红蛇昂首向前，有所向披靡之势，笔简意饶，形态逼真，颇有意境，显露出典型的陈氏水墨画风格。此画配诗一首曰："赤帝白帝谁英雄，同是盘旋草泽中。夜深提剑偶然行，气盖山河歌大风"。其中提到汉高祖刘邦的故事：一则是高祖醉斩白蛇，另一则是刘邦的《大风歌》。虽然落款书"师曾戏笔"并钤有一"游戏"之印，但我们可以从其题材的选择中看到他独特的笔墨趣味与他对现实的思考，并由此对"文人画"有了更深的认识。

……中国的文人画，过去因缺少哲思，加上文人的孤芳自赏，不被世人看重。自陈师曾起，面目一新，打破了旧的套路，开辟了新途径。

人物画

在人民美术出版社出版的《陈师曾书画精品集》、荣宝斋出版社出版的《荣宝斋画谱·陈师曾绘花鸟山水部分》、人民美术出版社出版的《陈师曾画铜》、河北教育出版社出版的《陈师曾》等画册中，收集有陈师曾的画作300多幅，其中人物画的数量不是很多，但在我国近代绘画史上的影响却是十分深远的。这主要表现在两个方面，一是生动、深刻地表现当时的社会生活，二是开创近代中国漫画之始源。

表现社会生活，最著名、影响也最大的当然首推于1914～1915年间（有的文章说作于五四前后，有的文章说是作于1921年前后，笔者此处用龚产兴先生的说法）他所作的34幅《北京风俗图》，研究明清书画的朱万章先生，

认为此画"堪称史诗式的艺术佳构"。【9】

陈师曾虽出身于官宦人家,且留学多年,属于所谓的"上层人物"。但他并不是热衷于风花雪月、才子佳人之作,而是把目光投向下层,关注街头巷尾社会底层五行八作的各式人物,"画人之所不画",画出了一批具有史料意义的风俗人物画。作为世家子弟,又在教育部任职,同时又在几所大学兼职教授的陈师曾,能作一批如此深刻地反映劳苦大众生活的作品,除了美术上的创新意义之外,更难能可贵的是他关心社会底层人物的思想感情。所谓风俗人物画,是陈师曾以速写和漫画的手法,反映当时北京社会底层习见的风俗人物,特别是劳苦大众,诸如拉人力车的、卖水果的、说大鼓书的、唱留声机的、捡破烂的、掏粪的、拾废纸的、弹三弦的、敲丧门鼓的、赶驴的、卖切糕卖烤白薯的、测字算命的、看相的、讨饭的、磨剪刀的、卖糖葫芦的等等,各种人物几乎应有尽有。这种画,虽然着笔不多,却情态逼真,神气活现,使当时劳苦大众的生活状况跃然纸上。凡熟悉当时北京风俗人情的老人,一看此图,便如身历其境。然此等习俗,距今近百年,已经消失,今日迨不可见,故成为珍贵的历史遗迹。

北京风俗图具有鲜明的社会意义。如一幅题为《墙有耳》的画,画面以茶馆为背景,厅堂里数人围坐饮茶,状甚沉默。厅堂正墙上贴一红条,赫然现出"莫谈国事"几个大字。厅堂的木板墙外立二人,有一人耳贴板墙上部的木栏栅,似在窃听饮茶人的谈话。一看此画,便使人立即感觉到,赤县神州虽然"民国"了,但在袁世凯政权的统治下,人们的精神生活陷入窒息,完全没有言论自由,老百姓整天提心吊胆地生活在恐惧的阴霾之中。

另一幅《人力车图》画的是在冬日的北京,天气阴暗,寒风凛冽,一黄包车车夫低头弓腰,顶着寒风和尘土疾步向前奔走;车上的乘客,头上裹着围巾,身上穿着厚厚的棉衣,腿脚还包着毯子,而围巾又向后飘起,既显车行之快,更使观者体会到当年"骆驼祥子"们的艰辛。

《北京风俗图》除作者自题"墙有耳"外,其余皆由陈师曾好友陈大镫、程穆庵、何宾笙、金拱北等作句题跋,俱极风趣。【10】1926年《北洋画报》连载,反响极大,叶恭绰称此册"留存天壤间,将永不能灭",并谓"朽道人将终不朽"。2002年11月,京华出版社出版《中国名画全集》,画集从新石器时代的"仰韶文化半坡彩绘"起到现代止,共收集具有历史代表性的中国名画1000余幅。在该集的第958页,即刊有陈师曾的《墙有耳》画作,并附有他的生平简介及对该画的评价。这本画集，将漫漫数千年的华夏名画集于一册，陈师曾即占有其中的一席之地，由此亦可见他的作品在中国绘画史上的不朽价值。

2003 年出版《北京风俗图》画册，在"出版说明"中杨良志介绍："陈师曾的这部册页，在他逝世后辗转相传，张志鱼在跋语中说：梁启超曾以七百金购藏，日人某又出千金索骥，未能如愿。册页后来流落民间。二十世纪五十年代由国家收购，转收藏于中国美术馆。……二十世纪八十年代，根据李一氓[11]的建议，北京古籍出版社出版了《北京风俗图》，惜乎印数太少，至今已颇难见到，许多文化界人士及国际友人百计寻之而不可得。"可喜的是，在 2004 年人民美术出版社出版的《陈师曾书画精品集》中，又全部收有 34 幅北京风俗图。

表现社会生活的另一杰作，是 1917 年陈师曾所作的《读画图》。当年 12 月，北京中央公园举行赈济京畿水灾的画展，所展皆京城画家、收藏家的珍贵作品。陈师曾根据展览会的实况，绘制了大幅立轴人物画《读画图》。画面中有 10 人围着一长案观看长卷、手册，有 8 人观看悬挂于壁上的画卷。读画人中，有头戴瓜皮帽、身穿长袍马褂的老年人，有西装革履的中年人，有穿着高跟鞋的时尚妇女，还有高鼻子上架着眼镜的外国人。全画中画有 20 人，正面的 7 人，侧面的 6 人，背面的 7 人。有仰面观看的，有低头凝视的，高矮胖瘦，各具形态。此画参合中、西画技，用色淡雅，细笔勾线，层次分明，比例得当，虽是写生，亦是写意，富有立体感和生活气息。时人评论：陈师曾的《读画图》，生动地描绘了当时画展游人往来观赏之状，审者一望，可脱口呼其姓名，莫不拊掌叫绝。

在人物画方面，陈师曾也画释道、仕女之类，但有所创新。前人画释道人物，多呈平板一块的年画风格，缺乏真实感。收藏于上海博物馆的一幅《达摩》图，陈师曾参以写生的手法，使画面中盘腿而坐的人物、座台、身后的树木、地面近浓远浅的草丛，都富有鲜明的立体感。

二是开创我国近代漫画之始。有些学者认为，"漫画"属于绘画技术的"舶来品"，"漫画"二字最早见于 1925 年郑振铎主编的《文学周报》；又有人认为，丰子恺是我国漫画的创始人，但丰子恺在《我的漫画》一文中说："人都说我是中国漫画的创始者，这话半是半非。我小时候，《太平洋画报》上发表陈师曾的几幅简笔画《落日好放船》《独处老夫家》等，寥寥数笔，余趣无穷，给

我很深的印象。我认为这真是中国漫画之始源。不过那时不用漫画的名称，所以世人不知'师曾漫画'，而只知'子恺漫画'。"其实，丰子恺此话也是"半是半非"，何也？早在郑振铎主编《文学周报》十几年前的1909年，陈师曾即作有一幅漫画形式的表现小偷爬墙的简笔人物画《逾墙》，附题识曰："有所谓漫画者，笔致简拙，而托意俶诡，涵法颇著。日本则北斋而外无其人，吾国瘦瓢子、八大山人近似之，而非专家也。公湛吾友，以旧绢属画，遂戏仿之，聊博一粲。宣统元年春二月，衡恪"。【12】题识中十分明白地提及"漫画的名称"，由此可见，陈师曾是我国最早使用"漫画"名称并进行漫画创作的画家。

书法、篆刻

陈师曾因幼年丧母，祖父母对他十分疼爱。从幼年起，祖父陈宝箴即教其识字并讲解训诂，7岁能写大字。19岁与范孝嫦结为夫妻，又从岳父范肯堂学行书，范说他出于蓝而胜于蓝。同时，又从岳父胞弟范仲霖学汉隶、魏碑及楷书，这些经历为他日后在书法上打下了坚实的基础。其青年时期的书法，秀逸多姿，中年渐趋苍劲刚健，矩法森严，锋芒尽敛，自然而出，无剑拔弩张之气。他的书法虽博采众家，但因为英年早逝，所以"还没有完全在书法中形成自己的个性"。【13】

陈师曾的篆刻，从底蕴来讲，是从汉铜、鼎彝、陶文等古代金石文字中吸取了丰富的书法艺术营养；从技艺来讲，他师从浙派，特别是从日本归来后又师从吴昌硕。如同在其他领域一样，陈师曾在艺术上师而不泥，故在篆刻方面也是独具一格。著名诗人、篆刻家乔大壮称陈师曾的刻印是"方寸之间，气象万千"。清末进士、著名画家姚茫父在《染仓室印存·序》（襄社，民国25年本）中云："师曾刻印，导源于吴缶翁，泛滥于汉铜，旁求于鼎彝，纵横于砖瓦陶文，盖近代印人之最博者"。

对于陈师曾这位"近代刻印之最博者"，许多文化名人都喜欢他的刻印。除后节《鲁迅挚交》将有介绍外，这里先介绍陈师曾为徐悲鸿刻印一事。

1919年年初，徐悲鸿赴法国留学，这在当时北京的美术界自然是一件大事，因此，北京大学画法研究会同人为徐悲鸿开了欢送会。会上，陈师曾发表演说，"东西洋画理本同，阅中画古本，其与外画相同者颇多……希望悲鸿先生此去，沟通中外，成一世界著名画者"，并送一印"江南徐悲鸿"。此印有汉官印的雄浑厚重之风格，是陈师曾的精意之作，徐悲鸿对此印极为喜爱，后编辑《百扇斋主手拓悲鸿用印》一册（该书2003年由人民美术出版社再版），内收徐悲鸿用印 80 余方，而陈师曾所刻的"江南徐悲鸿"，赫赫列为此书第一印。该书还有徐悲鸿的题识（为徐悲鸿手迹影印）：

中国晚近虽文物衰落，但金石文字皆藉印刷术而广布，治印一门遂造成空前之瑰丽时代。如此册之作家，皆往古罕有之人物也。吾幸生与并世，见与友好，因得偿吾无厌之求，沉缅之嗜，谓非幸福乎？曼士二哥特为拓两份，亦缘法也。

廿八年九月悲鸿志。

贾德江先生编辑的《陈师曾印集》（北京工艺美术出版社 1998 年 5 月版），在《编辑人语》中有云：

陈师曾在诗、书、画、印方面都有极深的造诣。其篆刻深得吴昌硕印艺的精华，又以独具的面目，在印坛享有盛誉。陈师曾篆刻喜用冲刀刻印，所作气势雄伟、酣畅淋漓。如"陈衡恪印""朽者"，都是陈师曾的自用印。前者用刀英迈爽利，在平直的篆法中显现出汉官印的精髓，洋溢着一股沉静之气，堪称陈师曾印作中的精品；后者以方折的用笔，圆转的体势，将"朽"字的末笔旁逸斜插，与"者"的敦厚之态相映成趣，处理得率意生动，产生了特有的艺术魅力。"女萝亭"印，用笔古拙，书意浓厚，虽与吴昌硕的风格相近，但边框、粗细、断续、粘连，均一任自然，很明显是受到封泥的影响所致。"无娱为欢"则全然是汉烂铜印浑穆斑斓的韵味，这种大胆的并笔处理，可使人想象出这位身兼书、画、印三绝的大家泼墨挥毫、淋漓豁达的豪迈气概。在"独处老夫家"印中，也时见并笔，布局的疏密，结体的伸缩参差，已经是浑然天成。这种苍茫的境界，可以说是到了炉火纯青的地步。（上述 5 印，见书前图片——笔者注）。

陈师曾的画集、印集有若干版本，最大型的是 2004 年 2 月人民美术出版社出版的《陈师曾书画精品集》（上、下两册），因定价较高（680 元），一般读者恐难购买，故略作介绍。该集内载龚产兴的文章《陈师曾的生平和艺术》，龚产兴、谷溪的《陈师曾书法篆刻艺术略述》和《陈师曾年谱》，陈师曾的绘画作品 393 件，其中：故宫博物院藏 18 件，中国美术馆藏 127 件，荣宝斋藏 36 件，首都博物馆藏 4 件，北京鲁迅博物馆藏 9 件，中央美术学院藏 14 件，北京饮兰山房藏 6 件，北京文物公司藏 135 件，上海博物馆藏 13 件，上海朵云轩藏 21 件，天津杨柳青画社藏 1 件，浙江省博物馆藏 7 件，杭州西泠印社藏 1 件，扬州市博物馆藏 1 件，另有数十件书法作

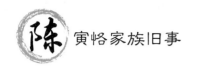
品分藏各馆，集后附师曾自用印 162 方。

三、艺术见解

如前所述，陈师曾在归国后的 14 年中，无论是在各所学校，还是在教育部，都是从事美术教育和编辑工作，许多人在专著和文章中，都认为陈师曾是卓有功绩的美术教育家和美术活动家。他的不算很长的美术教授生涯，却拥有许多丰富独到的画技和画理知识。现根据其弟子、原南京艺术学院教授俞剑华所著的《陈师曾》，广州朱万章所著的《陈师曾》，南昌刘经富所辑著的《陈衡恪诗文集》等专著，简介陈师曾的画语和画论。

先说画语。

——对于实物，如无正确观点，很容易有不似实物的毛病。初学者，宜先画写意以壮其胆量，养其魄力；还要兼画工笔，以研究物体实在的组织结构与形态色彩。作画不可离却实物，又不可拘于实物，这就叫"不即不离""不似之似""入乎法中，出乎法外"。

——画山水要先从硬笔入手，俟笔力强健、结构严谨之后，再画软笔，以助其神韵。这样，自然刚中有柔，柔中有刚，不落甜熟恶道。若一味画硬的，如铁丝、干柴，一定没有趣味；一味画软的，如粉条、乱丝，也一定缺乏风神。

——画不可只模仿古人，要立定脚跟，自作主张。不可离开古人又不可全靠古人。如不这样，则学甲或乙，学到顶好处，也不过成了第二个甲或乙。必须既学甲也学乙，取甲乙之长，自己造出一个"丙"来，才能卓然成家。专学一家，眼光狭窄，经验少，自己的毛病觉不出来，人家的好处也觉不出来，必须各样都试试，以辨优劣。

——人家是画的时候多，想的时候少；我是想的时候多，画的时候少。有时一张画要想十天八天，但画的时候，就许一挥而就。机械式的画家，只图画得多，卖得快，是只画不想的，没有什么研究的，因此也就千篇一律，终身没有进步。

——布局须独出心裁，不落俗套，不蹈前人蹊径。作画要画外有画，方觉有无限意味。

——图画题材要宽，要人弃我取，才能制胜。

——学书学画，先临摹古人，然后参加自己的意思而加以变化。学而不变，就是奴书奴画，不能成家。

——一张画上必须有极淡的地方，也必须有极浓的地方，浓淡之间，又必须有半浓半淡的地方，所谓"墨分五色"，也就是浓淡的变化。

——画花卉用笔快，画山水用笔慢，用画花卉的法子画山水，是一定画不好的。

——山水中的远山，是全画的眼目，故最难画。

——画石必须渲染，于钩框干后行之。

——花卉画配色最难，吾常利用黑白以兼之。

——学刻印须先学篆书，书能佳，刻印自易；刻印当先书后刻，当按字之本形排列，不可造作；刻阴文印以一刀为最佳，至多不过两刀，刻阳文印则多为两刀。

陈师曾还作有《画梅歌》和《作画感成诗》，亦为不可多得的经验之谈。后者虽在书前附有照片，但原件有若干破损之处，其文字恐不易辨认，故一并附后。

画　梅　歌

千年不见华光面，但闻华光画梅好。[14]

碎撒琼瑶烂作花，神游雪地冰天皎。

入室弟子杨补之，枝枝瘦铁细如丝。

元明诸家有述作，涂脂点墨师其师。

我今画梅无所本，意未经营手先冷。

攒空野棘两三条，又似枯藤挂寒岭。

乃园繁株不可攀，晨光阁上春模糊。

溪桥驿路偶然见，飘泊东西风景殊。

邓尉孤山未经眼，冲烟欲棹沧波远。[15]

层玉峨峨写不工，转怜绝色埋苍藓。

画梅一幅墨如金，种梅十亩望成林。

何当醉卧梅花下，梦醒空山飞翠禽。

作画感成诗

弹琴贵赏音，作画岂不然？画理颇微妙，太上忘蹄筌。

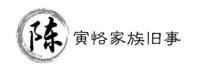

作者固匪易，识者亦诚难。谈言有微中，诟骂心亦便。
马为伯乐鸣，琴向钟子弹。顾眄得肯綮，豁然开心颜。
是以千载人，俯仰犹三叹。嗟哉尺幅中，粉墨纷其间。
精神与质性，一一皆能宣。结构因人肖，遂以门户繁。
各穷毕生力，攻求极辛艰。何为自斤斤，欲待来者观。
来者不可期，卷藏且娱欢。昔余八岁时，学画西湖莲。
既长未辍事，心眼犹追研。亦有索画人，殷勤致素纨。
但望墨其上，随口为媸妍。媸妍在吾心，诋誉由人言。
慨想古作者，万一何有焉。譬彼学飞雏，毛羽差能全。
仰视鸾凤翔，哀鸣强翩翩。秉姿岂不美，筋力非充坚。
抚躬恒自歉，待为夔蚿怜。安得凌虚翼，光彩照云天。
作者境愈多，识者知无边。茫茫览六合，吾意终难完。

此诗原题跋："赋秋大伯命书，即写近所为作画感成诗一首，衡恪"。【16】

再说画论。

陈师曾的画论包括两个方面，一是画史，二是画理。

画史之类，主要著述有《中国绘画史》《中国人物画之变迁》《清代山水画之派别》《清代花卉画之派别》等。

《中国绘画史》

陈师曾认为，中国早有绘画专史，原是居世界最前列的，如张彦远的《历代名画记》，即出于公元847年。后来历代虽有画史，但都为断代史，并没有一部贯通古今的通史。而在清末民初，许多画家只知埋头绘画，而很少读画史，故中国画史方面的研究及著述，反让日本学者得以抢先。1922年，陈师曾应中华教育会的邀请，赴济南主讲中国美术小史。讲稿内容分三部分：上古史，叙述三代至隋的绘画；中古史，叙述唐至元的绘画；近代史，叙述明、清两代的绘画。该讲稿后由其门人俞剑华校订，以《中国绘画史》为题，于师曾去世后的1926年由山东济南翰墨缘美术院印行，全书5万余字，属于"短篇小册"，但历代的文化概况、绘画的变迁、画派的师承演变及各时代杰出的画家，都有介绍，且提纲挈领，简明扼要，确为"问道之津梁"、近代中国绘画史之基石。

《中国人物画之变迁》

陈师曾认为，中国人物画在三代以前就已略具规模，至汉代起逐渐兴盛。几千年来，中国人物画内容繁杂，画法众多，画家如林，很有研究的价值。

陈师曾在简述历代人物画的基本情况后，理出中国人物画的发展规律，将其区分为伦理人物画、宗教人物画、玩赏人物画三大类。将画法分为"曹衣出水"的曹仲达派和"吴带当风"的吴道子派；把描线分为没有粗细变化的"铁线描"和具有粗细顿挫的"兰叶描"；把设色分为浓重的"晕染"和淡雅的"吴装"。全书的落脚点，是通过对几千年来中国人物画的变迁和发展的分析，说明中国人物画总的趋势是进步的。我们不能将眼光局限于一时，就好像一个人走了许多路，在某一时立住了脚，我们便说这个人不能行走。

《清代山水画之派别》

陈师曾指出，清代山水画的主要派别为四王吴恽六大家（即王时敏、王鉴、王石谷、王原祁、吴历、恽格），六大家中又以四王为重要。四王中实力最大、影响最深者，在朝的是娄东派王原祁（麓台），在野的是虞山派王石谷。创派者各有优点，具有永久不朽的价值。但末流之辈也很多，不可胜言。他对王画流派渊源及其优缺点叙述极详，对四王以外的清初画家石涛、石溪、八大、兰瑛、龚贤诸家，也着重叙述了。他认为清代山水画派，至乾隆为止，此后尽属王派末流，并无异军突起。

《清代花卉画之派别》

陈师曾从宋代的徐（崇嗣）、黄（居寀）二派谈到明代的写意派与钩花点叶派，更着重谈了清代的恽南田（格）、蒋南沙、李复堂三大家，此外对石涛、八大、王武、金冬心、郑板桥、吴让之等名家也有叙述。他认为，后代画必受前代画的影响，但又有变化，虽师古人而各派又互有短长，并不绝对相同，不可随意评分高低。他认为花卉画大抵可分为三派，一为写生的工笔设色，二为写意的水墨，三为半工半写的钩花点叶。写生重形态逼真而失神彩，写意贵笔墨情趣而背形态。他分析清代花卉画派，历历如数家珍，可见其研究之深。

以下再举出画理方面的几篇论文。

《中国画是进步的》

此文是陈师曾针对20世纪初部分文化人包括一些领军人物蔑视中国画，认为中国画是落后的，崇拜西洋画，主张绘画要全盘西化的思潮而写的。陈师曾明确反对这种虚无主义的说法，强调中国画是进步的，并提出进步的原则是：由简单进入复杂，由混合进入区分，并且不拘滞旧法，善于创新。他从历史上由文字与绘画不分的原始时代，到有绘画专门，并有图、画、图案之别的后代；从两代绘画更为发达，并有专门人物画家；从绘画设色上出现立体感，绘画理论上更有南朝的谢赫提出的绘画六法；从山水画有青绿与水墨之分、人物有"曹衣吴带"之别；从花鸟有对物写生的新题，及从道释人物画发展为风俗故事画等等。说明穷则变、变则通的道理，说明时代在前进，思想在转换求新，绘画也在不断发展。他敢于力排众议，驳斥了全盘西化的极端主张，用事实证明中国画是进步的。

陈师曾的这篇文章，以其雄辩的叙事说理，及他在当时的"北京画坛领袖"的重要地位，对中国画起到了振衰起坠的重大作用。今天，具有中国独特风格的中国画越来越受到国人以及世界的重视，我们不得不钦佩陈师曾的睿智眼光。

《绘画源于实用说》

陈师曾首先说明图与画的区别，图为实用，画为玩赏，先有图而后有画。画亦发源于实用，或多或少含有实用的作用。他把图分为记述事物、考证制度、说明意义三种。又说图案多用于装饰，也为实用。又列举事实证明愈古则图愈多，画愈少。时代不断更新，画就不断增多，不断发展。他还逐一指出：衣裳图、旗帜图、地图、天文图、书籍插图、历史图、建筑图是实用的；中堂、立轴、手卷，册页上的人物、山水、花鸟，虽供玩赏，但具有装饰意味，也是从实用图中演化出来的。至于斗鸡图、行乐图、弹琴图、观瀑图等，是名为图而实为画。但这类玩赏画，也是先有实用的图而后来派生出来的玩赏画。绘画源于实用，说得非常透彻。

《对于普通教授图画科的意见》

陈师曾首先说明图画科对于普通教育之重要，一是由美感教育养成高尚文明之人格，二是为表现技能之练习与观察能力的锻炼。他强调民族不同、国家不同，所作图画也不同。国画与西画，各有优缺点，我们当以国画为主，适当吸收西画的优点，以弥补我们的缺点。对于学习绘画的途径，认为不外乎三种方法：一为临画仿范本，二为写生描实物，三为默写凭记忆。临画为初级，写生为中级，记忆为高级，虽有阶段不同，亦可相互并进，三者缺一不可。只临不写，难出古人巢窠；只写不临，难承传统之技；临写而不记忆，难以融会贯通进行创作。只要循序渐进，持之以恒，自能成就。他的关于美学教育的重要性和艺术发展的融合性的论述，至今对于我们的教育事业仍具有重要的指导意义。

《中国文人画之研究》

这是陈师曾在翻译日本大村西崖所著的《文人画之复兴》之后，又与自己的关于中国文人画的具体情况和特点，申明其价值之所在而写的《文人画之价值》合编的，这也是他影响最大、最有价值的专著，1922年，由中华书局出版。

陈师曾在文中首先说明什么是文人画，"画中带有文人之性质，含有文人之趣味，不在画中考究艺术上的功夫，必须于画外看出许多文人之感想，此之所谓文人画"。随后说明文人画之所以必须如此的原因，"或谓以文人作画，必于艺术上功夫欠缺，节外生枝，而以画外之物为弥补掩饰之计。殊不知画之为物，是性灵者也，思想者也，活动者也；非器械者也，非单纯者也。否则直如照相器，千篇一律，人云亦云，何贵乎人邪？何重乎艺术邪？所贵乎艺术者，即在陶写性灵，发表个性，与其感想，而文人又具个性优美、感想高尚者也"。针对一般人不甚了解文人画而多加诽议，他解释，"但文人画首重精神，不贵形式，故形式有所欠缺而精神优美者，仍不失为文人画。文人画中固亦有丑怪荒率者，所谓宁朴勿华，宁拙勿巧，宁丑怪勿妖好，宁荒率勿工整；纯任天真，不假修饰，正足以发挥个性，振起独立之精神，力矫软美取姿，涂脂抹粉之态，以保证其可远视不可近玩之品格"。他的这些观点，给人们以普遍而深刻的启迪。因为不但常人对文人画与画家画不易识别其优劣，即文人本身也不一定都懂得文人画。正如陈师曾所分析，"喜工整而恶荒率，喜华丽而恶质朴，喜软美而恶瘦硬，喜细致而恶简浑，喜浓缛而恶雅淡，此常人之情也"。他对文人画的来由，指出从东汉的蔡邕、张衡等开始，历南北朝隋唐而益盛，至宋代更达极点。他还引证历史书画家的史迹与理论，以证明文人画必须掺和书法，使画的内容更不简单。他对元代大画家倪云林的"仆之所谓画者，不过逸笔草草，不求形似，聊以自娱耳""余画竹聊以写胸中逸气耳，岂复较其似与非"的画法很欣赏，认为文人画的进步，正是不求形似。所谓不求形似，他认为，实则不以形似为满足而力求神似，神似既得而形似自在其中。绘画经过唐宋的写生时代，工丽已极，逼真已极，形似已极，无法再进，再进就成摄影了，故不得不另辟新径，"进于实质无可回旋，无宁求于空虚，以提揭乎实质之为愈"。

陈师曾归结文人画之要素有四：第一为人品，第二为学问，第三为才情，第四为思想，具此四者方能完善。这篇专著，对于中国文人画给予了全盘的考

察，并加以正确的论述，对于今天学习绘画的人们。仍具有相当的参考价值。

关于篆刻方面，有《摹印浅说》一册，文中分为审字、定体、布局、印制、刻法、周秦印、汉印、泥封、碑碣、金文、砖瓦等十几个章节，简明扼要于篆刻之道，几无余蕴。

四、诸艺兼善

陈师曾作画，往往以诗词、书法、篆刻融于一体，"四美"相得益彰，更显示出其作品深厚的文化底蕴。以上章节对他的绘画、书法、篆刻已做介绍，此节主要谈谈他的题画诗词及语句。

陈师曾的诗词，固有其家学渊源，但又不完全承袭先辈。20世纪20年代，由章士钊主编的《甲寅周刊》有文章评论，"师曾诗初多选体，后来便能称心而说，不为唐宋所囿，思深味隽，悼亡诗尤工"。汪辟疆所著《近代诗人述评》也说："散原诸子皆能诗，衡恪与方恪尤著。衡恪诗清刚劲卜，有迈往不熟之韵"。黄浚说："师曾诗一变'散原精舍'面目。民国三年，予与晦闻、宰平、师曾等祭陈后山于法源寺。师曾作诗，石遗师叹为第一，并在赠师曾的诗中有'诗是吾家事，因君父子吟'。师曾自日本归后，其诗饶有新思想，记有数首五言古风，落想甚奇，可惜记载不全了。"

陈声聪在《兼于阁诗话》中的"义宁兄弟"条目中，记有陈师曾的诗《移居》四首（经笔者多次比对，《兼于阁诗话》所载《移居》四首，与《陈师曾诗画精品集》所载该诗，及刘经富辑注《陈衡恪诗文集》所载该诗，在文字上略有不同）：

> 小成结构辟双扉，西极西城过客稀。
> 静院但闻禽语细，终朝不见马尘飞。
> 借他园绿遮窗幌，移我庭芳护石衣。
> 随意翻书新睡足，晚凉吹雨对霏微。
>
> 门前几树绿成阴，试比槐堂孰浅深。
> 晚雨送凉初泻玉，午云穿日乱筛金。
> 安排几席惟高枕，检点尊彝入醉吟。

托足京华何所得，了然无碍是闲心。

老槐伴我泣鳏鱼，今见携雏复引雏。
别去得无三宿恋，朅来回顾七年居。
支床驻帐犹堪赋，拓本陈编送满车。
窃比东坡山谷例，此堂称号合归欤。

辟人辟地两无憀，昼寝南窗朽不雕。
自笑裤中①能处虱，心悬枝上独承蜩。
纷纭世局风云幻，喜惧亲年定省遥。
岂为丹砂勾漏令②，巢林聊可托鹪鹩。

（自注：①所居曰裤子胡同；②葛洪移居图或云之官勾漏令而作）

蒋天枢先生撰《陈寅恪先生编年事辑》中，录有《春绮卒后日，往哭殡所》诗，诗中有云：

故人九原土，新人三寸棺。
相继前后水，一往不复还。
我何当此戚，泪眼送奔澜。
生时入我门，绿发承珠冠。
死别即尘路，灵辀载鸣銮。
忽忽十年事，真作百年看。

陈师曾作画，几乎每画必有题词，或诗句，或短语，皆文字精辟，画龙点睛，寓意深刻，弦外有音，能使文、画相互映发，使读画者受到教益。他所处的时代，正是国家内忧外患、国危民困、社会混乱、衰败，使人怀有愤懑不平之气。这种忧国忧民的情怀，常常很自然地在他的题画诗语中表露出来。

有一幅画，大笔画了几枝苇叶，一枝破荷叶，一枝屈曲而又挺立的莲蓬，用笔狂纵，与他平素心平气和、笔墨恬静的风格大为不同，可见作者心中不可遏止的郁勃之气。此画题句为"晚荷枯苇战秋风"，使画面表现出不屈不挠、昂扬向上的气概。

一幅《钟馗》图，他题了"峨冠博带，面目丑怪，髭怒戟张，诸邪退避"。借钟馗以表现自己嫉恶如仇的性格。

一幅《鹰》图，题曰："秋风猎猎霜叶枯，欲试爪嘴穷兔狐，侧身下视意

何鸷？哪得猛击如郅都"！[17] 表达了自己希望有郅都那样的贤臣，能尽诛世上奸邪之辈。

一幅《孔雀图》，题曰："文采章其身，能下百鸟拜。及厕鸡鹜群，饮啄无异态。天宠讵足惊，物情殊可怪"。对那些徒有其表而毫无实力的人，做了恰当的讽刺。

除了主题鲜明的语句外，陈师曾在画中亦有不少活泼风趣之语。

在为一老先生祝寿所作的《菊石》图上，陈师曾作颂曰"石寿不朽，菊养天年。芳醪既漉，佳色增妍。何忧华发？说说神仙"。

在一幅简笔人物画上，题有"其量可一石，亦复饮八斗。饮中有八仙，斯人居第九"。

一幅山水诗画册页上，题有"鸣者万里风，和者十里松，坐者两秃翁，听者多耳聋"。

一幅墨石榴图，题有"满腹珠玑，但恐他不开口"。

一幅画有南瓜等蔬菜的扇面，题有"园菜果瓜助米粮"。

一幅图上，两三笔画就的茶壶、杯子，则题三个字"喫茶去"。

一幅花卉山水册页的苦瓜图上，则题"苦瓜哪能待客"。

陈师曾除了自画自题外，还为画友的画作题诗写句，值得一提的是他为好友王梦白的一幅《鼠》图的题诗，讽刺意味最为激烈、明白：

富贵之家珠宝气，寒儒襦被寄人宿。

残编冷砚公摩娑，一盏瓦灯照苦读。

何来鼠辈肆猖狂，昼夜跳踉思裹腹。

既无菽与粟，又无粱与肉。

扰乱治安惊美睡，争窃余膏饱口福。

吁嗟乎！

所得亦微末，费足心机忙手足。

小窗供玩皆翻覆，但恐啮我《猛龙碑》，冬温夏清认不熟。

乘人不备惯技耳，天月光明皆窜伏。

遍身带有微生物，奈何滋生此荼毒？

惩讨此辈罪莫赎！

题词叱骂鼠窃之辈，真是淋漓酣畅，表现了陈师曾对损人肥己的无耻小人的鄙弃态度。

陈师曾在诗词方面还有一项创造，那就是以词"集联"。集联是巧取前人的诗句集成对联，它是对中国旧体诗词的一种再创作，虽属于"天下文章一大抄"的"拿来主义"，但却一点也不比自撰对联来得轻松。它首先必须熟悉前人的诗句，更重要的是能将前人的诗句融会贯通，两两相集，赋予原句更新的意义。它看似信手拈来，乱点"鸳鸯谱"，却又显浑然一体，恰似"天仙配"。如有人曾将王维《送元二使安西》诗的第三句，与李白《将进酒》诗的末一句组成一联："劝君更进一杯酒，与尔同销万古愁"，如此妙对，读后难道不使人拍案叫绝吗？

梁启超的《饮冰室合集》中有一篇《痛苦中的小玩意儿》的文章。此文说的是梁启超在病房中陪伴夫人最后的几个月里，以集句为联数十副，借以消遣排闷的事。文中在介绍前人一些集句联后说：

　　……诗句被人集得稀烂了，词句却还没有。去年在陈师曾追悼会，会场展览他的作品，我看见一副篆书的对（联）：

　　歌扇轻约飞花，高柳垂阴，春渐远汀洲自绿；

　　画桡不点明镜，芳莲坠粉，波心荡冷月无声。

　　所集都是姜白石句，我当时一见，叹其工丽。今年我做这个玩意儿，可以说是受他冲动。

由于受到陈师曾集词联的"冲动"，胸藏万卷又才思敏捷的梁启超，便在病房里一连作了四十几副集词联，并写成《痛苦中的小玩意儿》一文，作为《晨报》年度纪念文章的交账稿。[18]

陈师曾在前人集诗句"集得稀烂"后，创新为集词句，为集联开辟了新的途径。现在搞集词联的，也有人将陈师曾视为此举的首创。

五、法师道友

这里所说的"法师道友"，是指八指头陀和弘一法师，二人均为我国近代著名的爱国诗僧。

关于八指头陀的情况，在陈三立的章节中已做简单介绍。八指头陀是一位著名的爱国诗人，为后世留下了1900多首诗作。八指头陀因擅诗，故与陈三立有诗交。因见陈师曾聪慧，曾赋诗一首《赠陈童子师曾》：

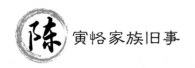

　　童龄具耆德，头角方峥嵘。

　　频伽发妙想，玉树敷新荣。

　　道由聚沙植，义以分梨成。

　　好古兴不浅，鉴物志自明。

　　善葆青云器，相期黄阁名。[19]

　　从诗中可以看出，八指头陀对"陈童子师曾"的品德和才华，给予了极高的评价并寄予极高的期望。

　　"陈童子师曾"即和诗一首：

　　天下多奇士，山冈出兰芝。

　　高惮志修己，不为世俗移。

　　甘心守寂寞，袈裟良足披。

　　苟非鸿与鸢，焉能奋翅飞！

　　闲居非吾愿，岳游为子宜。

　　灵境绝妄念，妙语发新诗。

　　感情亦何报？援笔麐此辞。[20]

　　陈师曾这首诗写得很老到，借用八指头陀的诗句发挥一下，不仅具"耆德"，而且具"耆才"。八指头陀此诗作于光绪十三年（1887年），当时所谓"陈童子"者，年仅11岁！

　　除《赠陈童子师曾》外，《八指头陀诗文集》中与陈师曾有关的诗还有《四月二十三日，与陈师曾兄弟齐集徐筱谷枣香书屋》《病中忆徐筱谷、陈师曾》《寄陈公孙师曾五叠前韵》《陈师曾由日本返金陵，再次前韵奉寄》《陈师曾次韵见答，再叠一首寄之》《陈师曾自日本归，遇于金陵，感而有作》《余既晤陈师曾，感赠以诗，师曾亦为余写<茅庵入定图>以为纪念，题二绝句于上》等等。

　　八指头陀的年龄比陈三立还大3岁，与陈师曾自然是忘年之交，二人吟咏往来，交谊日深，如《病中忆徐筱谷、陈师曾》诗曰："风火为灾聚苦因，支离销瘦病中身。五更钟梵残灯里，一息微微念故人。"陈师曾赠画给八指头陀《茅庵入定图》，八指头陀赋诗以为纪念，其一："一瞬沧桑换劫尘，茅庵犹剩苦吟身；当时饿虎衔将去，哪得为君画里人？"其二："念子东瀛学力增，归来道骨郁峻嶒。风涛看尽鱼龙舞，犹忆蒲团一个僧。"

　　弘一法师，俗名李叔同，是民初著名的教育家、音乐家、书画篆刻家、戏剧家、诗人、学者和高僧，是我国现代文学艺术史上的一位奇才，新文化的先驱。

陈师曾在日本即与李叔同交往，二人因志趣相投而渐成莫逆，归国后又一度从事美术教育。1912 年，李叔同在上海任《太平洋画报》副刊编辑，在刊登《断鸿零雁》小说时，请陈师曾为该文作插图。同年 5 月，陈师曾到上海，《太平洋画报》予以专门报道，还报道文美会欢迎陈师曾的消息，并刊登陈师曾的椭圆形大幅半身照片，题曰"朽道人像"。《太平洋画报》先后刊登陈师曾的小品画，如《春江水暖鸭先知》《偶坐侣是商山翁》《落日好放船》《独处老夫家》等。李叔同作书画时使用的印章，也有若干枚为陈师曾所刻。1916 年，李叔同为陈师曾的荷花小幅题词："一花一叶，孤芳致洁。昏波不染，成就慧业。"李叔同在出家前，曾将自己的物品分赠给至交好友，陈师曾也获赠一份，其中的维纳斯像，后在师曾之子陈封雄家珍藏近半个世纪，"文革"中被当作"封资修"给销毁了。

陈师曾一向不文人相轻、同行相妒，他对李叔同的艺术修养和高标逸韵的人格十分钦佩，经常在友朋面前加以称颂。徐悲鸿曾为弘一法师画像，在补记中就写道"早岁识陈君师曾，闻知弘一大师为人，心窃慕之"。

陈师曾在南京逝世，弘一法师闻讯后，身穿灰色僧袍，径直走到陈师曾灵柩前，伏地，叩首，哀思无言，然后飘然而去。

六、鲁迅挚交

陈师曾与鲁迅交谊颇深，早在 19 世纪末期（1899 年 1 月），两人便结识于南京的江南陆师学堂附设之矿务铁路学堂。三年后的 1902 年，在日本东京弘文学院，两人又"同窗而学，同室而寝"，交往更多了。1913 年，陈师曾到北京教育部任图书编辑，又与在教育部任文学编辑的鲁迅同事，直至 1923 年陈师曾去世。鲁迅先生极富个性，不轻易求人，但鲁迅先生的第一部翻译小说《域外小说集》在 1909 年出版时，就是请陈师曾题写的书名。另一部著作《会稽故事杂集》的书名，也是请陈师曾题写的。有学者注意到，在《鲁迅日记》中，有 75 处记载两人在艺术、生活等方面的交往。请看其中两年的记载：

　　1915 年 3 月 18 日，鲁迅赠陈师曾《建初摩崖》和《永明造像》的拓本各一；6 月 14 日，陈师曾赠鲁迅朱文小铜印一枚，印文为"周"；9

月 8 日陈师曾为鲁迅、周作人刻名印，并为鲁迅刻朱文方印"会稽周氏收藏"；10 月 29 日，鲁迅与陈师曾同游琉璃厂；12 月 18 日，陈师曾赠鲁迅《爨龙颜碑》拓本一本。

　　1916 年 1 月 13 日，陈师曾与鲁迅等游小市；22 日，陈师曾赠给鲁迅印泥半盒；25 日，赠嵩岳石人顶上"马"字拓本于陈；29 日，复赠《唐邕写经碑》拓本于陈；3 月 20 日，鲁迅复与陈师曾游小市；4 月 26 日，陈师曾为鲁迅刻白文方印"周树所藏"，下午同到琉璃厂看《造交龙象残碑》、《邑义六十人造像颂》、塔颂、安阳万佛沟石刻等拓本；5 月 8 日，鲁迅赠陈家藏砖拓一帖；15 日，鲁迅赠陈《徂徕山摩崖》拓本一份；31 日，陈在鲁迅处同观《曹真残碑》并殷初出土拓本两本及江宁梁碑全拓一本；6 月 7 日，二人再游小市；22 日，鲁迅到教育部请陈师曾为铭伯写寿联；29 日，陈师曾介绍仿古斋有关人员到鲁迅处；9 月 19 日，陈师曾赠鲁迅古砖拓片一束 18 枚；29 日，游小市；11 月 30 日，陈师曾为鲁迅刻白文石章"俟堂"。

鲁迅一向是以海绵挤水的态度珍惜时间的，仅从以上两年的介绍，就足以看出二人接触之频繁、关系之密切。

　　鲁迅先生在随感录《热风》一文中曾写道："美术家固然须有精熟的技工，但尤须有进步的思想与高尚的人格"。这段话说明，鲁迅认为作为美术家来讲，思想、人格比画技更为重要。此文虽非专为陈师曾而作，但二人关系如此密切，可以理解为原则性极强的鲁迅先生是以德艺双馨的标准将陈师曾引为挚友的，这与梁启超称陈师曾具有"高尚优美的人格"也是一脉相承的。在陈师曾逝世后的 10 年即 1933 年，鲁迅与郑振铎编辑出版《北平笺谱》一书时，选入陈师曾的作品颇多，鲁迅在序言中说：

　　及中华民国立，义宁陈君师曾入京，初为镂铜者作墨盒、镇纸画稿，俾其雕镂，既成拓墨，雅趣盎然。不久复廓其技于笺纸，才华蓬勃，笔简意饶，且又为刻工省其奏刀之困，而诗笺乃开一新境。盖至是而画师梓人，神志暗合，同心合力，遂越前修矣。

郑振铎也在笺谱的序言中写道：

　　民国初年，陈师曾先生于墨盒作画稿，镂成，试拓以墨，付淳青阁制笺，乃别饶奇趣，后续成诗笺若干幅，无不佳妙；抒写性情，随笔点染，虽小景短笺，意态无穷，于十竹斋、萝轩外，盖别辟一境矣。[21]

在新文化运动时期，鲁迅对传统的中国画并非持肯定态度，但他对陈师曾的作品却很欣赏。陈师曾经常请鲁迅鉴赏他的作品，鲁迅既是他书画作品的鉴赏者，也是他作品的收藏者。陈师曾绘画题款中有"豫才兄""豫才仁兄"等画，就是赠给鲁迅的作品。在鲁迅收藏的现代中国画中，陈师曾的作品最多。

鲁迅对陈师曾的篆刻极为欣赏，他所用的刻名印、藏书印中，有数方（以笔者不一定准确的记忆，大概是7方）出自陈师曾之手，鲁迅都极为珍视。

陈师曾赠给鲁迅的画作和印章，后均藏于鲁迅博物馆，它们与鲁迅日记以及其他有关文字一起，已经并将永远成为他们之间深情厚谊的见证。

七、齐璜知音

拜读了齐璜（白石）口述、张次溪笔录的《白石老人自述》，白石老人之子齐良迟著的《齐白石》和林浩基著的《齐白石传》等专著后，我们了解了驰名中外的艺术大师齐白石的生平。齐白石出生在湖南湘潭一个贫苦农民的家庭，小时候跟随在乡间教蒙馆的外祖父读了一年不要钱的书，随后辍学，回家砍柴、放牛，做点农活。15岁学木匠做"大器作"（做门窗、扛木上樑、钉椽皮之类的粗木工），无奈体弱多病，气力不济，16岁改学"小器作"（比较精细的小件制作以至木板雕花之类的细木工）。因聪明好学，在雕花之后学习画画，也就是乡间一些实用的民间绘画。以后拜了胡沁园等人为师，通过坚持不懈的努力，画技大进，但直至年过半百以后，从严格的意义来讲，齐白石还只是一位画匠，或可称画师。齐白石从画师到大师的转变，是他在年近六旬时开始经历的"衰年变法"，书画鉴定专家吕立新称之为"轰轰烈烈、回肠荡气的'核裂变'"。[22]促成齐白石"衰年变法"的外因，美术界许多人，包括齐白石本人，都以为是陈师曾起了关键作用。陈师曾对齐白石的帮助，主要表现在指导、维护、提携上。

所谓指导，是在画技上的帮助。《白石老人自述》载：民国6年（丁巳，1917年），55岁的齐白石来到北京，卖画为生。

我在琉璃厂南纸铺，挂了卖画刻印的润格，陈师曾见着我刻的印，

特地到法源寺来访我，晤谈之下，即成莫逆。师曾能画大写意花卉，笔致矫健，气魄雄伟，在京里很负盛名。我在行箧中取出借山图卷，请他鉴定。他说我的画格是高的，但还有不到精湛的地方。题了一首诗给我：

囊于刻印知齐君，今复见画如篆文。

束纸丛蚕写行脚，脚底山川生乱云。

齐君印工而画拙，皆有妙处难区分。

但恐世人不识画，能似不能非所闻。

正如论书喜姿媚，无怪退之讥右军。

吾画自画自合古，何必低首求同群？

他是劝我自创风格，不必求媚世俗，这话正合我意。我时常到他家去，他的书室，起名"槐堂"，我在他那里，和他谈画论世，我们所见略同，交谊就愈来愈深。

往往会有这样的情形，名不见经传的人，毕恭毕敬地找名人请教，后者或是爱理不理，不拿正眼瞧你，或是趾高气扬拿架子，觉得如此方能显示自己的高贵和能耐。我们注意到，陈师曾当年在北京被誉为"画坛领袖"，当他在琉璃厂发现齐白石的作品后，既不是视而不见，也不仅仅是眼睛亮了一下，而是千方百计打听到住址后，主动跑到法源寺寻找齐白石的，从此才开始了两人的密切往来。

白石老人从画师到大师的"衰年变法"，陈师曾正是促使这一变法的关键人物。在《白石老人自述》的"民国9年（庚申，1920年）"这个时间段里，白石老人说：

我那时的画，学的是八大山人冷逸的一路，不为北京人所喜爱，除了陈师曾，懂得我画的人，简直绝无仅有。我的润格，一个扇面，定价银币两元，比同时一般画家的价码，便宜一半，尚且很少人来问津。生涯落寞得很。师曾劝我自出新意，变通画法。我听了他的话，自创红花墨叶一派。我画梅花，本是取法宋朝杨补之（无咎），同乡尹和伯（金阳），在湖南画梅是最有名的，他就是学的杨补之，我也参酌他的笔意。师曾说：工笔画梅，费力不好看，我又听了他的话，改换画法。

白石老人说得十分明白，当时除了陈师曾，懂得他的画的人是"简直绝无仅有"。在林浩基著的《齐白石传》中，有更多的陈师曾帮助齐白石提高画技方面的具体情节，此不赘述。

所谓维护，可能词不达意，笔者在此是指陈师曾极力在众人面前维护齐白石的声誉。在《白石老人自传》中，白石老人不点名地披露一事：有"一个自命科榜的名士"，瞧不起齐白石的木匠出身，还经常说："画要有书卷气，肚子里没有书底子，画出来的东西，俗气熏人……"。而白石老人呢，"我对于此人，总是逆来顺受，丝毫不与他计较，毁誉听之而已"。

齐白石对别人的讽刺挖苦"总是逆来顺受"，笔者以为，除了他不与人争一日之长短的豁达以外，也与他当时在北京没有名气、一个扇面两块钱都卖不出去的困境有关。但独具慧眼的陈师曾，尽管比齐白石小 13 岁，却知道齐白石的勤奋和功底，对于有人肆意诋毁齐白石，他坐不住，抱不平。请看《齐白石传》中的有关记载：

（当自命科榜名士的李先生说齐白石的画"俗不可耐"时），师曾感到十分不快，便冷冷地问：

"俗与不俗，先生有什么标准"？

那李先生一听，来了精神，走到张仲颿为他腾出的一个位置上，对着师曾，笑了笑：

"这问题，陈先生比我清楚。街头摆摊上换几个铜板的小品，怎能同有墨味的真品相比较？"

"白石的画，是街摊上的小品？"陈师曾严肃地反问了一句。

"我看也差不了多少。木匠出身，诗、赋、骚、词，读了多少？有王维、吴道子、顾恺之的功力？"他说完，仰起头，呈现出令人厌恶的鄙夷的神色。

陈师曾看看周围人不平的神色，坚定地说："你这看法，实在无知。历代画苑有多少名家出自寒门。自古寒门多名士，先生不是不知道的。不过，一些纨绔子弟，倒是只知灯红酒绿，最后功名两空。"

李先生像是被什么锋利的东西重重刺了一下，搭讪地解嘲说：

"那么，依先生高见，你说他的花鸟好在哪儿？"

陈师曾突然仰头，高声大笑："无知何以论短长！你看过他画的兰花吗？"师曾摆出挑战的姿态："'喜气写兰'，这是古人的审美追求。所以，兰的叶子，画得极为飘逸。花朵姿势舒展，花蕊吐露，令人欢悦。但是，白石的兰花不同。叶子粗而健，花朵大而厚，在健爽、厚重之中，使人感受到蓬勃的生命力。这是神化了的兰，脱了前人窠臼的一种创新，而

不是那种就着画谱画些'鲫头''鼠尾''破凤眼''螳螂肚'之类。"

这最后一句话，陈师曾说得很重，并且斜了李先生一眼。

当那位不知趣的李先生继续讥笑齐白石的诗时：

陈师曾一听，脸色变得铁青，感到这李先生太不自量，一点面子也不给，待要发作，驳他几句，忽然觉得脚被谁踩了一下。只见身边的白石朝他笑了笑，递了个眼色，他才压住了怒火。[23]

一向待人温和的陈师曾，如此声色俱厉地为齐白石进行辩驳，这确是动了真感情来维护齐白石的声誉的。

说到提携，就不能不提到至为关键的 1922 年在东京举办的"中日联合绘画展览会"。日本著名画家荒木十亩、渡边晨亩向中国画家陈师曾和金城发出了参展邀请。陈师曾接到邀请函后，马上想到了齐白石，尽管当时齐白石的画在北京"很少人问津"，但他深知齐白石的功底，决心大胆地借助国际画展这个极好的平台来提高齐白石在画坛的声望。他急匆匆地找到齐白石，要齐白石在他动身赴日之前的一个月内，赶紧精心作几幅好画，带到日本参加画展。这期间，陈师曾又几次到齐白石的住处评阅齐白石的画作，对不足的地方进行指导，齐白石又重画，一直到两人都满意为止。

在东京画展期间，不论是在展览馆里、座谈会上，还是接见记者，陈师曾都极力、详细地介绍齐白石画作的艺术成就。展览期间，不但陈师曾的画抢手，齐白石的画也被高价售出。法国人选了陈师曾和齐白石的画，入展巴黎艺术展览会。日本人把两人的作品和交往情况拍成电影，在东京艺术院放映。

陈师曾从日本回到北京，即托人捎信给齐白石，说他从日本回来了，第二天将到齐白石家，请齐不要外出。

第二天早饭后，陈师曾来到齐白石家。他非常兴奋地介绍东京画展的盛况，介绍齐的画是如何受欢迎。然后，陈师曾将带来的布袋子打开，里面全是齐白石的画售出的一封封润金，还有陈师曾从东京买来的送给齐白石的小礼物。

这出乎意料的情景，令花甲之年的齐白石感慨万分，他一再感谢陈师曾，称陈师曾是自己的人生知己。面对齐白石的感恩戴德，陈师曾只是说，"首先是你的画好"。[24]

"首先是你的画好"，这真诚、朴实的回答，完全没有以"恩人"自居的心态，它充分体现了陈师曾"进步的思想与高尚的人格"。

生活落寞的齐白石，一下子有了这么多钱，经济状况明显改善自不消说，更主要的不可限量的意义是，从此他的作品润金几倍几十倍地往上涨，还满足不了社会的需要。"着点胭脂作杏花，百金寸纸众争夸，平生羞杀传名姓，海国都知老画家。"[25]齐白石的这首诗，即是他的作品名扬海内外的写照。东京画展，是齐白石艺术生涯的重要转折点，从此，齐白石逐步成为中国画坛上照耀海内外的一颗明亮的艺术之星。

八、朽者不朽

通过阅读陈三立的《继妻俞淑人墓志铭》和《长男衡恪状》这两篇文章，我们就可知道，陈三立一向不管理家庭生活，全靠夫人操持。俞夫人知书达理，且极贤惠，嫁陈三立后，生有四子三女。但她对前妻生的师曾，却"最笃爱者也"，非常看重和疼爱，并经常夸奖师曾的优点和成绩，要求自己所生的几个孩子都向大哥师曾学习。俞夫人的这种优良品德，一般的继母是难以做到的。正因为如此，1923年6月，当俞夫人病重时，"刻厉自苦，谨身矫俗"且身体"素羸"的陈师曾，立即从大连赶回照顾俞夫人。他为继母亲侍汤药，后又冒雨去购置寿棺，因天气太热又睡凉席于地，沾了湿气，身体已有不适。6月底，继母去世，葬事完毕后，陈师曾回到北京，还未缓过气来，又闻知老父亦病，陈师曾又返回南京照顾老父。老父病好转，而陈师曾因炎天暑热，几经折腾，患上了伤寒，又被人误诊，结果在继母去世后的38天的农历八月初七（1923年9月17日），英年早逝。夫人黄国巽闻讯后，即携半岁的幼子封猷赶往南京奔丧。

陈师曾的突然去世，引起文化界极大的震惊。10月17日，北京文艺界300余人在江西会馆举行了隆重的追悼会，有挽联挽诗数百件，并展出师曾遗作百余件，数位名人在会上发表了沉痛演说。梁启超说：

诸君，我们想不到有今天的悲痛如此，前次日本的地震，大家深为惋惜，以为文化损失甚大，如今陈师曾之死，可说是中国文化界的地震。我们期待陈师曾对于中国文化界尽力的时间甚长，想不到忽然逝去，所以陈师曾之死，如同意外之天灾地变一样。陈师曾之家世，及平生的行状与夫美术上之价值，别有到会诸君报告。予对于陈君几代世交，略知其家世，至于其作品，自以为不谙画法，不便批评，不过亦可略说几句。

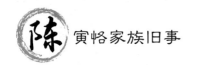

无论何种艺术，不是尽从模仿得来。其有不朽之价值，全在个人自己发挥创造之天才。此种天才，不尽是属于艺术方面，乃个人人格所表现，有高尚优美的人格，斯有永久的价值。试看我国过去美术家，凡可以成名家，传之永远，没有不是个人富于优美的情感，再以艺术发表其个性与感想。过去之人，且不论，如今有此种天才者，或者甚多，以所知者论，陈师曾在现代美术界，可称第一人。无论山水花草人物，皆能写出他的人格，以及诗词雕刻，种种方面，许多难以荟萃的美才，师曾一人皆能融会贯通之。而其作品之表现，都有他的精神，有真挚之情感，有强固之意智，有雄浑之魄力。而他的人生观，亦很看得通达。处于如今浑浊社会中，表面虽无反抗之表示，而不肯随波逐流，取悦于人，在其作品上，处处皆可观察得出。又非有矫然独异剑拔弩张之神气，此正是他的高尚优美人格可以为吾人的模范。所以极希望大家于悲痛之中，将陈师曾此种精神，由其遗迹影响于将来社会，受很大之感化，不仅在艺术上加进，乃至使社会风气因其艺术影响而提高向上。大众如于此点注意努力，庶可慰陈师曾在天之灵，此是我之一点诚意供献于诸君。[26]

清末曾任布政使、民国后曾任财政部次长并善诗画的凌文渊，在追悼会上的演说中，则从另一方面评价陈师曾：

师曾先生根本的立足点，固然在于性情上、品格上，令人望尘莫及，就是讲到他的文学，不独少承家学，对于旧的方面早已卓然成家，更因游学海外，精通东西语言，尤能贯通新的方面，故其思想所及，岂但非一般所谓文人者所能领会，就是一般所谓学人者，亦恐较逊一等。就是专以画论，先生以为二十世纪世界研究画学者，非先知物体内容之生性与构造，就不足以讲画事。先生所以专攻博物学，因为画的范围，不外属于矿物、植物、动物之三者，既然专攻博物学，则矿植动内容之生性及构造，无不了然于胸，故能一举笔即驾前贤而上之。先生的画乃系创造的，而非属于因袭的，完全产生于先生的文学之中，思想之中。[27]

一代通儒的姚茫父与陈师曾亦是知己画友，他在追悼会上说：

师曾之画，予有一篇《朽画赋》以申述之。兹再就赋中所不能详尽者，再为补充。师曾于画，所蓄之意见，于朋辈谈论时，有表见其惟一之主张，乃脱离四王画派的藩篱而另觅途径，以挽救晚清画道陈腐罢软之弊。此等主张，虽非师曾一人之见地，不过他人虽知之而力薄难行。师曾当时习画，即有志于此。如今王派绘画之势力，虽不能完全消灭，但已奄奄无生气。向来画家，依附王派门墙，藉以欺人，其实王画，本有不可磨灭之处，误于一传再传，久而失真，非尽王画之咎。师曾所取为师资，于古人中如石田、石涛、石天、石溪及元明画家有可采取者，皆能融会贯通，不但能从画里求画，并能以书法作画法。故师曾辄以篆书参入山水，以草书参入兰草，以隶书参入竹石，就其作品中，皆可以寻出个中消息。故其画师资不一，而取材丰富。此外取材于金石诗文者，尤不一而足。至于读书养气，师曾尤有心得。仅就画论，于其著笔处，容易了然，但其布白，尤为幽微奥妙。盖其心胸空旷，毫无半点机械，乃能运气于画而得升降沉浮之妙。至其用笔之轻重，颜色之调和，以及山水之勾勒，不知者以为摹仿清湘，其实参酌西洋画法甚多。总括言之，师曾之画，取途渊博，用笔得之于书法，参之以西洋画法，于其作品中，随处均可寻出。【28】

陈三立的座师陈宝琛，是陈师曾的师爷一辈人，惊闻师曾去世，亦写下《哀陈师曾诗》：

> 笔耕代禄养衰亲，清白儿孙故耐贫。
>
> 三绝能为殊言重，一暝谁谓彼苍仁。
>
> 戴星力疾轻千里，亦画来过欠五旬。
>
> 我为寿耇犹泪下，可堪老蘖对肖辰。【29】

其时远在数万里之遥的比利时首都布鲁塞尔的蔡元培，得知陈师曾去世的噩耗后，非常悲痛，他在《哀陈师曾》一文中写道：

> 陈师曾君在南京病故。此人品性高洁，诗书画皆能表现特性，而画尤胜。曾在日本美术学校习欧洲画时，参入旧式画中，有志修《中国图画史》。在现代画家中，可谓难得之才，竟不永年，惜哉！【30】

吴昌硕对其弟子的去世亦十分悲痛，时年80高龄的他，纪念方式也最为简练。他为爱徒题词："朽者不朽"！

袁思亮是陈三立的弟子，详知陈师曾的生平事迹，对其艺术的认识亦颇为深刻，《陈君师曾墓志铭》即为袁思亮所撰，铭中曰：

> ……尤擅山水、花鸟、人物，工篆刻章印，出奇造意，矫柔为刚，视若怪丑，神理自媚，并世治艺事者，敛手推服，莫之先焉。远近辇缣素金石求索，踵趾交错，虽海东西诸国，亦争相贸致，声价隆起，重一时矣。至性悾悾，笃于内行，研索道术，淹贯中外，其所挟持，固不可

一世也。……觥觥侍郎挺名世，考功雄文孰趾美？笃生哲英作门子，包孕流略穴经史。旁缀艺事摩圣垒，万灵呼吸吐在纸。雕镌六书泣神鬼，光气岳岳韬不晦。重译梯航走珠琲，名高志隐夺以毁……【31】

梅墨生在《文人画的薪传》一文中说：

在强大的"五四"新文化运动的"西化"风潮中，独持己见，抵制了那种民族虚无主义的论调。陈师曾的立论，立足于对传统绘画的历史反思与文化体认，一定程度上捍卫了民族艺术的尊严并确认了传统文人画的价值。今天看来，当年陈师曾的一些论断仍不失其合理性……

陈师曾身处风云际会的本世纪（即上世纪——笔者注）初，其交游广泛，皆学界名流，且主张持论均有不同者，如蔡元培、鲁迅、李叔同、吴昌硕、徐悲鸿、齐白石、木村西崖（日本人）等等，正是在不同的文化观念中，陈师曾独立思考，表现了现代文化人和杰出艺术家的品操气概。我以为，简单地归类二十世纪初叶的文化论争为传统派和革新派，似嫌笼统。革命派、改良派、折中派、国粹派无疑都有自身持论的价值，探讨是无止境的。陈师曾对传统文人画的首肯与推誉，并不能简单视为是一种"国粹"主义的"卫道"，其深切处在于，它是基于有良知的现代文人对历史文化的命运反思。以陈师曾的渊博学养与良好艺术感受力为底里的论断，显然并不是狭隘的文化守成主义所能梦见。在古今中洋的歧见中，中国画曲折地发展着。三四十年代后，潘天寿、傅抱石等艺术家的主张，可以说，恰与陈师曾相呼应。至少，作为否定传统论的对应存在，这派观点在振兴民族传统绘画方面是有良好作用的。康有为、鲁迅、胡适、陈独秀等人在推动社会历史进程中都有不同的作用。但不能不看到康有为的艺术短视、鲁迅的偏激、胡适的洋化、陈独秀的民族虚无……当然，陈师曾对文人画的价值讴歌，自然也无法遮蔽文人画末流的因袭酸朽与了无生意，这当是另外的问题了。有意味的是，与前述诸人的论调相左，不仅陈氏坚定地持此论断，便是黄宾虹等人也对文人画给予了相当的肯定，特别是在对待以书入画、以"金石气"入画的表现时，黄宾虹甚至认为嘉道碑学中兴以后的中国画是"画学中兴"，几与陈氏之论相颉颃。【32】

陈师曾去世将近100年了，时至今日，在许多画集、书籍、文章中，仍有人念念不忘陈师曾，此正如吴昌硕所题："朽者不朽"！

九、逸闻趣事

追看花轿

陈师曾与鲁迅同在教育部任职时，交往密切，常集数人到绒线胡同西口的一家清真饭馆吃牛肉面。一次，几人正在街上行走，恰好有结婚的仪仗从街上经过。陈师曾认真观察，不知不觉离开同伴，跟着花轿一道前行，还几乎与执事者相撞。鲁迅等人发现陈师曾不见了，回头寻觅，发现他正紧跟花轿细细观看，大家都笑话陈师曾想看新娘子，陈师曾也不作分辩。不久，看到他画的风俗图《鼓吹手》《执事夫》，大家才明白，他追看花轿是为了仔细观察生活。

巧收润金

有一位叫潘馨航的人，对陈师曾的画十分欣赏。一次他登门请陈师曾作小画 16 方。早期陈师曾此类画的润金是每方 1 元，合计 16 元。潘先生心里认为定价太低，便给了 20 元。陈师曾不愿多收，他说："我的画论价或许不止这些钱，但润例既定，就按规定收取，一文也不能多收"。一个要多给，一个要少收，争执起来，还是站在旁边的陈师曾弟子出了个主意，请陈师曾再画 4 方给潘先生，大家都笑了。

伯仲之乐

师曾的弟弟隆恪擅诗，亦爱赏画作画，师曾总是拿出自己的精品扇面请隆恪挑选，并为隆恪刻了石章、铜印，又以隶书书写姜白石词的长联，送给隆恪。隆恪也挥毫作写意小画送给师曾，兄弟间常以诗画唱和，大有"伯氏吹埙，仲氏吹篪"之乐。

常为"领袖"

旧时，北京画界有一种风气，一些爱好绘画且喜附庸风雅的人，常邀聚若干画家到家中饮酒谈画，且于座中请来宾合作，共画一长卷或一条幅，并视先动笔者为"领袖"。在这种场合，陈师曾总是胸怀坦荡，不虚作谦让，往

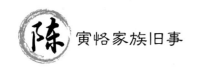

往率先提笔一挥，其他人再添墨点彩成就一画。随后该画在报刊上发表，陈师曾的名字也就理所当然的写在前头。因他画艺和品德出众，谁也不会生嫉妒之心，总是口服心服，乐随其后。

好友名"堂"

陈师曾到北京后，曾在友人提供的房子里住过数年。该处的院子里有一棵槐树，陈师曾据此将居室命曰"槐堂"，自用印亦有"槐堂"，并因以为号。一次，陈师曾欲赠一石印给鲁迅，鲁迅很高兴，师曾问刻作何字。鲁迅想了一想，对陈师曾说："你不是叫'槐堂'吗？那我就叫'俟堂'吧。"

看人赠画

1992 年，陈师曾之子陈封猷在给修水县政协的信函中曾提起一事："父亲当年在北京作画很多，但他自己认为好的作品并不是太多，他对这些作品总是很珍惜的。一次，有人来求画，他正是灵感来时，画成后便高兴地给了来人。过后，他觉得这张画是自己的得意之作，而来人是一个并无艺术修养的人，不配得此画。于是他特地到那位先生家去拜访，并将携带的另一幅画换回那一张画。"此事乍一听是有点怪，但是想想俞伯牙钟子期之故事，就能理解了。

推重青年

陈封猷还提起一件事：陈师曾对青年绘画爱好者非常尊重和爱护。有一年夏天，陈师曾手拿一把折扇在朋友间传观，此扇上有某无名青年画家的画，他把这青年的简历贴在扇骨上，并滔滔不绝地称赞该扇面画的好处。他这样做，目的是提高青年画家的知名度。经他大力推崇，那位青年很快就被更多的人赏识了。"君子成人之美"，在现实生活中，有的人总是方便别人，帮助别人，成就别人；有的人总是刁难别人，欺负别人，打压别人。品格高下，一如泾渭之分明。

大师弟子

京剧大师梅兰芳除了唱戏之外，在业余爱好中，绘画也有相当造诣。他先拜过王梦白作绘画老师，后又拜陈师曾为师，陈师曾为此还作画以记之。

惜陈师曾英年早逝，师生关系时间不长。

收女弟子

现代著名女画家江南蘋，在 17 岁时曾拜陈师曾学习绘画，陈师曾高兴地接收了这第一位女弟子。三年后，陈师曾为江南蘋刻"槐堂女弟子"白文印一方，边款为"南蘋专心绘事，问道于余，为刻此印，以志不忘。若拟随园，则吾岂敢？壬戌八月师曾记"。

1930 年，叶恭绰先生出版陈师曾遗诗，就是以江南蘋毛笔小楷抄本影印。江的书写，十分秀丽工整。

"息斋玩具"

李叔同出家前赠给陈师曾的物品，乃是中、日民间的艺术品，有泥马、泥鸭、泥娃、竹龙、布老虎、日本泥偶及维纳斯雕像等。陈师曾不忘老友，第二年，他将这些赠品画成一条幅，题为《息斋玩具图》（李叔同曾用"息斋"署名），挂于墙上，并题跋："友人李叔同去岁出家杭州，以平日所爱玩之物，分赠纪念，因图其形象。上天下地，同此赏爱者，有几人哉？"

不"瘦"不"俗"

1922 年秋，为纪念北宋文学家、书画家苏东坡诞辰 885 周年，北京画界王梦白、陈师曾、姚茫父、凌植支、齐白石等十几人在罗雁峰的东城"罗园"雅集。修水老话说，"三个屠夫讲杀猪，三个秀才讲诗书"，画家们聚在一起，自然少不了作画。其中，王梦白三笔两笔，画了一只猪，请陈师曾补画，"猪"的旁边补画什么好，还真得认真琢磨。只见陈师曾略一思索，即以数竿劲竹补之，大家以为此举最妙，造想最奇。盖因苏东坡曾有"宁可食无肉，不可居无竹。无肉使人瘦，无竹使人俗……"之语。苏东坡是强调"竹"更为重要，"肉"应次之。但王、陈的合作，则表示既不能俗，亦不要瘦。

"关系不同"

1933 年夏，陈三立移居北京。1935 年冬陈师曾的夫人黄国巽请齐白石为

陈三立画像。尽管齐白石已 40 年不画肖像画了，但对于好友家的请求，齐白石二话不说，就为陈三立画了一幅四尺的工笔肖像，而且坚决不收润金（此画见陈小从著《图说义宁陈氏》一书第 128 页"齐白石绘'散原先生像'"）。

陈师曾之子封雄在一篇文章中曾说：在齐白石 70 多岁时，我的一位叔父从南方写信，托我母亲购一张齐白石的画。我陪同母亲到跨车胡同 15 号齐老先生寓所。老先生听我母亲说明来意后，满口答应次日取画。第二天果然画好了，画的还是拒绝为别人画的虫鸟。至于润金，齐白石怎么也不愿收，并说：师曾夫人所求，我怎么能要钱呢？关系不同啊！

挚友祭父

"七七"事变后，三立老人忧愤而死，此时距师曾去世已 14 年了。陈师曾早年的挚友齐白石，为摆脱鬼子、汉奸的纠缠而在大门上贴了告示，闭门不出。当齐白石得知三立老人去世的消息，立即破例出门，亲往拜祭，并画了一幅《萧寺拜陈图》以志纪念，还送上挽联：

> 为大臣嗣，画家爷，一辈作诗人，消受清闲原有命；
>
> 由南浦来，西山去，九天入仙境，乍经离乱岂无愁！

十、师友简介

齐白石（1864～1957 年），字濒生，号白石、白石山翁、寄萍堂主人，湖南湘潭人。近现代中国画大师，擅长中国画、书法、篆刻和作诗，作画过万，留诗三千。

齐白石幼时家境贫寒，只读了不到一年私塾便务农。15 岁学做木匠，后又从师学画像。27 岁开始从湘中名士胡沁园、陈少蕃习诗文书画，37 岁拜湘中大儒王闿运为师。1917 年 57 岁时避兵匪之乱赴京，后结识陈师曾。在陈的指导下，齐白石改变画风（衰年变法），形成了笔墨雄浑滋润、色彩浓艳明快、造型简练生动、意境淳厚朴实的风格。1922 年，陈师曾将齐白石的作品带到日本参加中日画展，从而使齐白石名扬中外。新中国成立后，齐白石任中国美术家协会主席等职。

"白石"别号

早年教齐白石画画的胡沁园，有次与他说，你画画题款怎么没有别号呢？白石说，学生没别号，请老师取一个吧。胡沁园说，离你家不到一里的地方有个驿站叫白石铺，虽无名山大川，但田园风光十分美好，我看你就叫白石山人吧！但这个别号无论是叫还是写，都嫌有点啰唆，所以以后题画时，他只写"白石"二字，后来这两个字便驰名中外了。

画"活"虾子

齐白石画虾，已入化境，这是花了几十年工夫的。年轻时他开始画虾，到"衰年"已画得很像了，但他嫌不"活"，便在家养了几只长臂虾，每日细细观察，画时不断琢磨，不断改进。一次，齐白石问他的学生：你们跟我学画虾这么久了，知道虾应该在第几节打弯吗？无人能答出。齐白石说：应该在第三节打弯。

"官入民家，百姓不利"

1937 年日寇侵占北平，齐白石为防日伪利用，坚持闭门不出，并在家门口贴出告示："中外官长要买白石之画者，用代表人可矣，不必亲驾到门，官入民家，主人不利，谨此告知，恕不接见。"

鲁　迅（1881～1936 年），原名周树人，字豫才，浙江绍兴人。以笔名"鲁迅"闻名于世，毛泽东赞扬他不但是文学家，而且是思想家和革命家。18 岁入南京江南水师学堂，后改入陆师学堂附设路矿学堂读书。22 岁派赴日本入东京弘文学院学习，24 岁入仙台医学院学习，29 岁归国。先后在浙江两级师范学堂、绍兴中学堂任教。32 岁后任北洋政府教育部金事（级别略高于科长）。40 岁后在北京大学、北京高等师范、北京女子师范大学等校兼课。一生中写有大量杂文、散文、短篇小说等，有《鲁迅全集》18 卷约 700 万字传世。

弃医从文

鲁迅在日本仙台医学院学习时，有次上细菌学课，要用幻灯来显示。老师讲完课，因还未到下课时间，便放了一个时事片，说的是日俄战争时，有

个中国人当了俄国人的间谍，被日本人抓获要枪毙，而刑场周围却有许多中国人在看热闹。这时身边有日本学生狂呼"万岁"，有的人斜眼看着鲁迅，议论说："看看中国人这个样子，中国肯定会亡国。"此情此景，令鲁迅怒火中烧。他深感中国人如果思想不觉悟，仅靠体格强健又有何用？于是，他弃医从文，决心以此唤醒中国民众。

马虎与认真

一次鲁迅到理发店理发，理发师不认识他，见他衣着简单，理发时便马虎对待。鲁迅不但不生气，而且还随意掏出钱来给理发师远远超出理发的费用。理发师大喜，满脸堆笑。

第二次鲁迅仍到这家店理发，这次理发师认识他了，笑脸相迎，并拿出本领极为认真地为鲁迅理发。而这次鲁迅付费时一个子儿也没有多给。理发师满脸疑惑："先生，上次您那样给，怎么这次……？"鲁迅笑答："上次你马马虎虎地理，我就马马虎虎地给；这次你认认真真地理，我也就认认真真地给。"

巧对特务

鲁迅写文章得罪了当局，所以有时被特务跟踪。一次，鲁迅在街上走，发现又有个特务跟在后面盯梢。鲁迅转身拿出一块钱递给特务："拿去买碗饭吃吧"。特务见鲁迅把他当叫花子，哭笑不得。

杨昌济（1871～1920 年），字怀中，湖南长沙县人。伦理学家、教育家。杨昌济出身书香门第，高祖、曾祖为太学生，祖父、父亲均在家乡教书。杨昌济父母早逝，这给他的童年蒙上了浓重的阴影。17 岁时与表妹向仲熙结婚，后两次参加乡试不中，便在乡间设馆授徒。1898 年就读岳麓书院，加入了陈宝箴所创办的"南学会"，为"通迅会友"。戊戌政变后避居家乡，1903 年东渡日本。为表示留洋而不忘祖国，取字"怀中"。先后入东京弘文学院、东京高等师范学习。1909 年，赴英国勒伯丁大学学哲学、伦理学和教育学。1913 年回国，婉谢湘督谭延闿的"湖南省教育司长"之任命，怀着"强避桃源作太古，欲栽大木柱长天"的志向，投身教书育人的工作，先后在湖南高师、一师、一中等校任教，培养了毛泽东、蔡和森等杰出人才。1918年应蔡元培之邀，任北京大学伦理学教授。1920年初病逝，年仅50岁。在友人资助下才安排丧事，归葬家乡长沙县板仓，后人尊称他为"板仓先生""板仓杨"。有《达化斋日记》《杨昌济文集》传世。

杨昌济之子杨开智，早年入国立北京农业专门学校（今中国农业大学）读书，后一直在湖南先后从事林业、茶叶方面的工作。解放后任湖南省政协委员、全国政协委员。杨开智的女儿杨展，1937年17岁时加入共产党，后赴延安。湖南解放时，杨开智日日盼望能在解放军队伍中看到女儿的身影，未获。后经毛泽东写信告知，杨展已于8年前的1941年在晋察冀牺牲，年仅21岁。

杨昌济之女杨开慧，毛泽东的第一位夫人，早期革命烈士。

吴昌硕（1844～1927年），原名俊，字昌硕，别号缶庐、苦铁、老苍等，浙江安吉人。我国近现代书画艺术发展过渡时期的关键人物，诗、书、画、印四绝的一代宗师。

吴昌硕的书画贵于创造，他以篆刻刀法入书法，以书法入画，艺术上别辟蹊径，能达到"奔放处不离法度，精微处照顾气魄"的效果。他30岁时求教于名重一时的画家任伯年，以石鼓文的篆法入画，任伯年看后拍案叫绝，并预言吴昌硕必将成为画坛的中流砥柱。

日本艺术界对吴昌硕极为推崇，推他为"印圣"，将他与书圣王羲之、画圣吴道子、诗圣杜甫相提并论，称他为唐代之后的第一人，曾专门铸造吴昌硕半身铜像赠送给西泠印社（吴昌硕为该社第一任社长）。在吴昌硕诞辰160周年之际，日本东京银座美术馆还举办了吴昌硕画展。

吴昌硕书、画、印作品有《吴昌硕作品集》《吴昌硕画集》《苦铁碎金》《缶庐近墨》《缶庐印存》，另有诗集《缶庐集》。

吴昌硕有三子一女，次子吴涵、三子吴东迈均善篆刻书画。

上海浦东建有吴昌硕纪念馆。

小故事一则，便见大师人格。一次吴昌硕访友回家，途中遇雨，便在一处废园中避雨，恰遇一卖豆浆者也在此避雨。两人交谈起来，卖豆浆者渐渐知道他是一位大画家，也不知深浅，就随口请他"画一幅画送给我吧"。吴当时画作的润格少则几两、多则几十两银子。但吴一不问他是否有钱，二不问

他能否欣赏，而是满口答应。几天后，卖豆浆者试探着上门询问，吴昌硕果然早已认真地为他画了一幅，还在画上题诗一首，记叙两人在一起避雨的经过，以作纪念。

李叔同（1880～1942年）。说起李叔同或弘一大师，也许有许多朋友不太了解，但当您唱起"长亭外，古道边，芳草碧连天……"这首集古今送别诗之大成的歌曲《送别》时，你就会深深地敬佩这首将美国歌曲的曲谱配上悲凉凄美歌词的作者李叔同了。《送别》的曲谱在美国人的心中已渐渐淡化，但这首经李叔同填词的歌曲《送别》却在中国传唱百年至今不衰。

李叔同是浙江平湖人，出身官宦富商之家。他才华横溢，学贯中西，集传统文化、新文化和西洋文化于一身，在音乐、戏剧、美术、诗词、篆刻、金石、书法、教育、哲学、法学等众多领域都有较高的建树。著名画家丰子恺、音乐家刘质平等文化名人皆出其门下，鲁迅、郭沫若等文化名人以得其一副字为无尚荣耀。鲁迅得李叔同的书法作品后，曾评价说："朴绌圆满，浑若天成。得李师手书，幸甚！"

"半世潇洒半世僧"。正当他在文化艺术上绚丽至极之时，突然于38岁时又遁入空门，成为一代高僧，被佛门弟子奉为律宗第一代世祖。

李叔同给人们留下了太多的精神财富。正如他的学生丰子恺所说："少年时做公子，像个翩翩公子；中年时做名士，像个名士；做话剧，像个演员；学油画，像个美术家；学钢琴，像个音乐家；办报刊，像个编者；当教员，像个老师；做和尚，像个高僧。"

天津（李叔同出生地）和原籍浙江平湖均有李叔同纪念馆。

蔡元培（1868～1940年），字子民，浙江山阴人。17岁中秀才，18岁教书，21岁中举，24岁为进士，26岁为翰林院编修。他早年加入同盟会，为中国近现代著名的革命家、政治家、教育家，但其一生的价值主要体现在教育事业上，毛泽东曾称其为"学界泰斗，人世楷模"。

民国后，蔡元培任南京临时政府教育总长，即大力改革封建的教育体制，确立了较为完备的资产阶级教育体制。1916年任北京大学校长，实行"囊括大典，网罗众家，思想自由，兼容并包"的办学方针，延聘李大钊、陈独秀、鲁迅等人任教讲学，积极支持新文化运动，使北大不仅成为全国学术研究中心，而且成为新文化运动的摇篮。改革大学管理体制，实行教授治校和民主管理，重视对学生的品德和美学教育。他的办学理念至今对我们的教育工作仍有不可忽视的借鉴作用。

蔡元培曾先后援救过杨开慧、许德珩、丁玲等人。"九一八"事变后，他力主抗日并赞同共产党的抗日主张。

胡适曾评价蔡元培：本人的学术不是十分高深，但他"真能做领袖"，能"充分用人"，"能充分信用他手下的人。每委人一事，他即付以全权，不再过问；遇有困难时，他却挺身而负其全责；若有成功，他每啧啧归功于主任的人……因此，人每乐为其用，又乐为尽力"。此等做领袖的作风，亦可为其他领导者所借鉴。

蔡元培有关教育的名言：

"要有良好的社会，必先有良好的个人。要有良好的个人，就要有良好的教育。"

"所谓健全的人格，内分四育：即一体育，二智育，三德育，四美育……学校教育注重学生健全的人格，故处处要使学生自动。"

"德育实为完全人格之本，若无德则虽体魄智力发达，适足助其为恶，无益也。"

"美育者，应用美学之理论于教育，以陶养感情为目的者也……美育者，与智育相辅而行，以图德育之完成者也。"

"教育者，非为已往，非为现在，而专为将来。"

姚茫父（1876～1930 年），名华，字重光，别署莲花龛主，贵州省贵筑县（今属贵阳市）人。光绪三十年（1904 年）进士，后留学日本入东京法政大学。民国后，出任北平女师、美专校长，为清末民初著名的书画家、诗人、经史学家和艺术教育家，与陈师曾的人品学问及诗、书、画、印"四全"相伯仲而被时人并称为"姚陈"，为民国初年北京公认的"画坛领袖"。鲁迅曾评价说："北京书画笺大盛则在民国四五年后之师曾、茫父时代。"

姚茫父的书法，各体参透，以篆作隶，以隶作楷，方圆并济，自树新风。又以书法笔墨入画，直写胸臆。陈师曾曾题其画："好山到眼散千忧，草稿真能尽意搜。此境旁人不足投，荒湾野水似同游。"

他所首创的"颖拓",介乎书与画之间,以观摩古代金石碑刻为主,精妙绝伦,玄奇空灵,令人叹为观止。郭沫若盛赞"茫父颖拓实古今来别开生面的奇画"。姚的业绩成就得到当时文化界的一致公认,梁启超、鲁迅、郭沫若、郑振铎、陈师曾、陈叔通、郑天挺、马叙伦、梅兰芳等大师级的人物都对其有高度评价。刘海粟曾说:"近百年来京都画师夥颐,推及抗战前大家,必曰陈师曾、姚茫父、王梦白、齐白石。"

姚茫父又是一位具有傲骨的正义文人。1926年北京"三一八"惨案,刘和珍等进步学生被害,姚对反动军阀的暴行义愤填膺,写下《二月六日雪》诗一首:"留得一冬雪,春来两度看。为因埋战血,较觉作花寒。未寄仍将积,施消若已残。不成惠连赋,愁思动长安"。与鲁迅的《纪念刘和珍君》一文所发的哀悼声相呼应。

姚茫父一生著述颇丰,有诗、词、曲、文集、画册数十卷。

金　城(1878~1926年),字拱北,祖籍浙江吴兴县,生于北京,为我国近现代著名画家。金城家学渊源深厚,兄弟姐妹均留学欧美,其本人亦在英国攻读法学,并赴美国、法国考察法律和美术,回国后曾任众议院议员、国务秘书等职。曾倡议将故宫内库及承德行宫所藏金石、书画于武英殿展览,供广大民众和画家研习。展览期间,他则携笔研坐,刻苦钻研,临摹古代佳作珍品,其临摹古画的成绩斐然,极得古人之韵。

1918年,他与陈师曾等在北京筹建中国画学研究会,许多有绘画基础的青年聚集于研究会,金城讲授古代绘画的成就,竭力提倡保存国粹。

金城著有《藕庐诗草》《北楼论画》及《画学讲义》等。2012年,有天津人民美术出版社出版的《中国近现代画家:金城画集》,内收其画作近200幅,并附有遗珍、常用印及年表。

王梦白(1888~1934年),名云,字梦白,祖籍江西丰城,生于浙江衢县。为现代著名画家。父丧,母送其到灯笼店、钱庄学徒。在经济十分困难和老板不断责罚的困境中勤奋习画,不久竟成为衢城的名画家。

民初,王梦白赴京,在司法部任录事,后在陈师曾等人的指导下,画艺大进。1920年,陈师曾推荐王梦白到美专任国画系主任、教授。由于与齐白石同在美专任教,又同受陈师曾的厚爱和指导,时人称齐、王为"京城二白"。

齐白石还让自己的三个儿子都拜王梦白为师，成为京城画坛一大佳话。

王梦白善画花鸟，尤善画猴。曾任北京画院院长的王雪涛，评价他的老师王梦白作画的特点是三快，即眼快、手快、心快。如现藏中国美术馆的《豆荚蚂蚱图》《海棠蟋蟀图》等，蚂蚱、蟋蟀的瞬间动态描绘得活灵活现，使人感到"当其下手风雨快，笔所未到气已吞"的精神畅快。其实，他的眼快、手快只是表象，关键是"心快"。他极善观察，并有惊人的默写能力。他在动物园写生，常常眯起一只眼睛静静地看个够，然后转身背临，尽得神韵。

1959 年，人民美术出版社出版了《王梦白画选》。

注　释：

【1】陈三立《长男衡恪状》，《散原精舍诗文集》第 1026 页。

【2】《图说义宁陈氏》第 61 页。

【3】朱万章著，《中国名画家全集·陈师曾》第 6 页。

【4】朱万章著，《中国名画家全集·陈师曾》第 13 页。

【5】朱万章著，《中国名画家全集·陈师曾》第 15 页。

【6】朱万章著，《中国名画家全集·陈师曾》第 68 页。

【7】【8】见俞剑华著，《中国画家丛书·陈师曾》。

【9】朱万章著，《中国名画家全集·陈师曾》第 82 页。

【10】《兼于阁诗话》第 317~318 页。

【11】李一氓（1903～1990 年），四川彭县人。老一辈革命家，又是诗人和书法家。他历经北伐、长征、抗日战争和解放战争。新中国成立后曾任中共中央对外联络部副部长，晚年任国务院古籍整理出版规划领导小组组长。

【12】参见《陈师曾书画精品集》，载龚产兴《陈师曾的生平和艺术》一文及陈师曾《逾墙》一画。

【13】朱万章著，《中国名画家全集·陈师曾》第 101～104 页。

【14】华光为北宋高僧、画家，始创"墨梅画法"。

【15】"乃园"，武汉的赏梅胜境；"邓尉"为苏州的赏梅胜境；"晨光"，日本大森之晨光阁，亦为赏梅胜境。

【16】此件原存修水县竹塅陈三泗老人处，后存入修水黄庭坚纪念馆，1994 年修水县政协《一门四杰》一书梓行，始将此件披露于学术

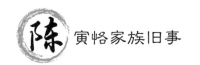
界。因保管条件所限，此件已严重变质，触之易碎，难以展读。原件中破残字迹，由刘经富先生推敲辨识。

【17】郅都，汉代人，景帝时拜中郎将，敢直谏，后迁中尉，行法严酷，不避权贵，列侯宗室侧目而视，号曰"苍鹰"。

【18】原载 1923 年 10 月 18 日《晨报》，《饮冰室合集·集外文》上册。

【19】【20】《八指头陀诗文集》第 99 页。

【21】朱万章著，《中国名画家全集·陈师曾》第 167～171 页。

【22】2010 年 3 月 8 日笔者观看中央台 10 套《百家讲坛》节目，吕立新讲《水墨齐白石》。

【23】《齐白石传》第 323～326 页。

【24】《齐白石传》第 362～367 页。

【25】《齐白石传》第 368 页。

【26】《陈师曾诗文集》第 301～302 页。

【27】《陈师曾诗文集》第 303 页。

【28】朱万章著，《中国名画家全集·陈师曾》第 162～163 页。

【29】【30】朱万章著，《中国名画家全集·陈师曾》第 169 页。

【31】朱万章著，《中国名画家全集·陈师曾》第 159 页。

【32】《荣宝斋画谱 116·花鸟山水部分/陈师曾绘》目录的前一页所载。

参考资料：

[1] 俞剑华著，《中国画家丛书之一·陈师曾》，上海人民美术出版社，1981 年 6 月版。

[2] 陈声聪著，《兼于阁诗话》，上海古籍出版社，1985 年 10 月版。

[3] 陈封雄、谷溪编，《陈师曾画铜》，人民美术出版社，1996 年版。

[4]《近现代篆刻名家精品——陈师曾印集》，北京工艺美术出版社，1998 年 1 月版。

[5]《长男衡恪状》，载《散原精舍诗文集》，上海古籍出版社，2003 年 6 月版。

[6] 朱万章著，《中国名画家全集·陈师曾》，河北教育出版社，2003 年 8 月版。

[7]《陈师曾书画精品集》，人民美术出版社，2004 年 2 月版。

[8] 郑逸梅著，《艺林散叶》，中华书局，2005 年 1 月版。

[9] 林浩基著，《齐白石传》，学苑出版社，2005 年 11 月版。

[10]《八指头陀诗文集》，岳麓书社，2007 年 12 月版。

[11] 刘经富辑注，《陈衡恪诗文集》，江西人民出版社，2009 年 11 月版。

第五章　史学大师——陈寅恪

一、生平事略

陈寅恪（1890～1969 年），陈三立第三子（大排行第六，故其兄、下辈称其为六弟、六叔），光绪十六年五月十七生于长沙周达武宅（即唐刘蜕故宅地，入民国后为周南女中）。因该年为庚寅年，所以祖母黄太夫人为他起名为"寅恪"。

陈寅恪是现代著名的史学大师、教育家，在国内外学术界享有崇高声誉。他学识渊博，5 岁即随二兄隆恪在家塾读书，12 岁（1902 年）随长兄师曾东渡日本，自此开始了长达 20 余年的求学之路。13 岁至 16 岁在日本弘文学院学习，16 岁时因脚气病严重而回国休息，17 岁入上海复旦公学，21 岁入德国柏林大学，22 岁入瑞士苏黎世大学，23 岁至 24 岁在法国巴黎大学（一说巴黎高等政治学校）。24 岁（1914 年）这年秋，因第一次世界大战爆发，且有江西省教育司电邀，陈寅恪回南昌，阅留德学生考卷三年（阅卷非日常工作），并许补江西留学官费。25 岁时，应经界局局长蔡锷的邀请，到北京任蔡锷的秘书，[1] 至是年冬蔡锷潜回云南组织讨袁护国止。26 岁（1916 年）受湖南省主席兼督军谭延闿邀请，任湖南省省长公署交涉股长，陈寅恪在日本弘文学院的同学林祖涵（即林伯渠，抗战时任陕甘宁边区政府主席，延安"五老"之一）被任命为总务股长兼秘书。[2] 28 岁这年冬，从上海乘船赴美，于次年初入哈佛大学，师从兰曼（C.R.Lanman,1850～1941 年）教授习梵文希腊文等。31 岁（1921 年）这年秋，离美赴德，入柏林大学研究院，研究梵文及

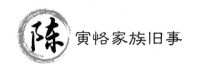

东方古文字学。1925年，35岁的陈寅恪受清华国学研究院邀请，于次年回国任教，与王国维、梁启超、赵元任并称清华四大导师。之后，为清华大学中文、历史两系"合聘教授"，曾一度兼任北京大学历史系教授。同时，还兼任国民政府中央研究院理事、院士、历史研究所研究员兼第一组主任、故宫博物院理事、清代档案委员会委员。抗战期间，拖家带口辗转数千里，先后在长沙临时大学、西南联合大学、香港大学、广西大学、成都燕京大学任教。1939年，受聘为牛津大学教授，并被选为英国皇家学会通讯院士。抗战后，回清华大学任教。1948年冬南下广州，任岭南大学教授。1952年岭南、中山两校合并后，任中山大学教授。1955年任中国科学院哲学社会科学学部委员，中科院历史二所所长（先生力辞不就，荐陈垣以自代），中央文史馆副馆长，第二届全国政协委员，第三届、第四届全国政协常务委员。

陈寅恪通晓英、法、日、德、俄及梵文、突厥文、西夏文、满文等14种文字。凡史学、宗教学、语言学、人类学、校勘学、文学，他都有精湛的研究。尤其特长于史学，对魏晋南北朝史、隋唐史、蒙古史及佛教经典等造诣更深，被史学界尊为一代宗师。对旧体诗也是卓然大家，其诗作寄意深远，多为绝作，不少可作诗史看。

陈寅恪的一生，"生于满清季世，身历戊戌变法、辛亥革命、北伐抗战、国共内战，以及史无前例的'文化大革命'，可说与中国近代的动乱与苦难相终始，亦即是寅恪所谓之'神州沸腾，寰宇纷扰'之世。"[3] 但他的一生，却是奋斗的一生，自5岁始，当学生30年，当教授44年……

1966年始，因"文革"中遭受严重迫害，陈寅恪的身体日趋衰弱，终于1969年10月7日在中山大学去世，享年80岁。陈寅恪去世后，境外即有众多学人发表大量的纪念文章。中共十一届三中全会后，大陆则掀起了30年的"陈寅恪热"，成为现代一位学者去世后罕见的现象。

由于专注于学业，陈寅恪39岁才结婚。夫人唐篔，字晓莹，广西灌阳人。父早殁，祖父系清末台湾巡抚、一度带领台湾军民奋力抗倭的唐景崧。唐篔于1915年毕业于天津女子师范学校，因家庭困难未升学，而任小学教师。1917年秋，以公费身份赴上海体育师范就读，1919年毕业，回天津师范任体育主任。后又进入南京金陵女子大学体育专业本科学习，后在北京女子师范大学任体育教师，曾担任北京中等以上学校体育联合会裁判，参与北京体育学会的工作，流求姐妹至今还珍藏着母亲1925年北京女子运动会的银质纪念杯。

唐筼能文善诗，书法亦佳，言行修养极好。在生下流求以后，一是身体很差，二是要操持家务以便寅恪先生全身心投入工作，只好离开教师岗位。在与寅恪先生40多年的共同生活期间，她既悉心照料先生的饮食起居，在治学上又是先生的得力帮手：查资料、读书报，录文章、誊诗稿……并与寅恪先生相互唱和40余题。所以流求姐妹说："在我们家中，母亲几乎无时不在，无处不在。她所做的一切，看似平凡，却如涓涓细流一直滋养润泽着父亲和孩子们。她所发挥的作用，随着岁月的增长越来越重要，尤其到了父母暮年，可以说没有母亲就没有父亲：她对父亲生活上无微不至地照顾，业务上倾心竭力地帮助，尤其是精神上的全心支持，是他们得以共同生活下去的根本。"【4】在寅恪先生去世后，唐筼也感到自己的生命将要结束，遂简要地交代后事，于寅恪先生去世45天后去世。

二、读书种子

陈寅恪虽自幼聪颖，但这并不是他日后成就的根本原因。古人云："好学近乎知"，首先得"好学"。记得鲁迅先生说过：即使天才，刚生下来时的第一声啼哭，也和平常的孩子一样，决不会是一首好诗。当有人说到鲁迅是天才时，鲁迅说：哪里有天才？我是把别人喝咖啡的时间用在工作上。我们来看看陈寅恪30年的艰苦求学，就更能明白这些道理。

陈寅恪自5岁起，即与兄隆恪等在家塾读书。读书的气氛是轻松活泼和相对自由的。家塾延师，祖父陈宝箴尝与师约：第一不打学生，第二不背书。在家塾，对《说文》《训诂》用过一番苦功。陈寅恪不但能背《四书》《诗经》《左传》，对《十三经》也大部分能背诵，且每字必求正解。对于史书，他是无书不读，诸如《天官书》《货殖列传》《汉书·艺文志》《晋书·天文志》《刑法志》《隋书·经籍志》《新唐书·地理志》《三通》，各种《会要》以至《庄子》《荀子》等，几乎无书不读。【5】此外，还从友人留日者处学习日文。后随父到南京，除学四书五经外，还开有数学、英语、音乐、体育等课程。家中藏书颇丰，陈寅恪如鱼得水，终日埋头于浩如烟海的古籍及佛书之中，无不浏览。爱书嗜书，就像饥饿的人扑在面包上一样。看书太多太久，加上当时条件不好，昏灯黄卷，严重伤害了眼睛。在1944年他的左眼视网膜剥离日益严重看不见东西时，曾

对前来探望的好友王钟翰说过因太嗜书而严重伤眼的往事。

为了求学，走出国门，奔向世界，学习和吸收人类社会的文明成果，陈寅恪开始了漫长的留学生涯。1902年春，12岁的陈寅恪迈出了负笈东、西洋的第一步，随兄师曾东渡日本，入东京弘文学院。陈寅恪留日期间，主要精力是学习日文，同时留心观察日本的生活习俗，阅读日本的学术著作，研究日本的历史、文化的特点和中日文化交流的情况，对日本民族的特性有较深刻的了解。1905年冬，陈寅恪因脚气病严重，回国疗养。初出国门的四年，令陈寅恪开阔了眼界，除了增长不少知识，更体会到"读万卷书行万里路"的个中滋味。

陈寅恪回国后在家中调养了一年多，于1907年插班考入上海复旦公学，同窗好友中有日后著名科学家竺可桢和徐子明，并跟竺可桢还是同桌关系。在复旦公学，陈寅恪的求知欲益发旺盛，除史学、经学、文学外，还涉猎了天文、历算、地理、气象等方面，常与同窗交流读书心得。他的博学多才和真知灼见，常使同窗赞叹不已。

1909年，陈寅恪于复旦公学毕业后，考入德国柏林大学，由亲友资助，是年秋由上海启程，入柏林大学学习语言文学。此间，除学习专门知识外，并关心时事。1910年秋，闻日本合并朝鲜，奋而作《庚戌柏林重九作》一诗，诗中云："……偶然东望隔云涛，夕照苍茫怯回首。惊闻千载箕子地，十年两度遭屠剖。……兴亡今古郁孤怀，一放悲歌仰天吼。"作为中国过去附属国的箕子朝鲜，因清朝的衰弱，而今被倭寇吞并，唇亡齿寒，年仅20岁的陈寅恪有如此忧患意识，确实不同凡响。

1911年秋，陈寅恪入瑞士苏黎世大学。次年，因所带费用将尽，家中无法接济，故暂时回国。1913年春，陈寅恪入法国巴黎大学。1914年冬，陈寅恪应江西省教育司副司长符九铭电召回南昌，阅留德学生三年的考卷，并许补官费留学。1915年春，陈寅恪赴京，任新成立的经界局局长蔡锷的秘书，主要任务是帮蔡锷翻译外文资料并详溯中国经界之源流。是年11月，蔡锷秘密潜回云南组织护国讨袁，陈寅恪任蔡锷的秘书当为数月。1916年夏至次年秋，陈寅恪任湖南省公署交涉股长。1918年，陈寅恪启程前往美国，初入哈佛大学师从蓝曼教授学习梵文和巴利文。在此期间，因其好学和学识，与吴宓、汤用彤并称"哈佛三杰"。1921年再度赴德国入柏林大学研究院，研究梵文及东方古文字，凡四年。其间，陈寅恪节衣缩食，大量购买书籍，甘坐冷板凳，读世人爱读和不读之书。当时，许多人外出留学，是为了镀金装门面，甚至是换个洋环境嫖赌逍遥。此种情形，陈寅恪之弟登恪所著《留西外史》一书中就有记载，亦如杨步伟、赵元任在《忆寅恪》一文所说："那时在德国的学生们大多数玩的乱的不得了，他们说只有孟真和寅恪两个人是'宁国府大门前的一对石狮子'。"【6】

　　陈寅恪生活节俭，却舍得购书。陈寅恪之女美延追忆："父亲在德国留学期间，官费停寄，经济来源断绝，父亲仍坚持学习。每天一早买少量最便宜面包，即去图书馆度过一天，常常整日没正式进餐。"【7】又有一次，陈寅恪和俞大维请赵元任夫妇看戏，据杨步伟著《杂记赵家》记载："他们两个人给我们两个人送到戏园门口就要走。我问你们不看吗？我心想他们为什么对我们这样轻看，大维笑笑，寅恪说我们两个人只有这点钱，不够再买自己的票了，若是自己也去看，就要好几天吃干面包。我们心里又感激又难受，若是我们说买票请他们，又觉得我们太小气，不领他们这个情，所以只得我们自己进去看了。"又说"他们这一班人在德国有点钱都买了书了，有时常常的吃两个小干面包就算一顿饭"。【8】1923 年夏秋之间，陈寅恪的母亲俞夫人和长兄师曾先后去世，家中连遭不幸，经济也陷入困境，但家中未告知陈寅恪。故得知商务印书馆重印《大藏经》的消息时，陈寅恪写信给妹妹"请大哥和五哥在北京收购满蒙回藏文书"：

　　　　我前见中国报纸告白，商务印书馆重印日本刻《大藏经》出售，其预约卷价约四五百元。他日恐不易得，即有，恐价亦更贵。不知何处能代我筹借一笔款为购此书。因我现必需之书甚多，总价约万金。最要者即西藏文正续《藏》两部，及日本印中文正续《大藏》，其他零星字典及西洋类书百种而已。若不得之，则不能求学。我之久在外国，一半因为外国图书馆藏有此类书籍，一归中国，非但不能再研究，并将初着手之学亦弃之矣，我现甚欲筹得一宗巨款购书，购就即归国。此款此时何能得，只可空想，岂不可怜。我前年在美洲写一信与甘肃宁夏道尹，托其购藏文《大藏》一部，此信不知能达否？即能达，所费太多，渠知我穷，不付现钱，亦不肯代垫也。西藏文《藏经》，多龙树、马鸣著作而中国未译者。即已译者，亦可对勘异同。我今学藏文甚有兴趣，因藏文与中文，系同一系文字，如梵文之与希腊、拉丁及英、俄、德、法等之同属一系。以此之故，音韵训诂上大有发明。因藏文数千年已用梵音字母拼写，其变迁源流，较中文为明显。如以西洋语言科学之法，为中藏文比较之学，则成效当较乾嘉诸老

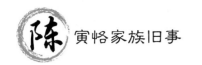

更上一层。然此非我所注意也。我所注意者有二：一历史（唐史、西夏），西藏即土蕃，藏文之关系不待言。一佛教，大乘经典，印度极少，新疆出土者亦零碎。及小乘律之类，与佛教史有关者多。中国所译，又颇难解。我偶取《金刚经》对勘一过，其注解自晋唐起至俞曲园止，其间数十百家，误解不知其数。我以为除印度、西域外国人外，中国人则晋朝唐朝和尚能通梵文，当能得正确之解，其余多是望文生义，不足道也。隋智者大师天台宗乃儒家五经正义二疏之体，说佛经，与禅宗之自成一派，与印度无关者相同，亦不要紧也（禅宗自谓由迦叶传心，系据《护法因缘传》；现此书已证明为伪造。达摩之说我甚疑之）。旧藏文既一时不能得，中国《大藏》，吾颇不欲失此机会，惟无可如何耳。又蒙古、满洲、回文书，我皆欲得。可寄此函至北京，如北京有满、蒙、回、藏文书，价廉者，请大哥、五哥代我收购，久后恐益难得矣。[9]

陈寅恪勤学苦读、爱书如命，治学方向及当时经济的捉襟见肘于上文可见一斑。下得苦功夫，才能求得真学问。1923 年毛子水到柏林时，傅斯年就告诉他："在柏林有两位中国留学生是我国最有希望的读书种子：一是陈寅恪；一是俞大维。"[10]

20 世纪 80 年代后期，陈寅恪先生的家属和中山大学历史系在清理先生遗物时，发现先生仅在德国留学几年的读书笔记就有 64 本之多，经其弟子季羡林、周一良、王永兴辨识，计有：

1. 藏文 13 本；

2. 蒙文 6 本；

3. 突厥回鹘文 14 本；

4. 吐火罗文 1 本；

5. 西夏文 2 本；

6. 满文 1 本；

7. 朝鲜文 1 本；

8. 中亚、新疆 2 本；

9. 佉卢文 2 本；

10. 梵文、巴利文、耆那教 10 本；

11. 摩尼教 1 本；

12. 印地文 2 本；

13. 俄文、伊朗文 1 本；

14. 希伯来文 1 本；

15. 算学 1 本；

16. 柏拉图（实为东土耳其文）1 本；

17. 亚力斯多德（实为数学）1 本；

18.《金瓶梅》1 本；

19.《法华经》1 本；

20. 天台梵本 1 本；

21.《佛所行赞》1 本。

季羡林教授并断言：

> 我在这里首先必须说一句，这些笔记本，虽然看起来数目已经很多了，但肯定还不是全部，一定还佚失了一些。至于究竟佚失了多少，我们现在已经无法统计。我们能有这样多笔记本，我觉得已经很不容易。空间从德国到中国，地跨万里；时间从二十年代到八十年代，跨越半个多世纪。中间屡经战乱，再加上十年浩劫，现在还能有这样多笔记本摆在我们眼前，我真想用一句迷信的老话来形容这个情景：神灵呵护。[11]

历史学家、北京大学教授吴小如先生在谈到陈寅恪等前辈师长时曾感叹："老一辈的专家才是真正读书，我们这一代人充其量不过是翻书、查书而已。"[12] 吴小如先生说他是"翻"书、"查"书，那我们呢，不说一天两天，就是一月两月，甚至一年到头，又"摸"过几次书呢？

三、清华名师

1925 年，身在德国的陈寅恪受清华之聘，决定回国任教。

提起清华大学，当简单说几句它的来历。1900 年，美国参加了八国联军的侵华战争，次年 6 月清政府被迫签订了丧权辱国的《辛丑条约》，向列强赔款白银四亿五千万两，分 39 年还清，加上利息共计白银九亿八千万两。这就是给中国人民带来深重灾难的骇人听闻的"庚子赔款"，其中美国分赃三千二百九十余万两。当时清政府驻美公使梁诚决心"虎口掏肉"，经几年的斗智斗勇，至 1908 年争取到"庚子赔款"的部分退款。按美国国会要求，此笔退款必须作为"广设学堂，遣派游学"之用。之后，遂用此款建立了"游美学务处"。1911 年，游美学务处改为清华学堂，次年，又改为清华学校。【13】1925 年，经当时的外交部批准，清华学校创办国学研究院和大学部（1928 年更名为国立清华大学）。陈寅恪与王国维、梁启超、赵元任即是被国学研究院聘请，成为清华国学研究院早期的"四大导师"。这"四大导师"可是非同小可，当时的大学者胡适说，"非第一流学者，不配作研究院的导师"。受聘后的次年，36 岁的陈寅恪结束了漫长的求学之路而回国，开始了 40 余年的教授生涯。

说起陈寅恪受聘清华，还有一段插曲。

赵元任当时在美国哈佛大学任教，清华要聘他回国，当时哈佛不肯放赵元任走人，非走不可，也必须找到相当的人选代替，并暗示以陈寅恪代替如何。赵元任写信给陈寅恪告知此事，陈寅恪一口回绝了。陈寅恪为何一口回绝，思乡恐怕是重要原因吧。如《追忆游那威诗》其一《北海舟中》云："……忽忆江南黄篾舫，几时归去作遨头"。在另一首《宣统辛亥冬大雪后乘火车登瑞士恩嘉丁山顶作》诗中曰："……车窗凝望惊叹久，乡愁万里飞空来。"接到赵元任请他去哈佛的信，陈寅恪在谢绝邀请的信中说："我不想再到哈佛，我对美国留恋的只是波士顿中国饭馆醉香楼的龙虾。"【14】

陈寅恪在受聘后，即操持准备工作。他回信给吴宓，谈到既要办研究院，就得在国外多购些书籍，而自己经济紧张，连回国的路费都无着落。结果，校长曹云祥批准预支薪金 2000 元、购书公款 2000 元。一月后，又追加购书款 2000 元。陈寅恪于 1925 年年底动身，次年春回国，秋季开学前夕到清华，开始了自己的教授生涯。

陈寅恪授业，最注重基本功。他经常强调"读书须先识字"，"在史中求史识"。所谓"识字"，不仅仅是简单的读音和字义，而是对字、词有全面而透彻的了解。他常常通过对某个字、词的解读，揭示出一些人们认为平平常常而未加以注意的社会现象，达到"解释一个字即是作一部社会文化史"的高度。

所谓"在史中求史识"，就是要掌握大量的材料、事实，在此基础上分析、研究，以求得出正确的认识，研究历史的"目的是在历史中寻求历史的教训"。【15】杨步伟、赵元任在《忆寅恪》一文中说："寅恪总说你不把基本的材料弄清楚了，就急着要论微言大义，所得的结论还是不可靠的。"【16】"有一分史料讲一分话，没有史料就不能讲，不能空说。"【17】如讲授《晋至唐文化史》时出示的研习方法："本课程的学习方法，就是要看原书。……要从原书中的具体史实，经过认真细致、实事求是的研究，得出自己的结论。一定要养成独立精神、自由思想、批评态度。"【18】这段话是先生毕生治史的座右铭，也是指导学生学习的一贯方法。先生在讲课时，侧重讲条件，讲"所以然"，绝不轻易或单纯讲结论。因此，陈寅恪每次讲课，都携带许多书籍来，每有论文发表，都把单行本带来，分送给听课的同学，所以经常是吃力地抱着一大包书籍、材料进教室，累得满头大汗，而且还不要学生和助手帮他。

陈寅恪讲课，每每用新的资料印证旧闻，或于习见的史籍中发现新的见解。同一门功课，即使听上好几次，因为内容并不雷同，每讲必有新的阐发，讲出新奇而不怪异的见解，所以学生们都听得津津有味。他讲课时没有浮辞赘语，绝无游词，而是平铺直叙，娓娓道来，讲到入神之处，往往闭目而谈，甚至下课铃响了还在讲个不停，似乎仍未从物我两忘的境界中反应过来。而学生们也与他同入境界，似乎不是在上课，而像是在观看名角的好戏，觉得非常过瘾。

1988 年，周一良教授在"纪念陈寅恪教授国际学术讨论会"上的论文《纪念陈寅恪先生》中回忆，当时他和劳贞一（榦）、余让之（逊）等经常到清华去"偷听"陈先生讲课。所谓"偷听"，是因为他们是燕京的研究生，不是清华的学生，又未办理到清华旁听的正式手续。他们感到先生讲课"旁征博引，论证紧凑，环环相扣。我闻所未闻，犹如眼前放一异彩，深深为之所吸引"。"我们都很喜欢听京戏，第一堂课听下来之后，三人不约而同地欢喜赞叹，五体投地，认为就如看了一场著名武生杨小楼的拿手好戏，感到异常'过瘾'。""当时想法有两点。一是陈先生谈问题并讲出个道理来，亦即不仅细致周密地考证出某事之'然'，而且常常讲出其'所以然'，听起来就有深度，说服力更强。……另一点想法是，别位先生的学问固然很大，但自己将来长期努力积累，似乎并不是办不到；而陈先生的学问，似乎深不可测，高不可攀，无从着手，不可企及。"【19】

陈寅恪讲课，总是结合自己的研究来进行，故讲课内容博大精深。中山大学吴定宇教授在《学人魂·陈寅恪传》中介绍："语言文字修养稍差和国学基础稍浅的同学，听他讲课就很吃力。清华国学研究院第三届学员蓝孟博回忆听课时的感受，'陈先生演讲，同学显得程度很不够。他所会已死的文字，拉丁文不必讲，如梵文、巴利文、满文、蒙文、藏文、突厥文、西夏文及中波斯文非常之多，至于英、法、德、俄、日、希腊诸国文更不用说，甚至于连匈牙利的马札儿文也懂。上课时，我们常常听不懂，他一写，哦！才知道哪是德文，

哪是俄文，哪是梵文，但要问其音，叩其义方始完全了解'。不过，经过他的讲解，同学们听懂之后，便如沐春风，觉得'字字是精金美玉，听讲之际，自恨自己语文修养太差不配当他的学生'。他的另一位学生总结其讲课特点是：'苦于穷极思索，勤于指点史料及工具，而敏于训练史学方法也。……目的实只在求真，对同学发生强烈启发作用。弟曾笑语同学曰：寅师一堂所授，真是令人耳不及听目不暇接'。"【20】季羡林在《回忆陈寅恪先生》一文中也说："寅恪先生讲课，同他写文章一样，先把必要的材料写在黑板上，然后再根据材料进行解释、考证、分析、综合，对地名和人名更是特别注意。他的分析细入毫发，如剥蕉叶，愈剥愈细愈剥愈深，然而一本实事求是的精神，不武断，不夸大，不歪曲，不断章取义。他仿佛引导我们走在山阴道上，盘旋曲折，山重水复，柳暗花明，最终豁然开朗，把我们引上阳关大道。读他的文章，听他的课，简直是一种享受，无法比拟的享受。在中外众多学者中，能给我这种享受的，国外只有亨利希·吕德斯（Heinrich·Luders），在国内只有陈师一人。"【21】

清华大学校史专家黄延复在《清华逸事》一书中说，在20世纪30年代到40年代，中国的学术界特别是史学界，有所谓的"土产学者"和"出洋学者"之争，"土产学者"说"出洋学者"不了解中国自己的传统，处处隔靴抓痒；"出洋学者"又批评"土产学者"方法陈旧，工具不够，两者互不服气。但无论土洋，各类学者对于陈寅恪先生，却几乎是一致地推崇。不论是学生还是教授，凡是在文史方面有疑难问题，都向他请教，而且大都能得到满意的答复，所以大家奉他为"活字典""活辞书""一口准"。【22】

陈寅恪除学术造诣深厚外，敬业精神也极强。他一向身体虚弱，讲课又很投入，常常浑身出汗，脱了外衣，又脱袍子。一些学生回忆，听课几年，从未见他请过假。1946年，陈寅恪双目失明，历史系的雷主任劝他暂停开课，搞点个人研究算了。他说："我是教书匠，不开课怎么行？搞个人研究是次要的，我要开课，我每个月薪水不少，不能光拿钱不上课"。雷主任只好同意他开一门历史课，但雷主任一走，他又通知中文系也照常开课。以后病重住院，虽暂时无法上课，但他带的研究生仍在病榻前求教，而且许多外地学者甚至国外的学者来到成都，也时有人前来慰问并求教，质疑问难，不论是英语、法语、中文或其他什么语，先生总是闭目沉思，然后作答。即使片言只语，亦深中肯綮，令人信服，个个高兴而来，满意而去。

陈寅恪十分关心学生，不但对求教者诲人不倦，而且对学生的情绪、就业、家庭等生活问题，也是尽力关照。有一年，清华学生朱延丰因失恋，两个星期不知去向，陈寅恪先生很着急，生怕发生意外，特地吩咐朱延丰的同学多处寻找。朱延丰回来后，为了转移他的注意力，使他尽快从痛苦中解脱出来，陈寅恪先生又亲自给胡适写信，介绍他去胡适那里搞搞翻译，一来分散精力减轻痛苦，二来也可得些收入。当陈寅恪接到他的学生罗香林的父亲去世的讣告，便亲自撰写一副挽联寄去，"惜公抱济世才而未竟其用，有子治专门学能不负所期"，他的关怀给居丧期间的罗香林以很大的安慰和鼓励。[23]陈寅恪还非常关心毕业生的就业问题，多次写信推荐学生在社会上找到满意的工作。劳榦在《忆陈寅恪先生》一文中回忆：1950年傅斯年先生去世以后，劳榦在整理傅的遗集时，在一本书中看到夹着一封陈寅恪给傅斯年的信，在信中陈向傅郑重推荐劳榦。"这件事陈先生从来未曾直接和间接表示过，使我万分的感动。"[24]帮人做了好事而默不吱声，这也就是季羡林曾经说过的陈寅恪先生"小处亦伟大"吧。

陈寅恪还多次向辅仁大学校长陈垣先生介绍清华的毕业生，如推荐汤定之任辅仁大学艺术系教师，孙道昇为辅仁附中国文教师等。其中推荐吴其昌求职的信，读来特别使人感动：

> 吴君其昌，清华研究院高才生，毕业后任南开大学教员，近为美国斯丹福大学经济学会收集中国经济史材料。吴君高才博学，寅恪最钦佩，而近况甚窘，欲教课以资补救。师范大学史学系、辅仁大学国文系、史学系如有机缘，尚求代为留意，吴君学问必能胜任教职。如其不能胜任，则寅恪甘坐滥保之罪。专此奉陈，并希转商半农先生为荐。[25]

这真是费尽心血慎重其事的一封推荐信。陈寅恪的祖父、父亲在戊戌政变中被革职、永不叙用，就是因为"招引奸邪，滥保匪人"之罪。因此，这"滥保之罪"在陈氏后人中应该是有刻骨铭心之痛的。陈寅恪先生为推荐学生找工作，竟屈身求人，还"甘坐滥保之罪"，读之不仅令人感动，而且令人震撼。

四、学人风范

1962年8月10日，时任中共中央宣传部副部长的周扬，在大连创作座谈会上的讲话中有如下一段：

　　我与陈寅恪谈过话，历史家，有点怪，国民党把他当国宝，曾用飞机接他走。记忆力惊人，书熟悉得不得了，随便讲到哪知道哪地方。英法梵文都好，清末四公子之一（周扬记忆有误，陈寅恪之父陈三立才是清末四公子之一——笔者注）。1959年我去拜访他，他问，周先生，新华社你管不管？我说有点关系。他说1958年12月12日新华社广播了新闻，大学生教学比老师还好，只隔了半年，为什么又说学生向老师学习，何前后矛盾如此。我被突然袭击了一下，我说新事物要实验，总要实验几次，革命、社会主义也是个实验。买双鞋，要实验那么几次。他不大满意，说实验是可以，但是尺寸不要差得太远，但差一点是可能的。[26]

　　陈寅恪说得不错，他说的"尺寸"，即是事物的"度"，什么事情都不要过度，过度即违反客观规律。即使是"实验"，也不能太离谱。就拿周扬所说的买鞋要"实验几次"，未试穿之前也应该有个大概的估计，如果一会儿拿双儿童鞋在脚上试，一会儿又把姚明穿的鞋拿到脚上试，那就未免离谱了。

　　从周扬的谈话中可以得出三点印象：陈寅恪明辨是非的态度是执着的，不是那种"你好我好大家好，今天天气哈哈哈"式的人物；"书熟悉得不得了"，说明周扬对陈寅恪的学识由衷钦佩；周扬觉得陈寅恪"有点怪"。

　　不仅是周扬，早就有人觉得陈寅恪先生有点"怪"。怪在何处？一是指他的外表。清末民初，许多人出国留洋，不管洋墨水喝多喝少，只要是跑到外国打了个转身，那"假洋鬼子"的派头却十足了。而陈寅恪尽管历时近二十年，纵横东西洋数万里，回国后又在"洋学堂"清华大学任教，却一点洋派头也没有，怎生见得？请看1934年清华大学出版的《清华暑期周刊·教授印象记》中的一段描写：

　　　　清华园内有趣的人物真多，但其中最有趣的，要算陈寅恪先生了。你们中谁有好奇心的，可以在秋末冬初的一天，先找一找功课表上有《唐诗校释》或《佛经翻译文学》等科目的钟点，然后站在三院教室的过道上等一等，上课铃响后，你们将看见一位里面穿着皮袍，外面罩以蓝布大褂青布马褂，头上戴着一顶两边有遮耳的皮帽，腿上穿着棉裤，足下蹬着棉鞋，右手抱着一个蓝布大包袱，走路一高一下，相貌稀奇古怪的纯粹国货式的老先生从对面彳亍而来，这就是陈寅恪先生了。[27]

　　蓝布大褂，青布马褂，棉裤棉鞋，蓝布大包袱，说他是"纯粹国货式的老先生"，一点不假。还有一些书中刊登的一幅陈寅恪夫妇散步的照片（如刘广定《大师遗珍》第49页、张荣明《竺可桢与陈寅恪》第35页），先生棉裤的裤腿口子还用带子绑紧，防止进冷风，那更是早年农村老人的做派了。

二是先生长期留学几所国际著名大学，却没有博士、硕士头衔，令人诧异，以致有盛传梁启超与清华校长曹云祥争论是否聘请陈寅恪的传闻。无论过去和现在，"混文凭"或"捞文凭"的大有人在，且不以为耻反以为荣。先生则只求学问，不贪头衔，居其实而不居其华，此为二"怪"。

三是先生总是与权力中心保持距离，不曲学阿世，有"官"不想当，似乎只搞学术不关心政治，这大概是第三"怪"吧。

其实，"怪教授"并不怪，从1952年11月起至1966年夏被红卫兵赶走、长达14年任陈寅恪助手的黄萱女士，在《怀念陈寅恪教授》一文中说："人家以为寅师'有点怪'。我觉得他凡事都有自己的看法，自己的主张，从不随波逐流，人言亦言，随声附和，但并不怪。他是和蔼可亲、很体贴人的。""陈先生是一位高度爱国的知识分子。他正直，黑白分明，实事求是。他很关心国家大事，是非得失，十分清楚。他希望祖国能早日繁荣富强起来的愿望是很强烈的。"[28]

黄萱女士的话，道出了陈寅恪先生的思想、人品和情操。下面略举几件事，以增加对先生性格的了解。

1931年4月，国民政府任命吴南轩为清华大学校长，他上任即宣称"奉党国之命"，"恪遵蒋主席整顿学风之意旨，长治清华"。他独断专行，私任亲信任校教务长、秘书长，拒不承认清华由"教授会议选举院长"的惯例。清华民主气氛甚浓，哪里吃他这一套，因而引起众怒。陈寅恪在会上当面指斥吴南轩"你办事糊涂，你要立刻辞职"！由于广大师生的反对，不到两月吴南轩就被撵走了，成为清华校史上"最短命的校长"。

1931年"九一八"事变后，国民政府对日本侵略者一味忍让，陈寅恪对此极为愤慨，他在给胡适《题唐景崧先生遗墨》的谢札中说："……以四十春悠久之岁月，至今日仅赢得一'不抵抗'主义。诵尊作既竟，不知涕泗之何从也。……"[29]

1940年3月5日，中央研究院院长蔡元培去世，为选举新院长，中研院决定召开第五届评议会。身为中研院理事的陈寅恪先生时在昆明任教，他本不想过问政治，但中研院是全国最高学术机构，选举院长，他只为投胡适一票，故赴重庆参会。陈寅恪先生在会上申述，院长人选必须是国际学术界的

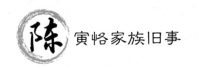

知名学者，选举院长必须尊重个人的自由意志，不能按照长官意愿行事，选些政界人物当院长。如果找一个搞文科的人继任，则应为胡适，他对中国的几部古典小说的研究和考证的文章，在国外的学术界是很有影响的。如果找一个搞理科的，则应找李四光，李在地质学理论方面的造诣，在中国无人能比。结果，在翁文灏、朱家骅、胡适三位候选人中，国民政府圈定朱家骅为院长。会后，蒋介石宴请诸位评议员，"并特别与初次见面的评议员——交谈，以示礼贤下士"。[30] 如果是趋炎附势者，则可能因"皇恩浩荡"而涕泪泗流。而"寅恪于座中初次见蒋公，深觉其人不足有为，有负厥职，故有此诗第六句"。[31] "此诗"即《庚辰暮春重庆夜宴归作》：

> 自笑平生畏蜀游，无端乘兴到渝州。
>
> 千年故垒英雄尽，万里长江日夜流。
>
> 食蛤哪知天下事，看花愁近最高楼。
>
> 行都灯火春寒夕，一梦迷离更白头。

诗中对当局的失望之感是显而易见的。

1937年"七七"事变，8月8日，日军占领北平。9月14日（农历八月初十），散原老人去世。11月3日，陈寅恪举家逃离北平，历尽艰辛，于春节前夕到达香港。此时，夫人唐筼心脏病复发，几个月的小女美延又发高烧，一家人在患难中过了一个春节。春节后，陈寅恪托时在香港大学任教的好友许地山教授照顾妻小，只身经海南，越南的海防、河内、河口，到云南上课。假期，陈寅恪担心妻儿，又回港照料。1940年暑期，因"滇越路断，回滇益难"，陈寅恪只得受聘为香港大学客座教授。1941年12月，太平洋战争爆发，随后日军占领香港。此后，陈家与其他香港市民一样，生活陷入困境，有时陈夫人还以手饰甚至衣物换吃的。尽管如此，但还是"数月食不饱，已不食肉者历数月之久，得一鸭蛋五人分食，视为奇珍"。[32] 在这"几陷于绝境"之中，有人送来粮食，有人劝他在日本占领区的香港、上海，甚至到"千元月薪"的北平伪"北京大学"任教，还有"倭督及汉奸以二十万军票（港币四十万），托办东亚文化会及审查教科书等"。[33] 全家生活陷入绝境，而日伪的条件又如此丰厚、诱人，但陈寅恪毅然拒绝。陈寅恪见自己的身份已暴露，在有关人员的帮助下，于1942年5月，全家夹杂在难民之中，乘船逃离香港，辗转至广西桂林。时避难萍乡的陈隆恪闻之，作《闻六弟携眷自香港脱险至桂林》一诗，诗中有句"正气吞狂贼。闻寇馈米两袋，拒不受"，对其弟的民族气节大为赞赏。[34]

　　1943 年，时任中央研究院院长的朱家骅等为讨好蒋介石，曾导演出一场向蒋"献九鼎"的闹剧，为蒋歌功颂德。当时，国民党新闻机构"中央社"亦发表"铸九鼎呈献总裁"的文章，对此大肆吹嘘。陈寅恪对此极为反感。据他的同学竺可桢的日记记载：

　　　　寅恪对于骝先（朱家骅，字骝先——笔者注）等发起献九鼎、顾颉刚为九鼎作铭惊怪不止。……因作诗嘲之曰："沧海生还又见春，岂知春与世俱新。读书渐已师秦吏，钳市终须避楚人。九鼎铭词争颂德，百年粗粝总伤贫。周妻何肉尤吾累，大患分明有此身"。[35]

　　抗战期间及之后，国统区官商勾结，一些人大发国难财，百姓则苦不堪言，陈寅恪一家老小贫病交加，不但缺乏营养，连基本的生活也无法维持，"在抗战胜利前的二三年间，通货更膨胀，生活极苦"。一次，先生一家人全病倒了，不能起床，他的学生蒋天枢、蓝孟博买了三筒奶粉去看望他。陈寅恪先生在床上靠着被子坐起来，说："我就是缺乏这个，才会病成这个样子。"[36]像陈寅恪这样的大教授，都是过着"日食万钱难下箸，月支双俸尚忧贫"的日子，下层百姓更是可想而知了。笔者听前辈人说过，当时工作的职员发薪水用袋子装，一袋工资可能还买不到一袋米，而且发了工资就得赶快"背着"工资去买米，等下午或第二天去，米价肯定又涨了。为什么钱这么不值钱？当局为转嫁财政重负而滥发法币及金圆券之故，以致出现"走进茅房去拉屎，忽然忘记带手纸。身上摸出百万钞，擦擦屁股蛮合适"的怪现象。对此，陈寅恪先生写出了洋洋 448 字的长诗《哀金圆》。诗中有数句云："党家专政二十载，大厦一旦梁栋摧。乱源虽多主因一，民怨所致非兵灾。譬诸久病命未绝，双王符到火急催。金圆之符谁所画，临安书棚王佐才。"字面上骂的是王云五，但对当局的腐败无能亦直言相揭，认为病入膏肓，无可救药。

　　曾任第八届全国政协常委、湖北省政协副主席的武汉大学资深教授石泉（1918～2005 年）是陈寅恪培养的研究生，抗战胜利后又当过陈先生的助手。当助手期间，"每天上午到陈师家中，首先是念报。陈师听得很认真，往往还插几句精辟的评论。读报之后，经常要问：外面有何消息？特别注意当时的学生民主运动"。"陈师还经常探询当时报纸不大登载的民主学运消息。陈师这种高度关心时事的心情，使我们深深感到：老师虽不参与当时的政治活动，但对于祖国与人民有着深厚炽热的感情，这是其父祖三代一以贯之的家风。对于国家民族的兴衰，对于中国如何在战后新时代自立于世界列强之林，陈师是一直挂心的，往往因忧国忧民而动感情以至夜不成寐。"【37】陈寅恪的侄子陈封雄在《卅载都成断肠史——忆寅恪叔二三事》一文中也说："寅恪叔对于当时学生的爱国运动是支持的。据清华大学一位学生领袖的回忆：有一次学生发表宣言，请寅恪叔签名，'当时他因病卧床，闻讯一跃而起，因双目几乎失明，伏在案上看学生宣言，非常困难，鼻尖几乎碰在桌上，但看得很仔细，看后严肃认真地，一笔一画地签了名。老教授的正义感非常令人感动'。"【38】1947 年 2 月，当局以防共为名，在北平搞了一次深夜突击搜查，逮捕了一些人。为抗议这种行为，北平 13 位教授联名发表《保障人权宣言》，陈寅恪先生名列其中。其他 12 位是：许德珩、朱自清、向达、吴之椿、金岳霖、俞平伯、徐炳昶、陈达、张奚若、汤用彤、杨人楩、钱端升。陈寅恪的态度非常鲜明，说："我最恨这种事！夜入民宅，非奸即盗！"【39】石泉、李涵（1922~2008 年）夫妇还回忆："1948 年暑假，石泉刚刚完成了研究生学位论文，准备毕业离校之时，国民党政府发动了'八一九'大逮捕。反动军警包围了燕园，准备进校搜捕进步学生，石泉的名字也在黑名单上。当时他正在校内，在燕京许多师友的掩护下，未遭逮捕，李涵却在校门口被军警带往海淀分局第六派出所扣押起来。陈师闻讯后立即表示他愿出面保释。虽然李涵不久即由燕京校方保释出来，但是陈师的风义和恩情却令我们毕生难忘。"【40】

尽管在"厚今薄古"运动中，先生遭到批判，心里肯定不痛快。但在事关祖国利益时，先生表现了强烈的爱国主义立场。仅举一例。1959 年，中国与印度两国因边界争端，关系开始恶化。为了拼凑"证据"，印度政府组织各方专家，从历史、地理的角度向中国政府提出领土要求。既然印度找历史依据，那我们更要找历史依据了。在中央政府派人证询陈寅恪先生对此事的意见时，先生明确表示，40 多年前由英国人划定的"麦克马洪线"，已使中国的领土主权遭到了损害，中国已经吃了大亏，现在印度提出的所谓"领土要求"很不合理。陈寅恪先生还向中央提供了有关清朝官员的日记、奏议等史料的线索。【41】

五、史学大师

对于陈寅恪先生的治学成就，那是令人"仰之弥高，钻之弥坚"的学问，我们可以通过部分专家教授的论述做个初步了解。

1988 年 5 月 26 日至 28 日，在广州中山大学召开了"纪念陈寅恪教授国际学术讨论会"，来自北京、上海、天津、广州、武汉、兰州、西安、厦门、长春、郑州、香港地区和美国、日本的著名专家以及陈寅恪先生的亲属共 70 余人出席了这次讨论会，向大会提交了 40 多篇论文。时任广东省副省长的卢钟鹤（后任省人大常委会主任，2008 年起任全国人大外委会副主任委员）、时任中山大学校长的李岳生教授等专家、学者，都一致赞扬"陈寅恪先生是一代史学宗师"。大家认为，他在教书育人之外，毕生坚持学术研究和著述，其治史方法之严谨，范围之广，研究之深，贡献之大，都是罕见的。

在研究方法上，陈寅恪具有突出的严谨态度，其基本点是"在史中求史识"和"对于古人之学说，应具了解之同情"。他十分注意考据之学，继承和发扬乾嘉考证学的精神，吸收和借鉴德国学者"打破砂锅问到底"的"彻底性"的治学方法。陈寅恪在《王静安先生遗书序》一文中，曾将王国维先生的学术内容及治学方法"举三目以概括之"，"一曰，取地下之实物与纸上之遗文互相释证"；"二曰，取异族之故书与吾国之旧籍互相补正"；"三曰，取外来之观念与固有之材料互相参证"。[42] 此虽为王国维之治史方法，亦是寅恪先生的夫子自道，并继承和发扬了静安先生的治学方法。他研究学术，必须竭尽全力掌握尽可能全面的资料，到瓜熟蒂落水到渠成时才演绎出理论性的结论。他特别强调不可轻易下结论于史实中的"无"。陈寅恪先生认为，对于历史发展所流传下来的记载或追述，要证明它为"有"，是比较容易的，只要能够发现一两种别的旁证，就可以证明它为"有"了；但要证明它"无"，则委实不易，因为资料是很难齐全的，即使现在的资料全查遍了，又怎知地下未发现或将发现的资料仍可证明其非"无"呢？万一哪个地方出了一个"有"，就推翻了之前所有的"无"。[43]

有人说，陈寅恪先生的治史就是"占有资料"，这种认识实为皮相。他不仅仅是掌握多种文字和丰富的史料，更重要的是他"那种非凡的想象力和洞察力"。陈寅恪先生解放初期的弟子、中山大学历史系蔡鸿生教授说，陈寅恪史学的魅力，可说就在一个"思"字。他完全不靠什么秘笈，而是从常见的"大路货"的习见材料中找出突破口。曾经有位西方汉学界的热心朋友，用量化的方法分析《隋唐制度渊源略论稿》和《唐代政治史述论稿》两书的史源，发现正史的引用率占 73.14%，略超七成；其余碑刻、笔记和诗文集，占

三成弱：可知其研究是以基本文献为主要依据的。靠七成"大路货"来发覆，非将书读"破"不可。俞平伯先生用"覃思妙想"一语概括了陈寅恪论著的特点，真是知人之言。而这种"神游冥想"的奇妙境界，不能说是史从想出，而是学者的精思复活了死去的历史。作为精神生产的硕果，《陈寅恪集》完全证实了克罗齐（意大利哲学家、历史学家、文艺批评家）的名言："没有这种想象性的重建或综合是无法去写历史或读历史或理解历史的。"【44】

陈寅恪早年的弟子、台北东吴大学翁同文教授也说："寅恪师史学之所以精深，在对隐曲性史料的发掘与阐发，开拓史学园地。盖史料向来有直笔、曲笔、隐笔之别，一般史家率多直笔史料的述证，限于搜集、排比、综合，虽能以量多见长，以著作等身自负，但因昧于史料的隐曲面，其实只见其表，未见其里，有时难免隔靴搔痒之讥。惟寅恪师于常人所见之史料中，发现其隐曲面，如以《哀江南赋》为例，指出'古典隐含今事'，又如在《柳如是别传》中，屡以相关诗文'互相证发'新义，遂使人对常见的史料，发生化臭腐为神奇之感，不仅提供新史料，亦且指点新方法，实为难能罕有之事。"【45】

陈寅恪掌握不少先秦以前的史料，也掌握不少殷墟出土的古文字，但他不着力于上古史，是"因其材料残阙寡少及解释无定之故，转可利用一二细微疑似之单证，以附会其广泛难证之结论。其论既出之后，固不能黎然有当于人心，而人亦不易标举反证以相诘难"，因而难达"彻底性"。但是，"我对于晚清的历史还是熟习的"，为何"我自己不能做这方面的研究呢"？是因为"认真做，就要动感情。那样，看问题就不客观了，所以我不能做"。【46】所以先生自称"平生为不古不今之学"，便是这个缘故。他的这种精神，正是他求真求精治学态度的体现。

陈寅恪先生的史学研究，以魏晋南北朝史、隋唐史、蒙古史、敦煌学、突厥学、藏学、唐代和清代文学、佛教典籍为主要方面。

魏晋南北朝史

华东师范大学教授简修炜、高永清在《论陈寅恪的魏晋南北朝史研究》一文中指出，陈寅恪先生对魏晋南北朝史研究最精湛的部分，也是他超越前人的方面在于：一是史料的扩充，如诗文与史实的互证、考古与音韵资料的应用、域外记载的采撷；二是分析方法的改进，即史法的进步。陈寅恪在考据学方面取得了重大的成就，但他又受到新思潮以及在国外从事研究经历的影响，故不拘囿于传统的朴学方法，而是运用了各种新颖的方法、理念和观念，从而在自己的研究领域取得卓越的、极其丰富的成果，对后世学者影响甚大。就陈寅恪的魏晋南北朝史研究来说，他不仅在许多方面有开拓创建之功，而且有不少方法、结论至今仍发人深思，给人启迪。他注意这一历史时期的等级性、宗法性、民族性和宗教性的四个特征，尤其是刻意从家族门第、区域性方面进行分析，这就为研究魏晋史的宗法性开辟了一条道路。他在所著的《隋唐制度渊源略论稿》中谈道，"自汉代学校制度废弛、博士传授之风气止息以后，学术中心移于家族，而家族复限于地域，故魏、晋、南北朝之学术、宗教，皆与家族、地域两点不可分离。""治魏晋南北朝思想史，而不究其家世信仰问题，则其所言恐不免皮相。""盖研究当时士大夫之言行出处者，必须详知其家世之姻族连系及宗教信仰二事为先决条件。"这种重视家族门第的分析，注意家庭信仰对政治文化的影响，指出门阀世族所具有的宗法性特征，使政治史和文化史的研究推向了深化。他在《天师道与滨海地域之关系》一文中认为，"凡信仰天师道者，其人家世或本身十分之九与滨海地域有关。"这本是一个很少有人注意的问题，他提出这一推断，却解决了局处于滨海地域的天师道与当时政治、文化的关系，实有开拓的功劳。他研究东晋朝吴语的成果，既显示了他学识的渊博与学术的敏感性，又提出了新的研究方法，如从方言来显示东晋政治社会结构，认为在"南朝疆域内，北语吴语乃士庶阶级的表征，非南北籍贯的区别"。社会方言与区域方言，本来是社会学、语言学、音韵学相交叉的研究课题，历史学的研究者往往容易忽视，一方面是治史者的学力、通识不够，另一方面是学术界普遍不重视交叉学科的研究。而陈寅恪先生在这方面的研究则表现出他渊博的学识与学术的敏感性。他写《崔浩与寇谦之》一文，十分重视民族和文化，注意分析当时北方民族矛盾在社会关系中的地位，并以此作为一种背景考察崔浩的政治行为，把崔浩之死看作是整个民族文化观念（包括门阀、等级观念）冲突的结果。同时，他提出"南北民族问题在南北朝史中同等重要"，纠正了过去的研究者主要注意北方而忽视南方的偏向，这确实表现了他的睿智和创见。在《陶渊明之思想与清谈之关系》一文中，他对魏晋清谈派的演变做了微观上的考察，认为"清谈在前期是当时政治之实际问题，与当时士大夫的出处进退很有关系。到了后期，清谈只为口中或纸上玄言，已失去政治上的实际本质，仅作为名士身份的装饰品了"。这一论点，对后学者启迪很大。

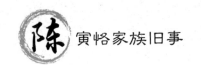

陈寅恪研究魏晋南北朝史，还涉及许多方面，如关于北周的府兵制度、运用医学知识写成的《狐臭与胡臭》，及在《两晋南北朝史参考资料》论述的其他问题，都有很大的史学考据价值。此后，魏晋南北朝史的研究在学术界能日益繁荣与深化，都与陈寅恪先生的开拓性研究是分不开的。[47]

隋唐史

汪荣祖教授在《史家陈寅恪传》一书中强调，"陈寅恪以中国中古史为专业，其中以唐史研究之成果最为丰硕"。他于抗战前发表的《府兵制前期史料试释》和《李唐氏族之推测》，实发唐史研究之先声。第一部专著——《隋唐制度渊源略论稿》，从礼仪（附都城建筑）、职官、刑律、音乐、兵制、财政加上叙论和附论八个章节，"综合旧籍所载及新出遗文之有关隋唐两朝制度者，分析其因子"，系统地论述从汉魏到隋唐制度的渊源与转变，在海内外产生了重大影响。过去，学术界有人认为隋唐制度是继承西魏北周的，陈寅恪在该著中首先点明隋唐制度的源流有三：第一是北魏北齐，二是梁陈，三是魏周。唐玄宗依据《周礼》编纂六官之典，只不过是帝王一时兴到之举，文饰太平而已，史家不可为《唐六典》所惑，而做浮浅之推论。第二部专著《唐代政治史述论稿》则集中探讨了有唐一代的政治史，认为唐代的政治制度、统治阶级、党派分野、内政外交等问题，都不能不从魏齐、魏周、梁陈这"三源流"中去观察，以知其所以然。其书虽名《述论稿》，实际论多于述，显然有别于传统史学述而不论或述多论少的现象，此乃陈寅恪史学之"先进"处、"突破"处，亦可见他已掌握近代西方史学"释史"之要旨。他的"二论"一出，令人耳目一新，大有发千载之覆之感。他紧紧围绕李唐氏族问题、关陇集团问题、府兵制问题、武后崇尚进士科与所谓唐初党争问题、安禄山之乱的起因问题、唐高宗称臣突厥事等重大课题，以新颖深入的见解，且敢与权威挑战，具有"刺激性"。英国汉学家崔缺教授说，寅恪的看法虽受到挑战，但其分析确予后人"提供有益之起点"，"其研究之精细，论证之紧凑而具说服力，实前所未见。"[48]

蒙古史

中国蒙古史学会理事长蔡美彪在《陈寅恪对蒙古学的贡献及其治学方法》一文中指出：陈先生对蒙古学的贡献，主要是对《蒙古源流》一书的研究。《蒙古源流》是明朝万历年间内蒙古鄂尔多斯贵族萨囊彻辰所撰述的一部蒙古史书，清乾隆时被收入"四库全书"。由于此书中夹有不少神话传说，与元代蒙汉文史书多有不同，因而人们对它的来源和性质往往困惑不解。1930 年至 1931 年间，陈寅恪先生陆续发表四篇论文（即《灵州宁夏榆林三城译名考》《吐蕃彝泰赞普名号年代考》《彰所知论与蒙古源流》《蒙古源流作者世系考》——笔者注），对此书做了多方面的研究，探明了《蒙古源流》一书的本来面貌，原来使人困惑不解的一些难题，得以了然通解，对此后的蒙古史研究产生了重大的影响。在此之前，研究蒙古史的诸学者如洪均、屠寄、柯凤荪等人，还是走"证补"或"重修正史"的老路。由于不能通解多种语言文字的译名，因而不免常生疏误。陈寅恪则首先应用了西方汉学家的对音勘同的译名还原方法，勘对满、蒙、汉文本译名的异同，对汉文史籍中的藏王译名和蒙古史籍中的汉地译名，分别做了订正。在另一篇研究元史的论文《元代汉人译名考》中，论证了汉文史籍中的"汉人"一词，即是波斯文和蒙文史籍中的"札忽惕"，从而使习见的"汉人"一词得到了确切的解释。我国的蒙古史研究，自 20 世纪 30 年代以来，由于转入专题研究和对音勘同方法的利用而进入了一个新阶段，陈寅恪先生则是这个新阶段的开拓者。[49]

唐代与清代文学

中山大学胡守为教授在《陈寅恪先生对唐代文学研究的贡献》一文中说，陈寅恪在史学上的成就得到了国内外专家的推崇，而他对中国古典文学的研究也是博大精深的。尤其是对唐代文学，他从"古文运动""新乐府"和"行卷"三个方面入手，研究唐代文学，并把古文运动与民族意识结合起来，提出了研究唐代文学的新见解，对后来的研究者有很大的启发。六朝时期，文学趋于浮艳，追求形式和词句的雕琢，而内容空虚，"华多于实，理少于文"。到了唐初，学者已对这种浮艳之风表示不满。以韩愈为代表的古文家，用秦汉的古文体改革六朝流行的骈体文，而成一代文风，后世称之为"古文运动"。陈寅恪从"尊王攘夷"以维护儒家正统地位的层面，来评价韩愈是走在古文运动的前列。韩愈直斥佛教为夷狄之法，古未尝有，徒扰乱华夏。其余古文家对此认识不如韩愈之清晰，主张也不如韩愈之彻底。对于"新乐府"，陈寅恪认为，以白居易为代表的诗人，用乐府古体诗改革六朝流行的宫体诗，而成一代诗风。以白居易为代表的《新乐府》，是将古文运动扩充至诗歌领域，最能反映现实问题，无论从形式到内容，都是我国文学逐步趋向下层人民的一个重要标志，其价值及影响比之陈子昂、李白更为高远。陈寅恪关于新乐府的论述，把古文运动对文学发展的意义阐述得更为深刻，而白居易在文学

史上的地位应有新的评价。陈寅恪对唐代"行卷"进行了全面的研究。所谓"行卷"，乃是士子为了得到主考官的赏识，或是依托社会名流的推荐，而将自己的诗文作业向他们投献，此投献的诗文称之为"行卷"。行卷一般包括史才、诗笔和议论，即所谓"文备众体"。陈寅恪先生举出人们熟悉的《莺莺传》，其叙事部分显示其"史才"；所夹杂的《莺莺歌》《会真诗》，自属"诗笔"；篇末所发"忍情"之说，则为"议论"。元稹所发"忍情"议论，实质上要表明他抛弃一出身寒微的女子，别婚于高门，为其仕进创造条件。陈寅恪对《莺莺传》的研究，不但对行卷做了深刻的阐发，而且启发人们如何去探讨行卷作者的社会思想，这也是陈寅恪先生将文学研究与史学研究相结合的重要方法。[50]

陈寅恪晚年所著的《柳如是别传》，其用意在于"披寻钱柳之篇什于残阙毁禁之余，往往窥见其孤怀遗恨，有可以令人感泣不能自已者焉。夫三户亡秦之志，九章哀郢之辞，即发自当日之士大夫，犹应珍惜引申，以表彰我民族独立之精神，自由之思想。何况出于婉娈倚门之少女，绸缪鼓瑟之小妇，而又为当时迂腐者所深诋，后世轻薄者所厚诬之人哉"！[51]陈寅恪先生以"探河穷源，剥蕉至心，屡次不寨，脉络贯注"的态度，精辟地注释钱柳诗文，并以钱柳诗文为主线进行笺证，以鲸吸百川的容纳量，将星散于各种典籍的史料收罗起来，加以参证和推论，从而钩稽出明清之际的政治、社会状况，是以诗论史的典范，也是陈寅恪生平撰著的最高峰。

佛　教

早在 20 世纪 30 年代，胡适就曾指出："锡予（汤用彤）与陈寅恪两君为今日治此学（宗教史）最勤者，又最有成绩的。"[52]陈寅恪先生自己亦有这样的表述："寅恪昔年略治佛道二家之学，然于道教仅取以供史事之补证，于佛教亦止于比较原文诸译本字句之异同，至其微言大义之所在，则未能言之也。"这当然是他的谦逊之词。他初至清华任教，用力最多的是中古佛教史的研究。但他研究佛经，并非对经义本身有浓厚的兴趣，而是思想史的兴趣，旨在研究历史。佛教输入中国之后，虽研治者不少，但因语言的限制，常不能与原本或其他语文的译本对勘，以致不能纠正错误，常常以讹传讹，有时甚至错得可笑。陈寅恪长期留学国外，最重外文研习，对于与佛教有关的梵文、巴利文、藏文、蒙文、日文、德文无不涉猎，所以研究佛经，能以各种版本互校，考证人名、地名、年代的正误和史事的真伪，并在考证中探讨问题。如：佛教所代表的外来文化与本土文化接触的问题；佛经流布与小说文学的关系；佛声与"四声"的关系；佛教流传对中国史学的影响；佛教与政治的关系；佛教与中亚史地的关系。【53】

敦煌学

兰州大学研究敦煌学的专家陆庆夫、齐陈骏两位教授合撰的《陈寅恪先生与敦煌学》一文指出："一代宗师陈寅恪先生不仅是国内外有影响的历史学家，同时还是一个著名的敦煌学者。他的有关敦煌学的论著尽管篇幅不是很多，然而却十分重要。是他，第一个提出'敦煌学'的名称，从理论上阐发了敦煌文献的珍贵价值，筚路蓝缕，推动了敦煌学研究的广泛开展。"

自从敦煌文书发现以后，有不少中外学者置身于文书的整理和研究中，而从理论上全面又科学地对这一新的学科进行概括的则是陈寅恪先生。1930年，他在给陈垣先生的《敦煌劫余录》作序时指出：

> 一时代之学术，必有其新材料与新问题。取用此材料，以研究问题，则为此时代学术之新潮流。治学之士，得预于此潮流者，谓之预流（借用佛教初果之名）。其未得预者，谓之未入流。此古今学术史之通义，非彼闭门造车之徒，所能同喻者也。敦煌学者，今日世界学术之新潮流也。自发见以来，二十余年间，东起日本，西迄法英，诸国学人，各就其治学范围，先后咸有所贡献。

在这里，陈寅恪先生高瞻远瞩，从世界学术新潮流的高度，论述了从事敦煌文献研究的重要意义，第一次用"敦煌学"这一学科名词来总称敦煌文献的研究，并且将之纳入到世界学术领域中，得到各国学术界的承认。

20世纪初，敦煌莫高窟第十七窟藏经洞被打开后，发现洞中藏有大量的十六国至隋唐时期的写本、绘画等珍贵文物。随后，欧、美、日本的"学者们"闻风而至。他们或盗买写本，或剥取壁画，或敲走塑像，将几箱、几十箱文物捆载而去。国宝横遭厄运，流失域外，而当时的政府却麻木不仁，置若罔闻。对此，爱国人士无不扼腕同愤，故陈寅恪悲叹，"敦煌者，吾国学术之伤心史也"。并进而唤醒和激发国人自强不息，"勉作敦煌学之预流"，"襄进世界之学术于将来"，为祖国争得荣誉。对"劫余"之后的"剩余物"敦煌残卷，陈寅恪就自己阅读所及，从九个方面列举了这些卷子的重要价值，即：有关摩尼教经者；有关唐代史事者；有关佛教教义者；有关小说文学史者；有关佛教故事者；有关唐代诗歌之佚文者；有关古语言文字者；有关古译经

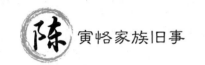

之别种本者；有关学术之考证者。陈寅恪先生所指出的九个方面，无疑给从事敦煌文献研究者开阔了视野，为我国敦煌学的研究展现了新的领域和前景。而在具体工作中，陈寅恪先生也是身体力行的。由于这些经文都是一千多年以前以各种文字书写的，要准确辩识殊非易事，就连罗振玉这样的学问大家，看了一些敦煌经卷后，亦谓"不知演何经"。陈寅恪凭着自己渊博的文字功底和史学知识，撰写了《忏悔灭罪金光明经冥报传跋》《大乘稻芊经随听疏跋》《敦煌本十诵比丘尼波罗提木叉跋》等等，在佛经、史学、文学诸方面的研究上，做出了具体的可贵的贡献。【54】

突厥学

据陈寅恪先生晚年弟子、中山大学教授蔡鸿生先生在《陈寅恪与中国突厥学》一文中介绍，19世纪末至20世纪初，随着丹麦的汤姆森、俄国的拉德洛夫、巴托里德，法国的沙畹等学者相继发表有关"突厥学"的专著，突厥学在国际范围内迅速兴起。面对世界学术的新潮流，寅恪先生奋励潜研，成了一名卓越的"预流"者。寅恪先生对中国突厥学的直接贡献，并不是译释突厥碑，而是研究突厥史，尤其是唐帝国与突厥汗国的政治关系史。他在这方面，也像在其他学术领域一样，给后人留下了可贵的成果和经验。寅恪先生摒弃了那种把突厥史作为隋唐史附属品的陈旧观念，充分认识到突厥汗国的历史地位。他在《论唐高祖称臣于突厥事》一文中，做出"突厥在当时实为东亚之霸主"的结论。尽管向突厥称臣是唐室讳莫如深的"国耻"，但从当时的形势来看，又是势在必行的权宜性"国策"。10年之后，唐室转弱为强，太宗击败颉利可汗，一举而摧毁了阿史那氏在漠北的统治，赢得了"天可汗"的国际性荣誉。这个新均势是怎样形成的？寅恪先生认为，并非全是太宗之英武所致。突厥之败亡，除与唐为敌外，因了"境内之天灾及乱政"和"其他邻接部族回纥薛延陀之兴起"这两端，故给中国造成可乘之隙。否则，太宗未必能致如是之奇迹。治史者往往一味赞美先人的业绩，而忽视"外族盛衰之连环性"的客观实际，则自觉不自觉地落入口头反对英雄史观而实际上又行个人崇拜之窠臼。陈寅恪高度严谨地处理"赞美"与"求真"的关系，不行"夸诬之宣传文字"，实为"在史中求史识"的典范，史识与史德的典范，对今天和今后的学者，仍具有重要的示范作用。【55】

藏　学

中央民族学院藏学院教授王尧先生在《陈寅恪先生对我国藏学研究的贡

献》一文中认为，在今天，藏学已成为一门国际学问，是研究中国和东方学的一个重要分支，受到普遍的注意。在国内，近几十年来，也有了相当的发展。追本溯源，寅恪先生实为我国藏学研究的先驱。远在 1923 年他在德国留学时，即有志于此，如他在给妹妹的信中曾说：

> 我今学藏文甚有兴趣。因藏文与中文，系同一系文字，如梵文之与希腊、拉丁及英、俄、德、法等之同属一系。以此之故，音韵训诂上，大有发明。因藏文数千年已用梵音字母拼写，其变迁源流，较中文为明显。如以西洋语言科学之法，为中藏文比较之学，则成效当较乾嘉诸老更上一层。然此非我所注意也。我所注意者有二：一历史（唐史、西夏），西藏即吐蕃，藏文之关系不待言。一佛教，大乘经典，印度极少，新疆出土者亦零碎。及小乘律之类，与佛教史有关者多。中国所译，又颇难解。我偶取《金刚经》对勘一过，其注解自晋唐起至俞曲园止，其间数十百家，误解不知其数。我以为除印度、西域外国人外，中国人则晋朝唐朝和尚能通梵文，当能得正确之解，其余多是望文生义，不足道也。

他研究藏学，力主语文之比较作用，正本清源，纠谬剔弊，正千年旧史之误，纠异地译语之讹，及佛教对我国一般社会和思想的影响。由中国佛教协会印行的《解深密经疏》，系今人观空法师据藏文本还译，卒使圆测疏得以补成足本。赵朴初先生特为之作千余字的长序，正是沿着陈寅恪先生所说的"若自藏文译外，俾千年古笈复成完成，亦快事也"。[56]

六、声名卓著

陈寅恪先生不是政治人物，也不是新闻人物，更不是一炮打红的明星，他只是在不被大多数人注意的史学界默默耕耘的一介学人。他的渊博知识，是在 30 年的求学生涯及以后 40 余年的工作中积累起来的；他的学术成就，也是几十年一点一点铸炼出来的。特别是晚年在目盲足膑的情况下，仍奋斗不止。他之所以赢得学术界内外的普遍尊重和高度赞扬，除了卓越的学术成就外，更主要的是他的"独立之精神，自由之思想"、"默念平生固未尝侮食自矜，曲学阿世，似可告慰友朋"等人格因素所铸成的"学人魂"。本节将从

官方、学界和国际三个方面列举若干事例，尽管十不得一，仍可看出陈寅恪先生在人们心中的地位。

先说官方。

新中国成立之初，出任政务院总理的周恩来没有忘记当年留学时的旧友陈寅恪，对他留在大陆尤其感到欣慰，"称赞他为爱国学者"。1953年秋，国家为加强史学研究，准备将全国各地大师级的历史学家请到北京组建研究所，周总理对此事十分关心。经在京的学人推荐和周总理的首肯，决定请陈寅恪进京担任新组建的中国科学院第二历史研究所（中古史研究所）所长。中科院院长郭沫若、副院长李四光写信给陈，请他赴京就职。章士钊、李四光、张奚若、周培源等领导兼陈的好友到广州公干时，也力劝他进京任职。但是，终生执着于"独立之精神，自由之思想"的陈寅恪先生，又怀着"对共产党不必说假话"的坦荡胸怀，由他口述一封回信，提出担任所长的两个条件：一是"允许中古史研究所不宗奉马列主义，并不学习政治"，因为"没有自由思想，没有独立精神，即不能发扬真理，即不能研究学术"；二是"请毛公或刘公给一允许证明书，以作挡箭牌"。周恩来得知这些情况后，并没有苛求这位在旧社会生活了60多年的老知识分子，而是以发展的眼光看问题，说："可以答应陈寅恪的要求，只要他到北京来。一切都会变的。当年动员老舍从美国回来，老舍也提出个条件：不反美，不发表反美言论。可是他回国不过一两年，就变了嘛。"之后，陈寅恪以怕做行政工作和贪恋广州暖和为由，荐陈垣以自代。这件事说明两点：一是高层对陈寅恪先生高度的看重；其二，在过去突出政治和以阶级斗争为纲的年代，陈寅恪说出如此石破天惊的话，但在历次政治风浪中却没有因这颗"重磅炸弹"受到伤害，说明了解此事的几个人保护了他。尽管陈寅恪所长没当，但1954年中科院仍聘他为哲学社会科学学部委员，直至去世。[57]

《竺可桢日记》载：（1954年）一月廿八日星期四，晴。……下午政务院会议，三项议程：……（3）郭院长报告科学院四年来工作和将来发展方针。……到7点开始讨论，直到10点。周总理总结说：科学院4年来有进步，思想改造有成绩……，关于方针要辩证地提出问题，从实践中提高理论，……要团结一切爱国分子，如陈寅恪，要考虑科学家待遇。[58] 竺可桢副院长的日记，证实了陈寅恪在新中国成立初期即获得中央高层领导要"厚待"的传言。

1962年6月，陈寅恪在洗澡时不慎跌了一跤，造成右大腿与股间的骨折。

医院考虑到先生年老，未进行手术。他的学生、复旦大学蒋天枢教授建议请上海的骨科专家治疗，他嫌惊动人太多、太麻烦而没有接受。据他晚年的助手、中山大学教授胡守为说："医院拟定了治疗方案送国务院，由周总理亲自裁定。"【59】

1967 年"文革"中，周恩来接见广州红卫兵和造反派，在谈到古为今用时，周恩来说：陈寅恪教授是善于古为今用的学者，你们可请教中山大学的陈寅恪先生。当时正是"文革"运动高潮、陈寅恪因"资产阶级反动学术权威""顽固坚持反动立场"等罪名承受巨大压力的时候，周恩来在谈话中，称陈寅恪"善于"，要造反派"请教"，明显含有保护的意思。【60】

陈寅恪在全国政协第二届委员会即当选为委员，第三届、第四届担任常务委员，尽管他未参加过会议。他还担任卓有影响的学术刊物《历史研究》杂志的编委，中央文史研究馆副馆长等职。【61】

1954 年 1 月，陈寅恪在日本读书时的同学、后又同事于湖南省公署、新中国成立后任中央人民政府秘书长的中共元老林伯渠同志到广州时，曾登门看望他。1956 年 10 月，陈毅元帅到广州，与夫人张茜一起，在陶铸同志的陪同下，特地登门拜访陈寅恪。陈毅于 1919 年至 1922 年曾在法国留学，与陈寅恪有旅欧的共同经历，又爱好文史，喜欢写诗且性格豪放。这次会见，陈毅并未谈论政治，"而是很认真、很专业地同陈寅恪谈起了《世说新语》及魏晋清谈的话题"。因陈寅恪对《世说新语》有专门的研究，所以这次交谈令先生感到很舒畅，"谈叙欢洽"。1958 年，德高望重的朱德到广州，也向有关接待人士"关切地询问过陈寅恪的情况"。【62】

陶铸同志在"文革"前长期主政广东省和中南局，对陈寅恪先生非常尊重，关爱有加。先生虽然失明，但很喜欢听戏。陶铸同志得知先生爱听京剧，闲暇时以收音机为伴，即指示中山大学为先生弄部好的收音机。校工会弄了一台旧机子送给先生。谁知这台机子经常坏，陶铸得知后很生气，说"学校不送我送"。1962 年 4 月初，陶铸参观中国出口商品交易会（即"广交会"），在展厅看中一台牡丹牌收音、电唱两用机，指示有关人员买下该机并 32 张唱片送给陈寅恪先生。先生在膑足前也到户外散步，但双目只有一点点微光，陶铸担心先生不辨路径摔伤了，即嘱咐在先生门前修一条白色的水泥路，以便先生辨识路径。【63】

鉴于陈寅恪目盲又摔残了腿，陶铸派三个护士轮班照顾，这些做法引起一

些人甚至是一些领导的看法，认为对先生的照顾"太过分"了。陶铸闻知勃然大怒，对中山大学的领导说，"你们学校有人讲，在省三级干部会上就有人讲了，远在新会会议亦有人不满了。陈寅恪先生，74岁了，腿断了，眼瞎了，还在一天天的著书，他自己失去了独立生活的能力，像个不能独立活动的婴儿一样，难道不需要人照顾吗？他虽然是资产阶级学者，但是他爱国，蒋介石用飞机接他他不去。你若像陈寅老这个样子，眼睛看不见，腿又断了，又在著书立说，又有这样的水平，亦一定给你三个护士。党外人士是帮助无产阶级做事情，刘备三顾茅庐才请到诸葛亮。当时刘备除了关张以外没有什么人才，带着简雍、糜竺南下，希望不大，只有诸葛亮是有本事的，所以他与刘备吃小灶。我们要与一切党外人士合作，只有那毫无本事的坏人，我们才不要他。"【64】

1960年12月，郭沫若在读过陈寅恪先生所著《论再生缘》后，产生了强烈的共鸣。随后郭陆续发表了数篇文章，虽在一些问题上与陈寅恪观点相左，但陈寅恪正忙于撰写《钱柳因缘诗证释稿》，无暇回应郭的文章。再则，陈寅恪一向认为，学术上有不同见解是很正常的事，他的著述就有若干名之曰"稿"者，即含有商量、修正之意。故在1961年冬，郭沫若到中山大学造访陈寅恪时，两位学界巨人见面，气氛还是热烈和愉快的。当郭询问陈"今年高寿几何"后，两人凑出了一副对联："壬水庚金龙虎斗，郭聋陈瞽马牛风。"短短的14个字，既点出陈寅恪生于庚寅年，属虎，五行为金，又点出郭沫若生于壬辰年，属龙，五行为水；既道出陈寅恪中年失明瞽目，又道出郭沫若听力甚弱几近于"聋"；既隐含了之前你来我往好似"龙虎"之争，但金与水原不相克，所谓的"龙虎斗"，恐怕有点风牛马不相及吧。

当郭沫若得知陈寅恪以坚忍不拔的精神瞽目著书时，十分感动，答应将中科院馆藏的有关"钱柳"的史料影印寄给陈寅恪参考。当他得知陈寅恪缺乏合适的稿纸时，立即嘱咐中山大学冯乃超（冯在新中国成立前曾在周恩来领导下工作过，新中国成立后任人事部副部长、中山大学党委书记）专门为陈寅恪印刷一批特殊的稿纸。郭回北京后，为陈寅恪寄来了有关"钱柳"材料的影印件和一些稿纸。【65】

1962年早春，经毛泽东批准，"大秀才"胡乔木到广州休养。胡乔木早年在清华大学学习，很有读书天分，因参加革命活动，未毕业便离开了清华。胡乔木从延安时代起，长时期担任毛泽东的政治秘书。在毛泽东的一些著名文章中，也包含有胡乔木的智慧。胡乔木自20世纪50年代起至"文革"前任中共中央委员、中央书记处候补书记、中宣部副部长。这年春的一天，在陶铸陪同下，"这位毛泽东的秘书是以学生见老师的心态走到陈寅恪的跟前"。胡乔木首先谈起在清华没有机会听寅恪师所教的历史系三、四年级的课，就离开清华，对此感到十分遗憾。陈寅恪谈起大跃进后的严重经济困难，胡乔木则委婉而巧妙作答，先生称赞他"你这个比喻很聪明"。当陈寅恪谈起文稿交与出版单位长期未见出版而发出"盖棺有期，出版无日"的伤感时，胡乔木又聪明而得体地回答"出版有期，盖棺尚远"。此后，胡乔木与陈毅谈起出版物的审查问题，亦感不解。这次会见以后，陈寅恪赋诗一首——《壬寅元夕后七日，二客过谈，因有所感，遂再次东坡前韵》，全诗如下：

> 不用杨枝伴乐天，幸余梅影晚犹妍。
> 文章岂入龚开录，身世翻同范蠡船。
> 南国有情花处处，东风无恙月年年。
> 名山金匮非吾事，留得诗篇自纪年。[66]

如果多读了一些陈寅恪先生的诗作，就会知道他能有这样平和的心态，就很不错了。

至于中山大学的领导，更是经常地从多方面关心和保护陈寅恪先生，那就不胜枚举了。

后说学界。

陈寅恪先生因史学思想和史学成就的无与伦比，一直被我国史学界奉为泰斗。

1988 年在广州召开的纪念陈寅恪教授国际学术讨论会上，来自国内十多个省市及美国、日本，台湾地区、香港地区等 70 多位专家学者、先生的弟子等参加了会议，其中包括季羡林、王永兴、周一良、邓广铭等学界权威人士以及不远万里来赴会的汪荣祖等。

北京大学周一良教授说："陈先生的学术，我想用他自己描述王静安先生的话来形容和概括最为恰当：'博矣，精矣，几无涯岸之可望，辙迹之可寻'。陈先生学问之博洽，早已有口皆碑。……杨遇夫先生（杨树达，字遇夫，湖南新政时入时务学堂学习，著名语言文字学家——笔者注）1942 年赠陈先生诗云，'朋交独畏陈夫子，万卷罗胸不肯忘'。……我印象最深的，是陈先生常说'发前人未发之覆'。陈先生的每本著作，每篇文章，都可以当得起这句话。"[67]

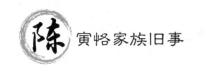

北京大学邓广铭教授认为，陈先生说自己平生为不古不今之学，思想囿于咸丰、同治之间，议论近乎曾湘乡、张南皮之间，我以为这只是他的一种托词。他虽"博学卓识"，却一直"卑以自牧"，从不炫耀卖弄，不以"开风气""使用新方法的先进人物自居"，他不趋时，不傲物，宁肯退居于咸、同之世，宁肯自比于曾、张之伦。读先生《王观堂先生挽词》序文，其中所抒发的真知灼见，岂是曾、张二人所能想象的吗？我认为先生在序文中的这番议论，既贯穿着辩证的思维逻辑，也是一种朴素的唯物主义的观点。【68】

大会执行主席季羡林在闭幕词中说，"就我们听到的，几乎所有到会的人都认为陈先生是一个大学者，一代大师。他融合中西，学贯古今，博大精深，爱国，才、学、识都具备。""陈先生从未标榜自己是马克思主义者，但在会上的报告中间，占一半的先生认为陈先生有朴素的唯物主义、朴素的辩证法，这就与马克思主义有相通之处，这可能高了，但我说不出高在哪里。世界学术史上，不管社会科学、人文科学还是自然科学，一个学者如果是实事求是的，有良心的，他就必然是唯物主义者。……我们总讲陈先生实事求是，实事求是就是唯物主义。"【69】

早在1934年，著名学者吴宓在《空轩诗话》一书中说："宓始于民国8年，在美国哈佛大学得识陈寅恪。当时即惊其博学，而服其卓识。驰书国内诸友，谓合中西新旧各种学问而统论之，吾必以寅恪为全中国最博学之人。今时阅十五六载，行历三洲，广交当世之士，吾仍坚持此言。且喜众人之同于吾言。寅恪虽系吾友而实吾师。"【70】

1937年2月，胡适在读过陈寅恪若干篇论文后，在日记中写下了他的印象和感想："寅恪治史学，当然是今日最渊博、最有识见、最能用材料的人"。另一位著名学人，新中国成立前曾任中央研究院历史语言研究所所长，新中国成立后在台湾地区任台湾大学校长的傅斯年，称陈寅恪先生"千年旧史之误书，异国译音之伪读，皆赖以订"。"陈先生的学问，近三百年来一人而已。"【71】

陈寅恪先生晚年的助手黄萱女士说：寅师以失明的晚年，不惮辛苦，经之营之，钩稽沉隐，以成《钱柳因缘诗证释稿》。其坚毅之精神，真有惊天地泣鬼神的气概。以他的资格，在领导的关心和照顾之下，他是可以养尊处优、无所牵挂地在家度过安乐的晚年的。但他不这样做，而是聚精会神、争分夺秒地把他的渊博、丰富的学问，贡献给国家，给现在和将来的文史工作者。这种坚毅的精神，确是很感动人、给人以鼓舞的。【72】

1992 年 10 月，《瞭望》周刊第 42 期发表了李慎之（曾任中国社科院副院长）的《死守善道，强哉矫——读〈吴宓与陈寅恪〉》一文。李在文中说："陈先生是全中国学问最大的人"。是"百年以来中国唯一读遍中国、印度、西洋三大文化系统的大经大典而能博通综析的人"。是"真正继承了司马迁所谓'究天人之际，通古今之变'的传统的人。他不仅是史学家，而且是思想家"。李慎之说：陈先生最轶群绝伦之处是，他的大多数同时代人只是致力辨明中西文化之异，企图"用夷变夏"来弃旧图新，而陈先生却致力探求中西文化之同。他早就说过，新文化"必须一方面吸收输入外来的传统，一方面不忘本民族之地位，求得'相反而适相同'。"【73】

中山大学吴定宇教授在《学人魂·陈寅恪传》一书中说"他严谨的学风，渊博的知识，刻苦勤奋的学习精神，锲而不舍的追求和坚忍不拔的毅力，深邃的学术眼光，以及卓越的学术成就，建立了独立、自由研究学术的风范，成为二十世纪中国学术界一座难以超越的高峰"。【74】

再说国际。

日本东京大学池田温在《陈寅恪先生和日本》一文中说："先生之论文，渡海进日本者不少，日本《东洋史研究》3 卷 2 期所载小野川秀美编陈先生著作目录，明示其作品已被充分重视。日本近年刊行之《中国研究入门》，已将陈先生著《魏晋南北朝史略论稿》及《隋唐制度渊源略论稿》列入必读课；《亚细亚历史研究入门》也有类似说明，可见其普及之广与受重视程度之深。"还说："陈先生逝世后，日本东洋文库研究部部长木夏一雄，曾极力介绍先生事迹。"

一次，苏联学者在我内蒙古境内发掘了三件突厥碑文，但都看不懂，更不能通译。经陈寅恪对译解释，各国学者都毫无异词且同声叹服。又如唐德宗与吐蕃的《唐蕃会盟碑》，国际上许多著名学者，如法国的沙畹、伯希和等，都无法解决，又是陈寅恪做了确切的翻译，才使国际学界感到满意。

1933 年，日本史学家和天清等从我国东北得到一张古地契，认为此地契是明末时的遗物。一次，中日两国几位史学家在"东洋文库"吃饭，并相互传阅这张古地契，日本的白鸟库吉认为是明末之物。而在座的中国史学家蓝文徵，则举出此地契的纸，是清末时东北的双抄纸，而不是明纸；钱的单位亦非明制；地契的格式也是清末通行的格式，而不是明式。据此三条，可判断此地契是清光绪年间物件。白鸟库吉既惊讶又信服。特别是白氏得知蓝文徵是陈寅恪的学生时，马上走到蓝的面前，毕恭毕敬，亲切握手，表现出极

为尊敬的神态。白鸟库吉激动地说:"我研究中业问题,曾遇到一个难题,先后写信向奥国和柏林的名教授请教,都不能解答,指引我请教中国的陈寅恪教授,后来果然是陈教授把疑难解决了。要不是陈先生的帮助,我可能至死也不能解决这个疑点!"白鸟库吉何许人也?乃日本的史学大师,有"东洋史学界的太阳"之称。

鉴于陈寅恪的学术水平,1939年,英国牛津大学经认真考察和研究,决定聘请陈寅恪为牛津大学汉学教授,并通知陈寅恪被授予英国皇家学会研究员职称。牛津大学在信中还特意写明,陈寅恪是牛津大学成立300多年来被聘请的第一位中国人专职教授,且已安排该校副教授休斯先生担任陈先生的助手。时西南联合大学的梅贻琦校长获讯后异常兴奋,他代表学校支持陈赴牛津任教。梅在给陈的信中说:"牛津之约必践,以慰彼都人士之渴望,藉扬我国学术之精粹,本校同人与有荣焉。"

崔缺、费正清合编的《剑桥中国史》之隋唐篇,多处引录了陈寅恪的见解和论点,并承认该书的"每章节都很得益于陈的研究成果"。该篇"序言"中,尊称陈寅恪先生为"伟大的中国史学家",高度评价"他提出的关于唐代政治和制度的一个观点,远比以往发表的任何观点扎实、严谨和令人信服"。"他的分析对以后的研究证明是非常有成效的出发点"。加拿大的浦立本教授所著《安禄山之乱》,自称是受到陈寅恪的启示。一位美国学者写《论韩愈》一书,特在扉页上注明"将此书献给陈寅恪先生"。

在美国维吉尼亚州立大学(柏堡)执教30余年的汪荣祖教授,在出席中山大学纪念陈寅恪教授国际学术讨论会上说:"很多人称陈先生为教授,为一爱国主义者等等,在我心目中,他是一通儒,通儒有别于专家学者。今日环顾中外,专家学者比比皆是,而通儒绝鲜。他也是一个伟大的人文主义者,这包涵他所具有的人文品质与人文素养。他在人文学中已达到通儒的境界,而其人品,尤表现出高贵的书生风骨,令人有'心向往之而不能至'的感慨。"汪氏在其所著《史家陈寅恪传》一书中,更有多处对寅恪先生做了很高的评价。书中说:"清季治史者,莫不受到乾嘉考据学风的影响,寅恪也不例外。""但已较乾嘉诸老,更上一层。在方法的训练上,材料的运用上,以及议论的发明上,即沈增植、王国维也不可及。因寅恪更进而研究外国文字,吸收西方语文考证学派的精义"。又说:"严格而论,乾嘉之学,尚非纯粹之历史考据学。因其主要目的在经不在史。……寅恪乃是使经史分途专治史学之先驱。他毕生献身学院，前后40年未尝一日离此岗位，可谓民国史学史中，学院派专业史学家之第一代人物。他所示史学研究不受外界干扰之典范，亦即他时时萦怀的独立与自由精神，更足景式。""民国史学已略具现代史学之三特色，即'学院化''专业化'与'独立化'。……陈寅恪是民国史学初期承先启后之一人，于史学之'三化'皆有其贡献"。汪氏在学术讨论会上还说："有人提到超越陈先生的问题，我在拙著《史家陈寅恪传》的结尾曾提出此一问题，没有正面解答。我感到陈先生可以超越，又不可能超越。可以超越，因陈先生之后必定还有伟大的中国史学家出现；但陈先生不可能超越，因陈先生的特殊成就不可能超越，就像没有人可能再写一部超越司马光的《资治通鉴》。"[75]

七、诗联文摘

陈寅恪先生不仅是著名的史学家，亦长于诗文，且赢得很高的评价。当代诗人徐晋如曾在《缀石轩诗话》中指出："一流诗人抒写生命；二流诗人藻雪性情；三流诗人只是构想，藻饰工夫。然众庶之所重，世人之所誉，正在二三流间。"所谓以生命为诗，陈寅恪先生庶几近之。他的艺术天赋未必超群绝伦，却不愧为20世纪最伟大的诗人之一。他的诗作正是英国诗人艾略特所特别推崇的具有"历史感"的那一类诗的范本。

朱自清、俞平伯、王力均为民国时期著名学人，他们在一起论诗时，俞平伯认为："以诗之法度谨严而论，自以海宁王静安先生为首；沉郁顿挫，则非义宁陈寅恪莫属；但嬉怒笑骂皆成文章者，舍鲁迅先生其谁哉！"[76]

胡迎建在《近代江西诗话》一书的"空怀远识哀时变——陈寅恪"一节中说："学贯古今中外，治史学开一代风气。然其诗学造诣亦非寻常。著《寒柳堂诗》七律为多，诗风雅健雄深，窈渺绵丽。藻采、用事似李商隐，意境似钱谦益。虽埋头书斋，而常以国家兴亡为念。忧时感事，别开境界"。[77]

陈声聪在《兼于阁诗话》之"陈寅恪"一节中说：寅恪"先生精治隋、唐之学，诗亦言三唐，有《元白诗笺证稿》"。早岁留学西欧，闻日本合并朝鲜事，即作《庚戌柏林重九作》一诗，意气慷慨，笔力苍凉。当时清廷疲败，列强环伺，神州有陆沉之惧，寅恪闻知邻国朝鲜见并，更加为祖国的命运担忧，以致"一放悲歌仰天吼"。时寅恪先生年刚甫冠，如此胸怀，如此功力，

令人敬佩。先生诗境甚高，富于情感，描写事物，能反映时代。虽未摆脱中国士大夫之传统观念，益以忧伤衰病，不免有消极悲观情绪，然其诗已摩中、晚唐人之垒。且历游欧美，于西海景光，亦多描绘，在近代诗人中，足与黄遵宪、康有为、梁启超诸人抗手。[78]

陈寅恪先生夫人唐筼，不仅是先生在生活上相依为命的伴侣、事业上的助手，因她秉承家学，亦善诗，亦为先生诗友，故《陈寅恪诗集》中收有夫人诗作 70 余首。以下选录部分诗、联、文，以飨读者。如属夫妇二人唱和之作，则以"寅""筼"二字标明。

庚戌柏林重九作　时闻日本合并朝鲜

昔时尝笑王政君，腊日黑貂独饮酒。

长陵鬼馁汉社屋，区区节物复何有。

今来西海值重阳，思问黄花呼负负。

登临无处觅龙山，闭置高楼若新妇。

偶然东望隔云涛，夕照苍茫怯回首。

惊闻千载箕子地，十年两度遭屠剖。

玺绶空辞上国封，传车终叹降王走。

欲比虞宾亦未能，伏见犹居昌德右*。

陶潜已去羲皇久，我生更在陶潜后。

兴亡今古郁孤怀，一放悲歌仰天吼。

（原注：日本并朝鲜，封其主为昌德君，位列伏见宫下）

1910 年 10 月

红楼梦新谈题辞

等是阎浮梦里身，梦中谈梦倍酸辛。

青天碧海能留命，赤县黄车*更有人。

世外文章归自媚，灯前啼笑已成尘。

春宵絮语知何意，付与劳生一怆神。

（原注：虞初号黄车使者）

1919 年 3 月

戊辰中秋夕渤海舟中作

天风吹月到孤舟，哀乐无端托此游。

影底河山频换世，愁中节物易惊秋。

初升紫塞云将合，照彻沧波海不流。

解识阴晴圆缺意，有人雾鬓独登楼。

1928 年 9 月 28 日

北大学院己巳级史学系毕业生赠言

群趋东邻受国史，神州士夫羞欲死。

田巴鲁仲两无成，要待诸君洗斯耻。

天赋迂儒自圣狂，读书不肯为人忙。

平生所学宁堪赠，独此区区是秘方。

1929 年 5 月

阅报戏作二绝 庚午

弦箭文章苦未休，权门奔走喘吴牛。

自由共道文人笔，最是文人不自由。

石头记中刘老老，水浒传里王婆婆。

他日为君作佳传，未知真与谁同科。

1930 年

残 春

无端来此送残春，一角湖楼独怆神。

读史早知今日事，对花还忆去年人。

过江愍度饥难救，弃世君平俗更亲。

解识蛮山留我意，赤榴如火绿榕新。

家亡国破此身留，客馆春寒却似秋。

雨里苦愁花事尽，窗前犹噪雀声啾。

群心已惯经离乱，孤注方看博死休。

袖手沈吟待天意，可堪空白五分头。

1938 年 5 月

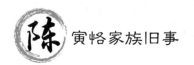

戊寅蒙自七夕（寅）

银汉横窗照客愁，凉宵无睡思悠悠。

人间从古伤离别，真信人间不自由。

1938 年 8 月

和寅恪云南蒙自七夕韵时筼寄寓九龙
宋王台畔（筼）

独步台边惹客愁，国危家散恨悠悠。

秋星若解兴亡意，应解人间不自由。

（俗传南宋末陆秀夫负帝昺投海处）

目疾未愈拟先事休养再求良医
以五十六字述意不是诗也

颀洞风尘八度春，蹉跎病废五旬人。

少陵久负看花眼，东郭空留乞米身。

日食万钱南下箸，月支双俸尚忧贫。

张公高论非吾解*，摄养巢仙语较真*。

（原注：1.见晋书范宁传；2.巢仙论养生语见渭南诗集及老学庵笔记）

1945 年 4 月 28 日

忆 故 居（有序言 101 字，此略）

渺渺钟声出远方，依依林影万鸦藏。

一生负气成今日，四海无人对夕阳。

破碎山河迎胜利，残余岁月送凄凉。

松门松菊何年梦，且认他乡作故乡。

1945 年 4 月 30 日

乙酉八月十一日晨起闻日本乞降喜赋

降书夕到醒方知，何幸今生见此时。

闻讯杜陵欢至泣，还家贺监病弥衰。

国仇已雪南迁耻，家祭难忘北定时*。

念往忧来无限感，喜心题句又成悲。

（原注：丁丑八月，先君卧病北平，弥留时犹问外传马厂之捷确否）

1945 年 8 月 11 日

旧历七月十七为莹寅结婚纪念日
赋一短句赠晓莹（寅）

同梦匆匆廿八秋，也同欢乐也同愁。

侏儒方朔俱休说，一笑妆成伴白头。

1955 年 9 月

答寅恪七月十七日赠句次原韵（筼）

甘苦年年庆此秋，已无惆怅更无愁。

三雏有命休萦念，欢乐余生共白头。

1955 年 9 月

王观堂先生挽联

十七年家国久魂销，犹余剩水残山，留与累臣供一死。

五千卷牙签新手触，待检玄文奇字，谬承遗命倍伤神。

1927 年 6 月于清华园

挽许地山先生

人事极烦劳，高斋延客，萧寺属文，心力暗殚浑未觉。

乱离相倚托，娇女寄庑，病妻求药，年时回忆倍伤神。

1941 年 8 月于香港

春　联

万竹竞鸣除旧岁。百花齐放听新莺。

1957 年 1 月 31 日
春节于广州中山大学东南区一号

赠冼玉清教授春联

春风桃李红争放。仙馆琅玕碧换新。

1957 年 1 月 31 日于广州康乐村

晓莹六十岁生日贺以一联

乌丝写韵能偕老。红豆生春共卜居。

1958 年 6 月 17 日于广州康乐村

甲辰元旦撰春联

丰收南亩春前雨。先放东风岭外梅。

股骨颈骨折，自医院返家后第二个春节，

1964 年 2 月 13 日

挽 晓 莹

涕泣对牛衣，卌载都成肠断史。

废残难豹隐，九泉稍待眼枯人。

（注：此联可能作于 1967 年前后。时值文革高潮，寅恪夫妇遭残酷迫害，夫人心脏病发，濒临死亡，寅恪预作此联挽妻）

王观堂先生纪念碑铭

海宁王先生自沉后二年，清华研究院同人咸怀思不能自已。其弟子受先生之陶冶煦育者有年，尤思有以永其念。佥曰，宜铭之贞珉，以昭示于无竟。因以刻石之辞命寅恪，数辞不获已。谨举先生之志事，以普告天下后世。其词曰：

士之读书治学，盖将以脱心志于俗谛之桎梏，真理因得以发扬。思想而不自由，毋宁死耳。斯古今仁圣所同殉之精义，夫其庸鄙之敢望。先生以一死见其独立自由之意志，非所论于一人之恩怨，一姓之兴亡。呜呼！树兹石于讲舍，系哀思而不忘。表哲人之奇节，诉真宰之茫茫。来世不可知者也。先生之著述，或有时而不章。先生之学说，或有时而可商。惟此独立之精神，自由之思想，历千万祀，与天壤而同久，共三光而永光。

附：唐篔诗五首

岭南大学欢送军干大会有感（二首录一）

参军荣校复荣亲，抗美援朝壮士身。

珍果荣花彩车送，空前盛况岭南人。

1951 年 1 月 16 日

寄流求寒衣　庚寅大寒后一月廿六日灯下作

雪舞冰封北国寒，怜儿忍冻叹吾穷。

剪裁工拙何须计，老眼灯前密密缝。

1951 年 1 月 26 日夜

除　夕　庚寅除夕作

过岭南来又一春，田家从此不忧贫*。

江城花市年年好，喜得红梅迓岁新。

（作者注：广州郊区今冬土改）

1951 年 2 月 5 日

广州木棉花

亭亭直上白云间，无叶无枝态更妍。

俯视春风摇嫩绿，高红独艳夕阳天。

1952 年仲春

广州赠蒋秉南先生

不远关山作此游，知非岭外赏新秋。

孙书郑史今传付，一扫乾坤万古愁。

1953 年 9 月

八、逸闻趣事

"一定聘他"

1925 年，清华学校成立研究院。一日，校长曹云祥与梁启超谈起导师

聘任之事，梁启超说："有一个人校长不知可曾注意过？"曹云祥说："不知是哪一位高贤？"梁答："江西修水的陈寅恪，校长有意聘他吗？"曹问："他是哪一国的博士？"梁答："他不是博士，连硕士也不是。"曹说："那他总该有大著吧！"梁答："也没有著作。"曹笑道："既不是博士，也不是硕士，又没有著作，这就不好办了！"梁说："我梁某人也不是博士，著作算是等身了，但加起来还不如陈先生寥寥数百字有价值。好吧，你不请，就让他在国外吧！"

梁虽不是博士，但 17 岁即中举人，维新变法，蜚声海内外，曹氏自不敢小视。接着，梁启超便介绍哈佛大学要高薪聘请寅恪，柏林大学、巴黎大学的教授对陈寅恪是推崇得无以复加、佩服得五体投地。最后梁启超说："就算你想聘人家，人家来不来还是个问题呢！"曹云祥到底不是个思想僵化之人，连忙回答："我一定聘他，我一定聘他！"

陈寅恪到清华任教实为吴宓所荐，但梁启超与曹云祥对话情节经陈哲三教授演义出来后，颇具传奇色彩，故广泛流传。

谈葡萄酒

陈寅恪的学生蓝孟博说，陈先生讲演，字字是精金美玉，同学们都显得程度很不够，恨自己语文修养太差，但先生诲人不倦，很耐心。一次，我们在闲聊时问起葡萄酒的来历，先生便把葡萄酒原出何处，原名是什么，何时传到何处，何时变成何名，如此这般，从各国文字的演变过程谈到传播的过程。一件小事的闲谈，使我们学到许多知识。

条幅作媒

陈寅恪先生自幼即体弱多病，"深恐累及他人"，所以直到中年仍未婚娶。其时，散原老人年逾古稀，见儿子婚姻还无着落，十分着急，说：你再不娶，老父就要做主包办婚姻了！陈寅恪请求宽以时日。亦是天赐良缘，一日，同事间闲聊中偶然提到女教师唐篔家中悬一条幅，署名"南注生"，大家都不解其来由。陈寅恪的舅舅俞明震乃清代著名学者，曾与清末台湾巡抚唐景崧共事。陈寅恪读过唐景崧的《请缨日记》，了解唐氏的家世，当然亦知唐景崧的别号"南注生"，几个因素再加上时间的推算，因而推断唐篔是唐景崧的孙女。此后，陈寅恪便与唐篔结识了。1928 年 8 月，俩人喜结连理，一些好友参加宴会，并作画、作诗、撰联以贺喜。吴宓先生以红笺题诗："廿载行踪遍五洲，今朝萧史到琼楼。斯文自有千秋业，韵事能消万种愁。横海雄图传裔女（新夫人为昔台湾巡抚甲午起兵抗日之唐公景崧孙女，现任北京女子大学体育教员），望门耆德媲前修。蓬莱合住神仙眷，胜绝人间第一流。"

伉俪情深

陈寅恪与夫人唐筼婚后 40 余年，感情诚笃纯真。夫人长于吟咏，且书法亦佳，一直以"诗弟子"自居，夫妇时相唱和，饶有情趣，尤其是两相离别时，书信往来，常以诗作互倾思念。1928 年暑期婚后不久，陈寅恪即只身返校上课，其《渤海舟中作》一诗有"解识阴晴圆缺意，有人雾鬓独登楼"之句。1946年陈寅恪赴英治疗眼病，作《大西洋舟中记梦》诗，前四句云："贫贱夫妻已足哀，乱离愁病更相催。舟中正苦音书断，梦里何期笑语来。"《癸巳元旦赠晓莹》一诗写道："烧余红烛岭梅边，珍重残妆伴醉眠。枕上忽闻花气息，梦惊魂断又新年。"1955 年在陈寅恪先生 66 岁初度之时，夫人赋诗中有"回首燕都初见日，恰排小酌待君来"。同时，夫人诗中赞寅恪"斋中脂墨助高才"；寅恪答谢诗中，则赞夫人"织素心情还置酒，然脂功状可封侯"。同年，唐筼有《题陈眉公梅花诗画册一绝》，诗云："孤干如虬伴竹栽，共扶清影上妆台。东皇似解诗人意，故遣寒香映叶开。"寅恪和曰："老梅根傍倚窗栽，疏竹光摇玉镜台。待得月明双弄影，愁心千叠一时开。"在纪念夫妻结婚纪念日时，寅恪诗云："同梦匆匆廿八秋，也同欢乐也同愁。"夫人答句是："甘苦年年庆此秋，已无惆怅更无愁。"夫妇二人几十年间，趣似琴瑟和谐，情如血肉相连。

不信佛道

陈寅恪先生对佛学研究很深，但他研佛不信佛，而是为了研究中西文化史。他精通梵文，研习圣经、佛经、可兰经，甚至花 2000 元积蓄买《大藏经》，却从不为书中的说教所惑。其父散原老人去世，他坚决反对请僧道唪经，反复劝告兄弟们不要搞迷信蠢事。

粗通医学

陈寅恪对医学也很有研究，写有《三国志曹冲华佗传与佛教故事》《狐臭与胡臭》等有关医学方面的文章，还经常读外文版医书。在法国留学时，当

时英、法等国上层人士有一种风气，凡出身书香门第之子女，必须具备法学和医学方面的修养，如此方不失体面。所以陈寅恪学医是为了便于与外国学者交往，有利学术研究。他对医药也很熟悉，上药房买药，他问到许多药名，一位医生惊奇地说："陈教授知道的药比我知道的还多！"

记忆惊人

凡接触过陈寅恪的人，无论学生老师以至有关领导，都钦佩他惊人的记忆力。其实在孩提时代，他的记忆力即与众不同。平时大人说说笑笑，别的小孩打打闹闹，而他经常是静坐沉思。他幼年在湖南抚衙，祖父会客交谈，他则在一旁静听。客人走后，别人有时记不得刚才说过什么，而他却能娓娓道来，照述无遗，故常得大人夸奖。"留心处处皆学问"，他之所以具有超常的记忆力，首先是具有超乎常人的"用心"。他从小爱看书，许多典籍皆能背诵。后来他双目失明，而备课、著文、著书，却能准确地指导助手查阅数十种数百种资料，几达胸藏万卷之境界，令人惊叹！

苦学碎闻

陈寅恪从小好学，刻苦用功，非常人所及。陈封雄曾听长辈说，小时候遇冬天寒冷，深夜时分身上的棉衣不能御寒，陈寅恪就往身上裹一床棉絮坚持看书。夏天蚊子多，招架不住，他就用木桶装满水，双脚浸在水里，以防蚊子叮咬。点着小油灯，看书到半夜后，更是常事。

敢破"洋书"

陈寅恪的侄子陈封雄回忆说，他在中学时读的世界史，是根据美国的教科书编的，一般应该是准确可靠的。但有一次寅恪叔翻阅这本书时，看见一张图片上注明的是"刻有巴比伦文的出土碑碣"，便立刻指出："这不是巴比伦文，是突厥文，写书的人用错了图片。"我当时很惊讶，感到寅恪叔真是学识渊博。

爱书如命

"七七"事变后，北京西苑兵营被日军轰炸，陈寅恪赶紧从清华回家，说其他东西都可牺牲，但一定要保住书籍和著作手稿，他要封雄等立即去雇车抢救。由于一时忙乱，《大藏经》及其他一些贵重书籍还是不及捎上，他为此久久不安。1938 年，他从香港取道越南赴昆明上课，特地买了一只比较好的箱子装重要书籍和手稿，不料被贼"惦记"，以为好箱子里肯定有金银财宝，所以被偷。为此，他精神上受到很大的打击，过很长时间还耿耿于怀。陈封雄还回忆说："寅恪叔爱书成癖，为买书宁可节衣缩食，一掷千金而不惜。每年春节，他必须逛游北京琉璃厂书摊，曾带我去过两次。他一到书摊便流连忘返，如醉如痴。我当时才 11 岁，跟着他转，觉得无趣，且又苦又累，以后就再不想跟他去玩了。"

戒养丫头

陈家以前也收养丫头，陈寅恪留学归国后，便要求家里不要再养丫头。家里人很尊重他，就听从了他的意见。原有的几个丫头，以后分别选择清白殷实或有一技之长可以自立的人家出嫁，并赠以嫁妆。婚后，丫头还把陈家当亲戚来往。

心疼保姆

陈寅恪娶妻生小孩后，因夫人身体很差，就请了保姆王妈帮做家务。抗战爆发后他们一家逃到香港，因经济困难，春节买肉很少。陈师母在饭前叮咛流求等孩子：王妈很辛苦，过年了，你们吃饭时少吃一点肉，让王妈多吃几块。

是好就学

陈寅恪常对学生说："凡事不论是本国的或是外国的，只要是好的就要学"。他不会喝酒，但他赞扬法国白兰地是好酒，建议别人喝一点。一次宴会上，他用法国白兰地酒瓶盛白开水代酒与客人对饮，以表示他对名牌好酒的推崇。

不弃传统

陈寅恪认为骑马射箭是我国自古以来的好传统，既可练武又可健身。他曾建议家里买马置箭，大家都可以当作体育活动玩一玩。但因师母不同意，他也就不勉强。

客串马戏

据其侄陈封怀回忆，有一次上海来了外国马戏团，要请中国人做客串参加表演，陈寅恪自告奋勇报名参加。演出时，他虽穿中国服装，却说一口流利的外国话，很吸引观众。

讲究卫生

陈寅恪一向待人和善，不端架子，尤其尊重劳动人民。但在生活的卫生方面却很认真，往往容易引起误解。如他规定家里人各用各的洗脸巾、茶杯，如果别人错用了他的，他宁可丢掉也不再用。他这种做法，并不是轻贱人，只是比当时的国人超前而已。我们现在一家人共用一条毛巾、一只茶杯的恐怕极少，不都是各用各的毛巾和茶杯吗？

不受馈赠

陈寅恪生活节俭，廉洁自爱，不爱接受别人的馈赠，甚至亲人之间也同样严于律己。一年冬天，天气特别寒冷，其侄陈封怀见他穿着比较单薄，便送了一件皮袄给他。但他一直没穿，在家里放了一个冬天后，又原物退还给封怀。

有趣试题

1932年暑期，陈寅恪在清华大学为学校拟国文试题时，出了一道"对对子"的题目。因苏东坡《赠虔州术士谢晋臣》一诗中有"前生恐是卢行者，后学过呼韩退之"一联，遂出题为"孙行者"。答卷中有对"祖冲之"的，有对"王引之"的，有对"胡适之"的，陈寅恪认为都很好，"祖"对"孙"妙，而"引"又胜于"冲"，"胡"对"孙"，盖"猢狲"乃"猿猴"也。他认为"对对子""即是最有关中国文字特点，最足测验文法之方法"。其目的：（1）测验考生对词类之分辨，如虚字对虚字，动词对动词，称谓对称谓，代名词、形容词对代名词、形容词等；（2）测验考生对四声之了解，如平仄相对求其和谐；（3）测验考生读书多少，如对成语，须读诗、词、古文多，才能信手拈来，缀成妙对；（4）测验考生思想如何，妙对巧对不但要求字面平仄虚实尽对，"意思"也要对工，且上下联之意要"对"而不同，不同而能合，即辩证法之"一正，一反，一合"也。

有趣对联

有一次，陈寅恪与学生闲聊，向在座者吟一对联，上联是"南海圣人再传弟子"，下联是"大清皇帝同学少年"。此联涉及四人，上联：康有为是广东南海人，人称"康圣人"，梁启超是康有为的弟子，现在梁在清华任教，那你们就是康圣人的"再传弟子"了；下联：王国维是宣统皇帝溥仪的老师，王现在又是你们的老师，那你们就是皇帝的同学，溥仪与你们就是师哥师弟的关系了。

抗战时，陈寅恪在西南联大任教，当时日本鬼子的飞机经常到云南、四川等大后方轰炸。遇有空袭警报，老百姓就要赶紧跑去钻地道。针对这种情况，陈寅恪也曾戏作一联："见机而作，入土为安。"

儒将风流

罗家伦虽然在外国留学，喝了不少洋墨水，但回国后从军从政，在北伐后曾官拜少将。1928年，国民政府任命罗为清华校长。罗到校后，推行党化教育。一次，罗家伦去看望陈寅恪，并赠其新作《科学与玄学》一书。陈寅恪说：志希（罗家伦字志希），我赠你一联如何？随即吟出一联："不通家法，科学玄学；语无伦次，中文西文"，横批是"儒将风流"。罗家伦一时不明白"儒将风流"所指何事，陈寅恪笑着说："你在北伐军中官拜少将，不是儒将吗？你娶了个漂亮的太太，正是风流呢！"在场众人大笑。

卖书买煤

1947年冬，北京甚寒，而清华大学经费紧张，无力为住户供暖。陈寅恪体质很弱，一向怕冷，又患心脏病、双目失明，实在难以熬过严冬。家中无钱，只得忍痛将一部分书籍卖给北京大学，得区区120元，买点煤回家，仅在一室生只火炉，以度寒冬。当时某报刊登"天吁"所填《生查子》一词并序。序曰："陈寅恪教授卖书买煤，为之意苦者久之"。词曰："铮铮国士名，矻矻寒窗苦。生事困樵薪，珍袭归书贾。燎原战火燃，断续炊烟舞。何异又焚书，风教委尘土。"

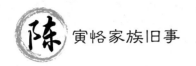

"万请删去"

陈寅恪的学生罗香林曾做了一篇论文《客家源流》，请先生指正。文中叙述了客家人孙中山的家世，随后也简单地提起老师陈寅恪也是客家人。陈寅恪看了此文后，认真地指示罗香林：孙中山先生是开国的伟人，我们自然应该宣扬他。怎么能把我陈寅恪也写在文中呢？"万请删去!"

"万分佩服"

刘文典是民初著名学者，抗战时在西南联大任教。此君学问深厚，也颇自傲，且快人快语，还吸食鸦片。他对庄子颇有研究，却又过于自负。曾说：世上只有两个半人懂庄子，一是庄子本人，二是我刘文典，其他研究庄子的人加起来算半个。甚至倔劲上来，敢与蒋总司令对骂。但就是这样傲气的刘文典，提起陈寅恪先生，却是"十二万分佩服"。

在西南联大时，有一次发空袭警报。刘文典知道陈寅恪眼睛不好，体力又差，便急匆匆带几个学生找到陈寅恪，挟着他往防空洞逃避，还边跑边喊："保存国粹要紧！保存国粹要紧！"看见沈从文也在跑，刘即大骂："我跑是为了保存国粹，学生跑是为了保留下一代的希望。可是该死的，你干嘛跑哇，你干嘛跑哇！"因沈从文是搞新文学的，写白话小说，刘看不起他，加上刘有时喜欢骂人，所以在联大提升沈从文为教授时，刘亦大骂："陈寅恪才是真正的教授，他该拿四百块钱，我该拿四十块钱，朱自清该拿四块钱，可我不会给沈从文四毛钱！他要是教授，那我是什么？"

"要选上他"

据张稼夫《庚申忆逝》一书记载，1955年中国科学院选学部委员（院士）时，自然科学方面的情况比较单纯，人员落实比较好办。但社会科学方面就很复杂了，名额本身有限，党内就有一批马列主义水平很高的人有待评选。像陈寅恪先生，属于"不宗奉马列主义"的党外人士，对于新中国成立后的知识分子改造、批判胡适和俞平伯等运动又明显持抵制态度，但学术成就巨大，在国际上有重要影响，又是爱国主义者，有关领导觉得选与不选都很为难。此事呈报毛泽东拍板，毛泽东明确表态："要选上"。

莫明其"妙"

"文革"开始时，造反派给陈寅恪扣上"反动学术权威"的大帽子，他不理解这"莫须有"的罪名。一天，他问助手黄萱："什么是反动呀"！黄萱不知该如何回答好。事后，黄萱沉痛地回忆说：当时所谓的"革命行动"，连博古通今的陈教授也莫明其妙，何况他人？又有一次，批判陈寅恪是"不学无术的资产阶级反动学术权威"，陈寅恪喃喃地说道：不学无术怎么成了学术权威？既是学术权威怎么又不学无术？不通，不通。

代师挨斗

1967 年的某一天，造反派要将双目失明、腿又瘫痪且 78 岁高龄的陈寅恪揪出去批斗，夫人唐筼上前求饶，被推翻在地。此时，前历史系主任、著名历史学家、时年 67 岁的刘节教授挺身而出，说自己愿意代替陈教授挨斗，造反派果真揪斗了刘节。在批斗会上，造反派以嘲讽的口吻问刘节，代人挨斗有何感想。至诚至德至义的刘节说："我能代表老师挨批斗，感到很光荣"！这无疑是给造反派一个大气凛然的回答，但也显示陈寅恪在正直师生心目中的地位。

正直无畏

陶铸同志在任广东省委第一书记、中共中央中南局第一书记时，对陈寅恪先生多有照顾。"文革"初始，陶铸调中央工作后，还打电话到广东，要求保护陈寅恪。"四人帮"曾拉拢陶铸，拉拢不成，便以"中国最大的保皇派""党内第三号走资本主义的当权派"的罪名迫害他。这时，广东的造反派紧跟"四人帮"的步伐，想整陶铸的黑材料，便数次找到陈寅恪，要他大胆揭发陶铸的"罪行"，并暗示"揭发有功"。此时陈寅恪已陷入待死的绝境，但面对威胁利诱，他大义凛然，丝毫不去考虑以揭发陶铸或其他领导的"罪行"去换取廉价的"宽大"，只是交代："他（陶铸同志）是以中南局首长的身份看望我，并无私人交情。"当要他揭发原校长陈序经时，他说，"陈序经和我的关系，只是一个校长对一个老病教授的关系，并无密切的往来"。说完，便闭着眼睛不做声。

在过去的政治运动中，无中生有或小题大做"揭发"别人所谓"问题"

者屡见不鲜。这些人大概属两类，一是斗争别人以增加自己的政治资本而图"进步"，一是出卖别人以求划清界限而图"自保"。对比陈寅恪的高尚人格，这两类人只能算是政治投机者。

"他是好人"

陈封怀回忆："文革"中的某一天，中山大学两名专案组人员到我家，迫令我爱人张梦庄写陈寅恪的揭发材料，张梦庄坚决不写。她说："寅恪先生是好人，是爱国人士，从没有反党反社会主义的事，我不能写。"专案人员威胁："你敢担保吗？"张梦庄义正词严地说："我敢以人格担保。"专案人员只好悻悻而归。张梦庄敢于逆潮流担风险为寅恪叔担保，当然不仅仅是因亲属关系，而完全是出于对寅恪叔的尊崇和信服。

梦中传情

吴宓与陈寅恪是情同手足的朋友。1961 年，吴宓在经历反右派、反右倾等重大政治运动后，总放心不下久别的陈寅恪先生。这年 8 月，吴宓千里迢迢从重庆辗转来到广州看望陈寅恪，陈寅恪亦在家中坐等到半夜以后。此次会面，陈寅恪赠诗有云："问疾宁辞蜀道难，相逢握手泪汍澜。暮年一晤非容易，应作生离死别看。"1969 年 10 月，陈寅恪去世，身陷囹圄的吴宓并不知道。1971 年 9 月，吴宓实在放心不下陈寅恪，不顾挨批斗的风险写信给"中山大学革命委员会"，"极欲知其确实消息"，而校方未作答复。1973 年 6 月 3 日，吴宓在梦中与陈寅恪会面。吴宓日记云："六月三日，阴雨，夜一时，醒一次。近晓 4:40 再醒。适梦陈寅恪兄诵释其新诗句'隆春乍见三枝雁'，莫解其意。"朋友相交如此魂牵梦绕，令人感动。

魂归匡庐

陈寅恪夫妇于 1969 年去世后，骨灰长期不能入土为安。"文革"后，虽经多方甚至包括有关领导的努力，而有关方面总是善于以种种理由拖延、推诿，致使此事拖了一二十年仍无头绪，其间又何止"一波三折"？幸有寅恪先生三位女儿和有关领导如毛致用（曾任江西省委书记、全国政协副主席）、社会贤达如黄永玉等不懈努力，终于在 2003 年 6 月 16 日陈寅恪诞辰日这一天，在中国科学院江西庐山植物园举行了简朴而庄严的陈寅恪夫妇骨灰安葬仪式。

陈寅恪墓完全不同于传统的墓碑形式，它是由 10 余方大小不同的数百万年前的第四纪冰川石垒成的不规则堆积体。右边矗立一块一人高的柱石，柱石的正面刻有"陈寅恪唐篔夫妇永眠于此"11 个字，此石的背面刻有"陈流求陈小彭陈美延庐山植物园敬立公元二〇〇三年六月十六日"28 个字；中间由几块两尺来高的小石块横着架起一块横卧的巨石，巨石的主体部分刻有"独立之精神，自由之思想"10 个大字，左下方刻有"后学湘人黄永玉敬书壬午春月"13 个字。

墓址所在的小山冈被命名为"景寅山"，含景仰寅恪先生之意，并在小路旁立有 1 米来高的石头，上刻"景寅山"3 字。

九、师友简介

竺可桢（1890～1974 年），又名绍荣，字藕舫，浙江绍兴人。现代著名地理学家、气象学家和教育家，中国近代地理学的奠基人，被公认为我国的气象、地理学界的一代宗师。

竺可桢于 1921 年在南京创立了我国大学的第一个地学系，新中国成立前曾任中央研究院气象研究所所长，1936～1949 年任浙江大学校长达 13 年，被尊为民国时期中国高校四大校长之一（其他三人为蔡元培、蒋梦麟、罗家伦）。新中国成立后任中国科学院副院长等职。

勤学勤工作

竺可桢两岁时，父亲就教他认字，有时因为忙不记得教他，他便哭闹。以后在学校念书，成绩名列前茅。华东理工大学张荣明教授著《竺可桢与陈寅恪》一书记载，二人在复旦公学期间，一同编在丁班，而且同桌，有份考试成绩记录，陈寅恪第一名，94.2 分；竺可桢第四名，86.6 分。再说工作，他 70 多岁时，还参加南水北调考察队，上到海拔 4000 多米的阿坝高原，下到险峻的雅砻江峡谷，都留下了他的足迹。他的以气象为主要内容的蝇头小

楷日记，仅保存下来的 1936 年～1974 年 2 月 6 日共计 38 年零 37 天，一天未断，计 800 多万字。直到去世的前一天，他还用颤抖的手记下了当天的气象基本数据，着实令人赞叹。

"浙大保姆"

竺可桢在浙大当校长期间，对学生十分爱护。他主张学生要全身心投入学习，反对学生搞游行示威等政治活动。而一旦学生不听他劝阻上街游行，他又举着小旗走在游行队伍前列。人们对此不解，他说，"既然年轻人上了街，我就要保护他们的安全"。有学生被捕，他总是极力营救。所以浙大学生在他60 岁时送他一面锦旗，上书"浙大保姆"。

"分工合作，管天管地"

竺可桢十分注重气象与生产的关系，曾在一篇论文中分析了气象因素对粮食生产的影响，并提出发展农业生产的许多设想。毛泽东看到这篇论文后非常高兴，特地请他到中南海面谈。毛泽东高兴地对他说："你的文章写得好哇！我们有个农业八字宪法（即水、肥、土、种、密、保、工、管这八项农业增产措施），只管地，你的文章管了天，弥补了八字宪法的不足。"竺可桢回答："天有不测风云，不大好管呢！"毛泽东幽默地对竺可桢说："我们两个人分工合作，就把天地管起来了！"

吴宓（1894～1978 年），字雨僧，又雨生，陕西泾阳人。中国现代著名西洋文学家、国学大师、诗人，学贯中西，融通古今，被称为中国比较文学之父。在美国哈佛大学留学期间，与陈寅恪、汤用彤并称"哈佛三杰"，也是陈寅恪生平交往时间最长、感情最深的朋友。曾任东南大学、东北大学教授，清华国学研究院主任、外文系教授，武汉大学外文系主任、教授，1941年被民国政府教育部聘为首批部聘教授。新中国成立后任西南师范学院教授，重庆市文联常务委员，四川省政协委员等。

吴宓先后在多所高校任教，培养了像吕叔湘、曹禺、钱钟书这样杰出的学术人才。1925 年承担清华国学研究院的首创工作，先后聘请王国维、梁启超、陈寅恪、赵元任"四大导师"和李济来院任教，这就是后来名动天下、流传久远的清华大学"五星聚奎"时期。

1921 年吴宓回国，受聘于东南大学（南京大学前身），针对"五四"打倒孔家店、提倡新文化的运动，吴宓于 1922 年与柳诒徵、梅光迪、胡先骕、汤用彤等人为"昌明国粹"，创办《学衡》杂志，以弘扬优秀传统文化，在新旧文化上"求衡"，吴宓任总编。他说："吴宓，一介平民，一介书生，常人也；作学问、教书、写诗，均不过中等水平。然宓一生效忠民族传统文化，虽九死而不悔；一生追求人格上的独立自由，追求学术上的独立自由，从不人云亦云。"直到 1974 年的"批林批孔"运动，饱受摧残的他仍公开表态他只批林，不批孔。并说：全盘否定孔子，宓极不赞成，没有孔子，中国还在混沌之中。当时在那种环境下敢讲这种话，真乃石破天惊。

吴宓研究人文社科的多种学科，他的学生评价：你很难界定他是哪一门学科的专家，而你又不得不承认他在哪一门学科都可称得上专家。著有《吴宓诗集》《吴宓诗话》《吴宓日记》等。

傅斯年（1896～1950 年），山东聊城人。祖籍江西永丰，历史学家、教育家、社会活动家。五四运动时，学生上街游行，他是游行队伍的总指挥；创办并长期领导中央研究院历史语言研究所；曾任北京大学代理校长、台湾大学校长等职。他虽寿不及甲，但故事多多，人物形象极为丰富，选几点以资对人物的了解。

家族显赫

傅斯年出身于"开代文章第一家"，其先祖傅以渐是满清入关建立大清政权后的首任状元，官至兵部尚书、武英殿大学士。

读书种子

傅斯年自幼聪颖，熟读经典，被胡适誉为"人世间最难得最稀有的天才"。而"天才"加刻苦，则其才不可限量。他并不认为自己聪明便自以为是，而是刻苦学习。遇有不懂的字、词就随时记下，一时找不到纸，便用笔记在手上、胳膊上、大腿上甚至肚皮上，夏天出汗，一摩擦，弄得浑身是墨迹。到台湾地区后，一次有家书店开张。请他题词，他写道："读书最乐，鬻书亦乐；既读且鬻，乐其所乐。"

爱憎分明

"九一八"事件的次年，傅斯年出版了专著《东北史纲》，驳斥日本学者

"满蒙在历史上非中国领土"的谬论，从历史角度详细论证了东北自古以来就是中国领土的事实，字里行间洋溢着强烈的民族主义价值观。此书后由李济翻译成英文送交国际联盟，为维护祖国领土完整起了重要作用。

抗战胜利后，傅返京任北大代理校长，在聘人问题上，"正是非，辨忠奸"，对于曾给敌伪当过教授的，他一个也不聘，并说，这是给胡适就任校长铺平道路，难事由自己来做。

对于国民党的贪官污吏，他嫉恶如仇，凭着自己小小的"参政员"，以揪着不放的劲头，硬把孔祥熙和宋子文这两任行政院长拉下马，连蒋总裁也保不了驾。

桀骜不驯又聪明灵活

傅斯年性情耿直，有"傅大炮"之称，性子急了，几乎要与人打架。罗家伦曾说：傅斯年体型胖大，手脚不灵活，怎能打架？傅说：我以体积乘以速度，产生一种伟大的力量，可以压倒一切！傅斯年人前从不唯唯诺诺，有一次蒋介石在机场会客室等候迎接李宗仁，蒋坐在沙发上，其他军政要员毕恭毕敬站在旁边，谁也不敢坐下。傅斯年进门，旁若无人，大步向前，一屁股坐在沙发上，而且架起二郎腿，嘴上还叼着烟斗。1945 年 7 月，黄炎培、傅斯年、左舜生等 6 位参政员访问延安，受到毛泽东、朱德、周恩来等中共领导人的热烈欢迎。左舜生与毛泽东既是同乡又是同庚，本可乘此机会畅谈一番，但左舜生胡说八道，引起毛的反感，懒得理他。傅斯年尽管是反共立场，但是个知趣的人，明白此时此地什么该谈，什么不该谈，所以毛泽东竟与他在窑洞畅谈了个通宵，之后还"遵嘱写了数字"，将"竹帛烟销帝业虚，关河空锁祖龙居。坑灰未冷山东乱，刘项原来不读书"的唐诗写成条幅，赠给傅斯年"聊作纪念"。

王国维（1877～1927 年），字伯隅，又字静安，号观堂，浙江海宁县盐官镇人。我国近代享有国际盛誉的学者，近现代在文学、美学、史学、哲学、古文字学、考古学等方面成就卓著的学术巨子，清华国学研究院"四大导师"之一，甲骨文研究"四堂"（董作宾，号彦堂；罗振玉，号雪堂；王国维，号观堂；郭沫若，号鼎堂）之一。

王国维家境清贫，4 岁丧母，7 岁入私塾，并在其父的指导下博览群书，不仅涉猎了传统文化的众多领域，并初步接触近代先进的科学文化知识和维新思想。20 岁时曾在家乡当塾师，21 岁赴上海，入《时务报》馆任书记、校对工作，并利用业余时间到传播新学的东文学社学习。学社创办人之一的大学者罗振玉，有次在一个学生的扇子上看到王国维所题的"西域纵横尽百城，张陈远略逊甘英。千秋壮观君知否，黑海东头望大秦"的诗句，"乃大异之"，"知为伟器"，遂成为王国维的伯乐、恩人、之后的亲家直至冤家。

1901 年，王国维在罗振玉的资助下赴日本留学，次年回国。他先读康德哲学而爱之，又转研叔本华哲学，后觉得哲学"可爱者不可信，可信者不可爱"，转而研究文学、史学、考古和金石、音韵学。1922 年，清废帝溥仪的紫禁城小朝廷封王国维为五品衔的"南书房行走"，但他并不热衷于官场，所以，当 1925 年清华聘请他任教时，则愿意"离此人海，计亦良得……重理旧业耳"。

王国维的名著《人间词话》中有言："古今之成大事业、大学问者，必经过三种之境界：'昨夜西风凋碧树。独上高楼，望尽天涯路。'此第一境也。'衣带渐宽终不悔，为伊消得人憔悴。'此第二境也。'众里寻他千百度，那人却在，灯火阑珊处。'此第三境也"。"三境界"说受到后学者的广泛推崇。

对于王国维的学术成就，就连一向苛于誉人的鲁迅先生也说，"他才可以算一个研究国学的人物"。

1927 年 6 月 2 日，"老实得像条火腿"（鲁迅语）的王国维自沉于颐和园昆明池。对其死因，历来众说纷纭，但学术界多数推崇陈寅恪的"殉文化"说。近年，其在台北的大女儿王东明则认为，不必再在他的死因上挥霍笔墨了。

赵元任（1892～1982 年），字宜仲，江苏武进县人。我国著名的语言学家、哲学家、作家。先后任教于美国康乃尔大学、哈佛大学、夏威夷大学、耶鲁大学、密歇根大学等，教授物理学、数学、心理学、哲学和中文。1925 年应聘到清华任国学研究院导师，教授现代方言学、中国音韵学、普通语言学等。1938 年赴美，后加入美国国籍，1945 年当选为美国语言学学会主席，1960 年又当选为美国东方学学会主席。中美关系正常化后的 1973 年，赵元任回国探亲，受到周恩来总理的亲切接见。当时周已患病，但会见竟从头天交谈到次日凌晨计 13 个小时之久，在座的有中国学术巨头郭沫若、刘西尧、吴有训、黎锦熙等。1981 年，89 岁高龄的赵元任携家人回国探亲时，又受到时任全国政协主席邓小平的热情接见。

　　赵元任天才加勤奋，学术成就惊人，被称为"中国语言学之父"。他每到一地，能在极短的时间内掌握当地方言。15 岁时在南京读书，有次聚餐，同桌客人来自四面八方，他居然用 8 种方言与客人交谈。他会的方言有 30 多种，走到哪里，当地人都把他当作老乡。就是在国外，在巴黎开会，就讲巴黎口音的法语；在柏林，又讲柏林口音的德语，别人都以为他是当地人。美国语言学界对他的评价是："赵先生永远不会错。"

　　赵元任写下了大量的语言学著作，如《中国语言词典》《中国语文法之研究》《现代吴语研究》《钟祥方言记》《湖北方言报告》等，早年还和语言学家黎锦熙致力推广普通话的工作，为此他创造了国语罗马字（即注音字母第二式），为汉语的普及、推广做出了重要贡献。

　　赵元任在音乐方面的成就也非常突出。他终生与钢琴为伴，学生时代就参加了学校的歌咏团，并当过指挥。新中国成立前就创作了歌曲、钢琴曲 100 余首。脍炙人口的歌曲《教我如何不想他》即是刘半农作词，赵元任作曲。2012 年 11 月 3 日，清华大学为纪念他诞辰 120 周年而举办了《纪念赵元任先生音乐会——教我如何不想他》。

　　杨步伟（1889～1981 年），原名兰仙，小名传弟，祖籍安徽石台县人。出生于南京望族，祖父即陈三立的好友、中国佛教协会创始人、南京金陵刻经处创办人杨文会。杨步伟幼即聪慧，但从小性格刚强，行为不受束缚，"没规没矩"，把《百家姓》读成"赵钱孙李，先生没米。周吴郑王，先生没床。冯陈褚卫，先生没被。蒋沈韩杨，先生没娘"。16 岁到南京上学，入学考试的作文题是《女子读书之益》，在男权盛行的当时她竟大胆写道："女子者，国民之母也。"学习成绩，总在班上前三名。22 岁任中国第一所"崇实女子中学"校长，任校长期间，曾帮助安徽督军沉着而大胆地处理了一次士兵哗变，其魄力令督军吃惊，称赞杨步伟可以当女军长。约 1913 年赴日本学医，1919 年获东京帝国大学医科博士学位，回国后在北京与人合办一所私立医院。32 岁时与赵元任结为伉俪，婚后，杨步伟随即将自己的事业奋斗型转为家庭贤内助型，处理各种社交和家务。1973 年夫妇回国探亲时，赵元任向周总理介绍杨步伟："她既是我的内务部长，又是我的外交部长。"俩人性格迥异，却成为人们羡慕的"一对神仙眷侣"。

　　利用业余时间，杨步伟还撰写了《一个女人的自传》《杂记赵家》《中华食谱》《中国妇女历代变化史》等书，其中《中华食谱》一书在欧美各国受到广泛欢迎。《杂记赵家》一书，笔者在阅读时深深被书中平实而活泼的文字所吸引，读之如闻其声，如见其人，趣味盎然。

胡　适（1891～1962 年），安徽绩溪县人。现代著名学者、诗人、历史学家、文学家和哲学家，是第一位提倡白话文和新诗的学者，1939 年还获得过诺贝尔文学奖的提名。

胡适 5 岁发蒙读书，受过 9 年的旧式教育，打下了较好的旧学基础。14 岁到上海读新式学堂，受梁启超、严复思想影响，逐步接触了西方的思想文化。1910 年考取"庚子赔款"留美学生，先后入康乃尔大学、哥伦比亚大学学习农学和哲学，师从唯心主义哲学家杜威，接受了杜威的实用主义哲学，并一生服膺，为子起名亦叫"胡思杜"。

1917 年回国，任北京大学教授，并加入《新青年》编辑部，撰文反对封建主义，宣扬个性自由、民主和科学，积极提倡文学改良和白话文，成为新文化运动的重要人物。后渐与陈独秀、李大钊等分道扬镳，奉行"多研究些问题，少谈些主义"，自称赫胥黎教他怎样怀疑，杜威教他怎样思想，倡言"大胆的设想，小心的求证""言必有证"的治学方法。

1920 年后主要从事《红楼梦》等多部中国古典小说的研究考证工作，抗战开始时曾提出一些投降主义主张。1938 年任国民政府驻美国大使，抗战胜利后任北京大学校长。1949 年寄居美国，1950 年在华盛顿任中华教育文化基金会干事长，后去台湾，任"中央研究院"院长等职。

胡适在学术界、教育界乃至社会上享有极高的声望，但他平易近人。季羡林曾说："最难能可贵的是他待人和蔼，见什么人都是笑容满面，对教授是这样，对职员是这样，对学生是这样，对工友也是这样，从米没见他摆当时颇为流行的名人架子、教授架子。"

20 世纪 50 年代，大陆对胡适展开大规模的批判运动。改革开放后，学界逐渐肯定了他应有的历史地位。

许地山（1893～1941 年），名赞堃，笔名落花生，生于台湾地区台南，祖籍广东揭阳人。是中国现代著名的小说家、散文家，五四时期新文化运动先驱者之一，在梵文、宗教方面亦有研究成果。

许地山中学毕业后曾任师范、中学教员，24 岁入燕京大学文学院学习，毕业后留校任教，其间与瞿秋白、郑振铎等主办《新社会》月刊，宣传革命。又与沈雁冰、叶圣陶、郑振铎、周作人等发起成立文学研究会，创办《小说

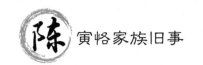
月报》，成为我国现代文学史上第一个规模最大、影响最广的新文学刊物。29
岁时入美国哥伦比亚大学研究院学习，获文学硕士学位，后转入英国牛津大
学曼斯菲尔学院研究宗教学、印度哲学等。34岁回国后在燕京大学任教，42
岁应聘为香港大学文学院教授，其间兼任香港中英文化协会主席。"七七"事
变后积极宣传抗日，皖南事变后，致电蒋介石呼吁团结抗战。

1941年许地山因积劳成疾，英年早逝，年仅48岁。宋庆龄、梅兰芳等
众多名人送来花圈，香港所有机构和学校下半旗、港九钟楼鸣钟致哀。

梅贻琦（1889～1962年），字月涵，天津人。祖籍江苏武进。毕业于南
开中学，1909年考取清华学校"庚子赔款"首期留美生赴美国留学，1914
年回国。次年入清华学校教授英语、几何、物理。1926年任清华教务长，
1931年至1948年任清华大学校长达18年，赴台后又于1955年至1962年
任台湾新竹清华大学校长7年。在梅贻琦任校长之前，清华曾数次出现驱
赶校长的风波，而梅任两岸的清华校长达24年之久，以"公"和"廉"赢
得广泛尊重，被人称为清华大学空前绝后的"永远的校长"。梅之所以会赢
得如此尊重，主要是因他的民主治校，尊重教师并重视教师队伍建设，严
于律己的工作作风和生活作风。梅治校的基本理念是教授会、评议会和校
务会议为组织基础的"民主治校"，其教育思想是德、智、体、群、美全面
发展的通才教育。

梅非常尊重教师，毫无官本位思想，他曾说："校长的任务就是给教授搬
搬椅子，端端茶水。"同时十分重视教师队伍建设，独具慧眼网罗人才，使清
华拥有一大批德高饱学之士。如华罗庚，初中毕业，先做小学教员，后做店
员，被破格招进清华，从系资料员至助教，后未经讲师、副教授两层台阶而
直接聘为教授。他的名言："大学者，非有大楼之谓也，有大师之谓也。"至
今仍被许多校长津津乐道。

梅对自己要求极严，生活极简朴。他身为清华校长，而起草报告、公函
却常常废纸利用。在台湾去世，住院费和安葬费都是校友们捐助的。去世后
检查他不离身的手提包，里面是清华基金的历年账目，笔笔清楚。长期独掌
数十万美金的清华基金，又数次任台湾教育部高官，而紧守原则，不贪分文，
去世后无任何遗产，故他的学生林公侠说："他在母校十几年，虽然清华基金
雄厚，竟不苟取分文，在污染成风的社会竟能高洁、清廉到这样的地步，真
是圣人的行为。只这一点，已是可以为万世师表。"

俞大维（1897～1993 年），与陈寅恪是"两代姻亲，三代世交，七年同学"。美国哈佛大学哲学博士，曾任国民政府兵工署长、交通部长，去台后任"国防部长"。俞大维经历丰富，故事太多，仅选述几点。

博　学

俞大维博学多才，在美国留学时，就与陈寅恪一起被人称为"读书种子"。抗战期间，他任兵工署长，并兼兵器教员，还定期到靶场验查武器性能，到兵工学校讲授弹道学。抗战胜利后，为培养研究原子弹的人才，派遣吴大猷、曾昭抡、华罗庚、唐敖庆等一批数理化人员赴美国学习。这些人以后有一批留在大陆，成为"两弹一星"的功臣，所以在 1999 年 9 月 18 日中共中央、国务院、中央军委举行的庆功会上，钱学森代表受奖者在发言中说，我们不能忘记三位先贤，第一位就是俞大维先生……。俞大维 90 岁时，不慎摔了一跤，后脑勺摔破，他请人念了一道微积分的习题给自己做，结果做的答案完全正确，他很高兴，"还好，脑子没摔坏"。

清　廉

20 世纪 30 年代初，俞大维到瑞典采购大炮 12 门，厂方告诉他有一笔不菲的回扣。当他知道回扣钱可购买 3 门大炮时，即毫不犹豫地向厂方提出将回扣钱加购 3 门大炮，共购 15 门大炮回国。外方感到十分惊讶：中国的国民政府中竟有如此清廉的官员？！为此，厂方向瑞典政府提出，授予俞大维一枚勋章。俞回国后从不向外人提起此事，直到他七十几岁时才为人知晓。

俞人维官居高位，且长媳蒋孝章又是蒋经国的独女，身份可谓十分显赫。但他生活简朴，处世低调。他到妈祖庙，别人磕头，他也跟着向妈祖磕头。有人笑他："你是学科学的，怎么也信这个？"俞笑答："因为老百姓磕头，我也是老百姓。"

认　真

抗战时俞任兵工署长，许多工作亲临现场，亲自指导。抗战胜利后任交通部长，淮海战役期间，蒋军被解放军包围，陷入困境。有次蒋介石打电话给俞，问是否给被困军队空投了物资，俞说已投到了。蒋问，你怎么知道投到了呢？俞答，昨天我亲自飞到前线上空投的。蒋知道俞大维办事十分认真，

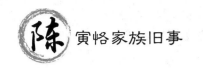

所以从未批评他的工作和为人。在很长一段时间，俞与蒋的办公室之间有道暗门可以通行，但俩人从未启用这道暗门。

重　情

俞母曾广珊曾向俞大维说，"文正公（即曾国藩）一生严明治军，谨慎治事，勤俭治家，恪守民族传统美德，不近人情的事不做"。俞大维牢记母训，终身恪守做人的原则。抗战胜利后，俞母在重庆病重，俞大维向蒋介石写"陈情表"，称自己如西晋时的李密一样，"报国之日长，报母之日短"，请求回母亲身边侍奉。蒋介石未责怪他，反而派专机并配备医护人员将俞母子一起接到上海，俞对此十分感激。俞大维并非"黄埔"系，亦非军人出身，甚至终生未加入国民党，但他一生均任要职，仅"国防部长"就当了 10 年之久，这在国民党政权中也是极为罕见的。因此，俞十分感谢蒋的知遇之恩。新中国成立前夕，周恩来因看重俞大维，曾托人极力挽留俞留在大陆，但俞大维表示，对于蒋氏政权的前途他很清楚，但若不报蒋的"知遇之恩"，便是"不近人情"，咱们且不论他是否"愚忠"。晚年，俞大维还念念不忘两岸和平和祖国统一。

刘文典（1889～1958 年），原名文聪，字叔雅，笔名刘天民，安徽合肥人。现代杰出的文史大师，是研究庄子的专家、古籍校勘学的一代泰斗。刘自幼聪明好学，积极上进，1907 年加入同盟会，两度留学日本，曾任孙中山的秘书。1916 年在北京大学任教，1923 年出版专著《淮南鸿烈集解》，受到学术界的极大重视。之后，又从事《庄子》《说苑》等书的校勘，撰写了《三余杂记》，从而进入了他在学术界最有成就的时期。

1927 年，刘文典任安徽大学校长，后任清华大学中国文学系教授、主任。抗战时在西南联大任教，1943 年在云南大学任教。新中国成立后被评为一级教授，并被推选为全国政协第一、二届委员。1958 年，在"交心""反右"运动中屡遭批判，加之身患重病而不幸去世。

刘文典学贯中西，思想、学问博大精深。他上课，连吴宓也常常去教室后排静坐听课。刘文典闭目讲课，每讲到得意之处，便抬头向后排张望，问道："雨僧（吴宓字雨僧）兄以为如何"？吴照例起立，恭敬地点头回答："高见甚是，高见甚是！"

刘文典自视甚高，且不畏权贵。1928 年 11 月，蒋介石抵达安庆，恰逢安徽学界爆发了大规模的学潮。蒋介石十分恼火，决心严惩，便传安徽大学校长刘文典觐见。未见面时，刘就扬言："我早年参加同盟会，曾任孙中山的秘书，声讨过袁世凯，革命有功。蒋介石一介武夫，岂奈我何"？见蒋时，刘戴着礼帽，穿着长衫，昂首阔步走进蒋的办公室，没说上几句，即开始对骂。蒋骂刘是学阀，刘骂蒋是新军阀。蒋要刘交出学潮中共产党员的名单，刘说："我不知道谁是共产党。你是总司令，就应该带好你的兵。我是校长，学校的事由我来管"。蒋气得打刘两个耳光，刘即踢蒋介石一脚。蒋大怒："疯子，疯子，押下去"！后在学生请愿和各界贤达强烈要求下才获释放。刘文典释放后离开安大，次年初拜访他的老师章太炎，讲起此事始末。章太炎听罢，十分欣赏刘的气节，抱病挥毫写下一联相赠："养生未羡嵇中散，疾恶真推祢正平。"鲁迅在《二心集·知难行难》一文中亦载："安徽大学校长刘文典教授，因为不称'主席'而关了好多天，好容易才交保出外……"。

介绍他的专著有《刘文典传闻逸事》（刘平章著，云南美术出版社，2007年 1 月）、《狂人刘文典》（章玉政著，广西师范大学出版社，2008 年 5 月），读来令人忍俊不禁。

刘　节（1901～1977 年），字子植，号青松，浙江永嘉人。现代历史学家。早年毕业于浙江省立第十中学（今温州中学），后就读于上海南方大学，因参加学潮被校方开除。1926 年考入清华国学研究院，师从王国维、梁启超、陈寅恪。先后在南开大学、河南大学、燕京大学、浙江大学、中山大学等校任教，新中国成立后曾任中山大学历史系主任。

刘节除教书育人外，著作丰富，其中《中国史学史稿》一书，对于历代修史制度、史籍之宏富多样和著名史家的成就均有翔实的论述，且见解独到，尤其是重视历史哲学的发展，是中国史学、史学科的重要代表作之一，著名史学家白寿彝称誉此书是"必传之作"。

许多介绍陈寅恪的文章中，都有刘节在"文革"中挺身而出代替陈寅恪挨批斗的情节，这不是他的心血来潮。他不仅在学术上取得成绩，而且终生奉行"独立之精神"，在过去历次"左"的风浪中，饱受冲击，当了两年的系

主任，就被别的风云人物所取代。在"文革"中，更是被批斗达60多次，但他不随波逐流，不做欺心事，不讲违心话，更不乱咬人。

早在任历史系主任时，逢年过节，刘节去看望老师陈寅恪，必行传统的叩头大礼，一丝不苟，旁若无人。有了这样的思想基础，所以刘节在批斗会上才会说出"我能代表老师挨批斗，感到很光荣"这样的话来。

蒋天枢（1903～1988年），字秉南，江苏丰县人。中国古代文学专家，复旦大学资深教授。蒋天枢1927年入清华国学研究院，师从陈寅恪、梁启超学习文史，毕业后曾任东北大学教授。1943年起任复旦大学中文系教授，1985年任复旦大学古籍整理研究所教授。

早在清华国学研究院所写的论文《全谢山先生年谱》，即以扎实的考据而获得梁启超先生的赞誉。晚年出版了《楚辞论文集》和《楚辞校释》《陈寅恪先生编年事辑》。

蒋天枢最令人敬佩的，笔者体会两点。一是终生躬行尊师传统，如他1964年到中山大学拜访陈寅恪先生，一天蒋进屋，师母不在家，陈先生因眼睛看不见，未留意学生是否就座，60多岁的蒋天枢，就一直毕恭毕敬几小时站立着与老师交谈。陈寅恪在新中国成立后遭到批判，而蒋在填写履历表的社会关系一栏时，却郑重其事地填上老师的有关情况，而师生关系在履历表中是不须填写的，特别是对于所谓有问题、受批判的人，一般人唯恐避之不及，谁还会主动惹火上身呢？第二，当陈寅恪将书稿交付给蒋天枢后，蒋在晚年放弃了自己的研究，转而全力而艰难地搜集、整理和编辑恩师的著作，成为陈寅恪先生当之无愧的"托命之人"。

季羡林（1911～2009年），山东临清人。语言学家、文学翻译家，梵文、巴利文专家，是世界上仅有的几位吐火罗语研究者之一。季羡林1930年入清华大学西洋文学系，在校学习时旁听陈寅恪的"佛经翻译文学"课。

1935年入德国哥廷根大学，1946年回国，经陈寅恪推荐，受聘为北京大学副教授，一周后聘为正教授兼东方语言文学系主任。1956年当选为中国科学院学部委员（院士），二、三、四届全国政协委员。1978年任北京大学副校长，中国社会科学院南亚研究所所长等职。季老通过刻苦学习，先后掌握英、德、法、俄、阿拉伯等现代语文和梵文、巴利文、佛教混合梵文、吐火罗文等古代语言。主要研究领域为印度古代语言、中印佛教史、吐火罗文译释、中印文化交流史、比较文学、文艺理论、东方文化、敦煌学、糖史等，有《季羡林全集》共 30 册传世。

季老平时在北大，一身旧的蓝色中山装，一双布鞋。某年开学，一位新生背着行李在报名处报到，看到旁边一位工友模样的老人，就说："大爷，你帮我看下行李，我去办手续"。直到一个小时后，才回到老人身边拿行李。过两天开学典礼，该生看见老人竟坐在主席台上，十分惊奇，一打听，才知道这位"老工友"就是北大副校长、大学者季羡林，不禁大吃一惊，"就像个邻居老大爷，一点也看不出来。"

汪　籛（1916～1966 年），字述彭，江苏扬州人。出生于扬州一书香门第，未经小学阶段，1928 年 12 岁时考入江都初级中学，后入省立扬州中学，1934 年考入清华大学，为当年新生入学总分第二名，师从陈寅恪先生。毕业后，任北京大学历史系教授达 20 余年。"文革"初期，因不堪迫害，喝下农药"敌敌畏"后而死，成为"文革"开始后北京大学第一位被迫害致死的教授。汪籛在政治上一直要求进步，努力学习马列主义，从而成为"又红又专的党内专家"，但在疾风暴雨的阶级斗争中，也难逃厄运，这是时代的悲剧。

汪籛做事极为严肃认真，有一次一位青年请他评阅论文，他认真仔细阅读后，竟写下了几千字的评语。他毕生从事隋唐史研究，但文稿大都遗失，所余 22 篇，由历史学家唐长孺等编为《汪籛隋唐史论稿》。

黄　萱（1910～2001 年），福建南安人。出身于富裕的华侨之家，其父黄奕住有"印尼糖王"之称。黄萱曾上过女子师范学校，后由其父请家教教授国文、英文及音乐等，并重金延聘一批名儒硕彦施教经书、格律，这为她的古典文学和西洋音乐打下了深厚而扎实的基础，成为真正的名媛淑女。

1951 年，黄萱经人推荐成为陈寅恪的助手，至 1966 年"文革"开始，目盲足膑的陈寅恪在黄萱的帮助下，相继完成了《论再生缘》《柳如是别传》《元白诗笺证稿》等百万字的著作。她以深厚的国学功底和勤奋的美德赢得了大师的称赞："工作态度极好""学术程度甚高"，"能代我独立找材料，并能贡献意见修改我的著作缺点，及文字不妥之处，此点尤为难得。""总而言之，我之尚能补正旧稿，撰著新文，均由黄先生之助力。若非她帮助我便为

完全废人，一事无成矣。"

其夫周寿恺，医学博士、著名内分泌专家，中山医学院副院长兼二附院院长，广东省第二届政协常委、第三届全国人大代表，"文革"中惨遭折磨，一代名医竟以小小的阑尾炎而得不到治疗，于 1970 年去世。

黄萱在"文革"受尽折磨，古稀之年定居于厦门鼓浪屿的黄家旧宅。2001年到广州会晤亲友时，不幸发病而去世，享年 91 岁。她的女儿周菡在告别仪式上致悼词，为其母平凡业绩而自豪：

> 她是著名历史学家陈寅恪先生的助手。怀着做一个自食其力劳动者的强烈愿望，她在中山大学历史系经历了一生最有价值的时期。当陈寅恪先生的伟大成就为世人关注时，她由衷地高兴，却丝毫不想以此图名。"助教黄萱"，是她对自己准确的定位。
>
> 一个普普通通妇女的一生，却与这许多事业大成的名字联系在一起：黄奕住的女儿、周寿恺的夫人、陈寅恪的助手、钟南山的病人……这也许是一种偶然？但更可能是一种必然。这告诉我们，平凡与伟大其实并不遥远，只要我们像妈妈一样认认真真地做人。

注　释：

【1】《国学大师陈寅恪》第 93 页。

【2】《陈寅恪先生年谱长编》第 65 页。

【3】《史家陈寅恪传》第 210 页。

【4】《也同欢乐也同愁》第 247 页。

【5】俞大维，《怀念陈寅恪先生》，载《追忆陈寅恪》第 3～10 页。

【6】《追忆陈寅恪》第 20 页。

【7】《陈寅恪先生编年事辑》第 52 页。

【8】《杂记赵家》第 33～34 页。

【9】《陈寅恪先生年谱长编》第 81 页。

【10】《追忆陈寅恪》第 17 页。

【11】季羡林《从学习笔记本看陈寅恪先生的治学范围和途径》，载《追忆陈寅恪》第 133～135 页。

【12】吴小如,《学林漫忆》,载《追忆陈寅恪》第 289 页。

【13】参见《清华大学演义》第一章《定鼎清华园》。

【14】杨步伟、赵元任,《忆寅恪》,载《追忆陈寅恪》第 20～22 页;

【15】俞大维,《怀念陈寅恪先生》,载《追忆陈寅恪》第 3～10 页。

【16】《追忆陈寅恪》第 22 页。

【17】王永兴,《怀念陈寅恪先生》,载《追忆陈寅恪》第 202～206 页。

【18】《陈寅恪先生年谱长编》第 146 页。

【19】《追忆陈寅恪》第 159 页。

【20】《学人魂·陈寅恪传》第 72～73 页。

【21】《追忆陈寅恪》第 123 页。

【22】《清华逸事》第 51～53 页。

【23】罗香林,《回忆陈寅恪师》,载《追忆陈寅恪》第 97～111 页。

【24】《追忆陈寅恪》第 93 页。

【25】见《学人魂·陈寅恪传》第 79 页。

【26】《陈寅恪先生编年事辑》第 167 页。

【27】《国学大师陈寅恪》第 155 页。

【28】《追忆陈寅恪》第 36、32 页。

【29】陈寅恪,《书信集》第 137 页。

【30】张荣明,《竺可桢与陈寅恪》第 21 页。

【31】《吴宓与陈寅恪》第 102 页。

【32】【33】陈寅恪,《书信集》第 87 页。

【34】《陈隆恪分体诗选》第 63 页。

【35】《竺可桢与陈寅恪》第 26 页。

【36】见《国学大师陈寅恪》第 212 页。

【37】《追忆陈寅恪》第 261～262 页。

【38】《追忆陈寅恪》第 442 页。

【39】《陈寅恪先生年谱长编》第 243 页。

【40】《追忆陈寅恪》第 264 页。

【41】《陈寅恪的最后二十年》第 392～393 页。

【42】《王静安先生遗书序》，载《中国近代学术经典·陈寅恪卷》第854页。

【43】《陈寅恪先生编年事辑》第250页。

【44】蔡鸿生，《仰望陈寅恪》第6~7页。

【45】【46】《追忆陈寅恪》第200、258页。

【47】参见简修炜、高永清《论陈寅恪的魏晋南北朝史研究》，载《解析陈寅恪》第131~142页。

【48】汪荣祖，《史家陈寅恪传》第七章《为不古不今之学——唐史研究》。

【49】蔡美彪，《陈寅恪对蒙古学的贡献及其治学方法》，载《追忆陈寅恪》第327~332页。

【50】胡守为，《陈寅恪先生对唐代文学研究的贡献》，载《追忆陈寅恪》第221~232页。

【51】《柳如是别传》第4页。

【52】《解析陈寅恪》第180页。

【53】参见《史家陈寅恪传》第六章《为不古不今之学——佛教史考证》。

【54】陆庆夫、齐陈骏，《陈寅恪先生与敦煌学》，载《解析陈寅恪》第302~313页。

【55】参见《陈寅恪与中国突厥学》，载蔡鸿生《仰望陈寅恪》第35~42页。

【56】王尧，《陈寅恪先生对我国藏学研究的贡献》，载《解析陈寅恪》第320~326页。

【57】参见《学人魂·陈寅恪传》第184~189页。

【58】《陈寅恪先生年谱长编》第288页。

【59】《学人魂·陈寅恪传》第231页。

【60】参见《陈寅恪先生编年事辑》第181页。

【61】《学人魂·陈寅恪传》第188、198页。

【62】《学人魂·陈寅恪传》第198页、《寂寞陈寅恪》第227页。

【63】参见《陈寅恪的最后二十年》第391~392页。

【64】见《学人魂·陈寅恪传》第233页。

【65】参见《陈寅恪的最后二十年》第317~320页。

【66】参见《陈寅恪的最后二十年》第357~364页。

【67】《追忆陈寅恪》第 155～156 页。

【68】参见《追忆陈寅恪》第 231～234 页。

【69】《陈寅恪的最后二十年》第 507～508 页。

【70】《陈寅恪先生编年事辑》第 83～84 页。

【71】《学人魂•陈寅恪传》第 84～85 页。

【72】《陈寅恪先生编年事辑》第 176 页、《追忆陈寅恪》第 31 页。

【73】该期杂志第 36～38 页。

【74】《学人魂•陈寅恪传》第 269 页。

【75】《再说国际》主要承接《义宁陈氏五杰》之《国际史学界的崇高地位》一节而写。

【76】《义宁陈氏五杰》第 186～187 页。

【77】《近代江西诗话》第 219 页。

【78】《兼于阁诗话》第 177～181 页。

参考资料：

[1] 吴学昭著，《吴宓与陈寅恪》，清华大学出版社，1992 年 3 月版。

[2] 陆健东著，《陈寅恪的最后二十年》，三联书店，1995 年 12 月版。

[3] 刘以焕著，《国学大师陈寅恪》，重庆出版社，1996 年 2 月版。

[4] 吴定宇著，《学人魂•陈寅恪传》，上海文艺出版社，1996 年 8 月版。

[5] 蒋天枢著，《陈寅恪先生编年事辑》，上海古籍出版社，1997 年 6 月版。

[6] 杨步伟著，《杂记赵家》，辽宁教育出版社，1998 年 3 月版。

[7] 向祚铁、侍卫华著，《清华大学演义》，黄山书社，1998 年 4 月版。

[8] 钱穆著，《八十忆双亲、师友杂忆》，三联书店，1998 年 9 月版。

[9] 黄延复著，《清华逸事》，辽海出版社，1998 年 9 月版。

[10] 张杰、杨燕丽选编，《追忆陈寅恪》，中国社会科学出版社，1999 年 9 月版。

[11] 张杰、杨燕丽选编，《解析陈寅恪》，中国社会科学出版社，1999 年 9 月版。

[12] 浦江清著，《清华园日记、西行日记》，三联书店，1999 年 11 月版。

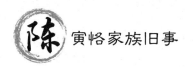
[13] 陈寅恪著，《诗集》，三联书店，2001 年 5 月版。

[14] 陈寅恪著，《书信集》，三联书店，2001 年 6 月版。

[15] 《花落春仍在》，刘克敌著，中国文联出版社，2001 年 10 月版。

[16] 蔡鸿生著，《仰望陈寅恪》，中华书局，2004 年 1 月版。

[17] 徐葆耕著，《清华学术精神》，清华大学出版社，2004 年 4 月版。

[18] 汪荣祖著，《史家陈寅恪传》，北京大学出版社，2005 年 3 月版。

[19] 刘克敌著，《陈寅恪和他同时代的人》，文化艺术出版社，2006 年 9 月版。

[20] 汪修荣著，《民国教授往事》，河南文艺出版社，2008 年 4 月版。

[21] 刘广定著，《大师遗珍》，文汇出版社，2008 年 7 月版。

[22] 程丕来编著，《百年中国大师恩怨录》，中国青年出版社，2008 年
10 月版。

[23] 刘克敌著，《陈寅恪与中国文化精神》，福建教育出版社，2009 年 5 月版。

[24] 陈流求、陈小彭、陈美延著，《也同欢乐也同愁》，三联书店，2010
年 4 月版。

[25] 张求会著，《陈寅恪丛考》，浙江大学出版社，2012 年 11 月版。

[26] 张荣明著，《竺可桢与陈寅恪》，漓江出版社，2013 年 3 月版。

[27] 余英时、汪荣祖等著，《陈寅恪研究·反思与展望》，九州出版社，
2013 年 10 月版。

第六章　植物学家——陈封怀

一、生平事略

陈封怀（1900～1993年），陈宝箴曾孙，陈三立之孙，陈衡恪次子，我国著名植物园专家、植物分类学家。

陈封怀于清光绪二十六年农历四月十八（1900年5月16日）生于南京市。1922年至1924年在金陵大学农学系读书，1925年至1926年转入东南大学农学院农科读书；1927年至1929年，先后在上海吴淞中国公学、辽宁沈阳文华中学任教；1929年至1930年在清华大学任助教。1930年至1934年，在北平静生生物调查所任研究员；1934年，以优异成绩考取公费留学，赴英国爱丁堡皇家植物园学习；1936年归国后，即赴庐山森林植物园任副主任兼技师；1938年8月，日寇侵占九江、庐山后，陈封怀长途跋涉到云南，在迁往昆明的静生生物调查所任研究员；1941年受胡先骕之请，赴江西泰和县的中正大学农学院生物系任教授；抗战胜利后，即返回庐山从事极为艰难的植物园恢复和重建工作，任庐山植物园主任，同时兼任中正大学教授。新中国成立后，一度兼任江西省农业科学研究所副所长；1950年至1953年，任庐山植物园主任兼技师；1954年，在中国科学院南京中山植物园任主任兼技师；1958年调湖北武汉市，任中国科学院武汉植物园主任兼技师；1963年年初调广州，任中国科学院华南植物研究所副所长，兼华南植物园主任。"文革"中，因"反动学术权威"之罪名遭批斗并监督劳动。1976年出来工作，任华南植物研究所革命委员会副主任、党的核心领导小组成员；1979年至1983年，

任中共华南植物研究所党委委员、华南植物研究所所长、华南植物园主任，同时兼任该所学术委员会主任和学位评定委员会主席。1984 年 2 月，中国科学院党组转发中央组织部（任字[1984]034 号）通知，陈封怀任中国科学院华南植物研究所名誉所长，以 84 岁高龄退居二线。除任名誉所长外，还兼任该所职称评定委员会委员。

陈封怀还任中国植物学会理事，中国园艺学会理事，园林学会顾问，中国建筑学会顾问。

陈封怀以自己的学术成就，在国内植物园界享有崇高的威望，被称为"中国植物园之父"。同时，他在国际植物园界亦有较大影响，曾任英国皇家植物学会会员、国际植物园协会常务委员。

陈封怀在武汉植物园工作期间，曾出席湖北省人民代表大会，并曾任省政协委员。1959 年出席湖北省群英会，随后出席全国群英会。1978 年 3 月，出席中共中央在北京召开的全国科学大会。他所从事的"中国报春花科植物系统"研究，于 1993 年获中国科学院自然科学一等奖。

陈封怀的家庭出身，在过去"左"的时期是个很敏感的问题，但由于他长期忠诚于自己的事业，几十年如一日地努力工作，为我国植物园事业做出了突出贡献，1965 年 3 月 13 日，陈封怀加入了中国共产党。

陈封怀的夫人张梦庄女士（1909～1977 年），湖南湘潭人。张梦庄的母亲黄国厚女士，又是封怀的继母黄国巽女士的姐姐，所以黄国厚既是封怀的岳母，又是无血缘关系的姨妈。1905 年，黄家姐妹俩赴日本留学，被称为留日"姊妹花"，曾与著名的革命先驱、"鉴湖女侠"秋瑾同窗。黄国厚回国后，担任湖南第一女子师范学校校长、衡粹女子职业学校校长，毕生从事教育工作，与徐特立、蔡畅、李维汉、章蕴、章士钊、杨开慧交往甚密，是三湘女界之翘楚人物（据刘经富先生《风木之悲》一文）。

张梦庄女士 1928 年考入清华大学西洋文学系，在校学习期间曾任清华女子篮球队、排球队队长。毕业后曾任教，时间不长，因长期患病，主要待在家中。她文笔极好，有译著，亦能诗、画。1963 年，陈封怀参加国际植物园大会并访问非洲四国，归国后，由陈封怀口述，张梦庄执笔，写了《西非游记》十多篇，在羊城晚报上连载。一次夫妇俩去中山大学看望寅恪叔，寅恪说：看了（先生失明，实为"听读"）《羊城晚报》上连载的文章，一看文笔，就知道是梦庄所为。

陈封怀夫妇生子二：长子贻松，幼殇；次子贻竹（在三立芳裔中已作介绍）。

二、园林为家

通过本书前面的介绍，我们知道，在陈寅恪家族中，"恪"字辈及以上的人在学业上均属传统的"国学"。但到了"封"字辈后，除陈小从为美术、诗文外，其他则以"新学"为主了：陈师曾长子陈封可为德语教授，次子陈封怀为植物学专家，三子陈封雄为新闻记者和翻译，六子陈封猷为化工高级工程师；陈寅恪长女陈流求为主任医师，次女陈小彭教授园艺，三女陈美延教授化学；陈登恪之子陈星照为热动力方面的教授级高级工程师，陈封怀之子陈贻竹又子承父业……从陈氏几代人的这些变化，我们亦可从一个侧面了解我国知识分子读书生涯之变化、发展。

陈封怀为什么会选择植物学呢？陈小从先生说："封怀二哥之所以选择了植物学这门专业，据说是与伯父（陈师曾）的教导分不开。原本他自己的兴趣是想学文的，但遭到伯父的反对，最终走向植物王国，日后竟然名成业就。"（见《图说义宁陈氏》第66页）在改变了原来的兴趣之后，陈封怀即对植物学产生了浓厚兴趣。《同照阁诗钞》中有其叔陈隆恪于1925年所作《送封怀侄返南京入学》一诗，诗中有"学农长使腹藏春"之句。陈封怀在其毕生的事业中，为我国现代植物园事业的开创和发展，几十年转战各地，不畏风雨，不避寒暑，筚路蓝缕，以启山林，做出了不朽的贡献。

陈封怀大学毕业后，曾在中学、大学执教三年多。特别是在清华大学——向祚铁、侍卫华在《清华大学演义》一书中称该校为"未来中国的发动机"——执教，在世人看来，在清华任教，那该是多么幸运、多么荣耀的事情啊！但是，当时在我国现代植物园事业几乎是一张白纸的情况下，陈封怀告别了神圣的讲坛，来到了创办不久的北平静生生物调查所工作。

北平静生生物调查所是1928年由胡先骕在尚志学会和中美文化基金会的资助下创办的，调查所所址的房产是尚志学会会长范旭东以其兄范静生的名义捐助，故该所命名为"静生生物调查所"。范旭东（1883～1945年），中国现代化学工业的先驱，著名的民族实业家，为毛泽东曾经说到的近现代中国工业"有四个人不可忘记"者之一。1945年10月2日，范旭东在重庆去世，毛泽

东当时正在重庆参加国、共两党谈判，即为范旭东送一挽幛，亲书"工业先导，功在中华"八个大字于其上，并由周恩来代表前往吊唁。

陈封怀在静生生物调查所主要的工作就是"调查"。他不是外出采集标本，就是上山采集种子，还受胡先骕的委派，骑着小毛驴到香山、妙峰山等地考察植物园的选址。

现代意义的植物园，是收集、保存、研究、利用植物，且在种类上具有相当规模的大型基地，亦是具有园林外貌和科学内涵的科普教育园地。早在公元前的西汉时期，我国便出现了原始形态的植物园——上林苑。汉代辞赋大家司马相如的《上林赋》所描绘的，就是上林苑的景色。以后的各朝各代，都陆续有一些植物园的雏形出现，如宋代司马光撰写《资治通鉴》的所在地"独乐园"、明成祖朱棣在开封附近建立的种植救荒本草的"圃"、明末科学家徐光启在上海徐家汇建立的种植试验园、清代植物学家吴其浚在河南固始县建立的"东墅花园"、新中国成立前上海流氓大亨黄金荣在上海建立的"黄家花园"——新中国成立后改名为"桂林公园"等等。大家知道，我们是拥有五千年文明史的国家，为人类文明做出过卓越的贡献。但是到了近代，则是老大帝国，贫穷落后。仅就植物园事业来讲，到 20 世纪 30 年代之前，我们这么辽阔的国土，这么丰富的植物资源，却仍然没有一座中国人自己创办的具有现代科学意义的植物园，而许多外国的植物学家却纷纷跑到中国来，大量搜集、研究中国的植物，拿大量的中国植物去充实外国的植物园，这在某种程度上讲，也是一种"国耻"吧。因此，当时我国植物学界几位责任感极强的先驱，下决心非得在中国创办一座像样的植物园不可。1933 年冬，终于由北平静生生物调查所和江西省农业院研究决定，由双方合作，在江西庐山创办森林植物园。

庐山森林植物园坐落在庐山东谷含鄱口的北麓，距牯岭约 4 公里，包括三逸乡、七里冲两个地段。三逸乡谷地，位于月轮峰和含鄱岭之间，海拔约 1100 米；七里冲谷地，北为大月山，南为五老峰，此处群山环拱，环境幽静，清溪长鸣，终年不涸。下瞰鄱湖，恰似银镜飞落，但见云霭无际，长风豁达，令人心旷神怡。庐山森林植物园初始面积 1200 余亩（现植物园面积 4400 余亩），为世界上最为理想的亚热带山地植物园。

1934 年陈封怀参与了庐山森林植物园的创建工作，成立大会结束后，即赴英国留学。1936 年陈封怀学成归国，此时，他的夫人张梦庄已患肺病。那个年代得了肺病可了不得，需要极好的治疗条件和生活保养。如果陈封怀到清华或是别的大城市任教，客观条件无疑会好得多。而庐山呢，当年连车子都不通，别看盛夏酷暑游人如织，一到秋风萧瑟，则是人如黄叶散，唯有白云留，生活和医疗条件远不如城市。人活在世上，就分两类。一类人以自己的享受为目的，所作所为皆服从和服务于个人。还有一种人，"发上等愿，结中等缘，享下等福"，所作所为皆服从和服务于事业，陈封怀就是这种人。他告别了爱丁堡，带着 600 多号栽培植物标本，一头扎进庐山森林植物园——这座当时我国唯一的一座现代意义上的植物园。

　　陈封怀来到庐山森林植物园，职务是副主任兼技师。当时植物园的实际情况是基础差，经费缺，人员少。从人员来讲，仅 2 名技师，1 名技工，连普工在内总共 18 个人。他们白天攀山越岭，野外作业，晚上看书、研究。因为工人没什么文化，更缺乏植物学方面的专业知识，为发挥大家的积极性，提高大家的文化水平和业务能力，陈封怀经常利用晚上和雨天给工人上课，学文化，讲业务知识。经过两年的辛勤工作，植物园引种植物已达 3100 余种，并建有 160 余亩苗圃，3 座温室，40 座温床以及各类植物标本区，压制标本 2 万余号，加上秦仁昌调庐山任主任时，将静生生物调查所的蕨类标本带到庐山，以及与各国交换标本等，大大丰富了植物园蕨类标本的收藏，使庐山森林植物园的标本室一举成为东亚地区蕨类植物标本收藏最完备者之一。

　　正当秦仁昌、陈封怀和全园职工满怀信心进一步发展植物园时，日寇南下，逼近庐山。秦仁昌、陈封怀等为保护资料，将植物园 160 多箱图书、仪器和 2 万余号标本存入牯岭美国人办的小学里，并由秦仁昌率领部分人员先撤下山，到云南的玉龙雪山之下建立"庐山森林植物园丽江工作站"。陈封怀则在山上坚持到最后关头，在山下炮声隆隆、山民逃亡殆尽、大路不能通行的情况下，才在工人再三催促下，含着眼泪从山南一条小路摸下山，后辗转数千里，到云南与秦仁昌会合。1941 年，陈封怀受胡先骕之邀，到设立在江西泰和县（南昌市南 500 多华里，毗邻井冈山，抗战时曾为江西省战时省会）的中正大学任教。

　　抗战胜利不久，陈封怀被任命为庐山森林植物园主任。仅仅是一块风景之地，经过日寇几年的践踏，已今非昔比，满目疮痍：山民被杀 3000 多人，树木损失 90% 以上，房屋几乎没有完整的。仅此一点，就证明日本鬼子是中国近代以来最大的破坏者。陈封怀这位"主任"（之所以将主任二字加引号，是因为笔者觉得此时陈封怀不像是新官上任，更像是逃荒的难民）带着妻小和铺盖来到植物园上任，没有经费，没有人员，没有地方住。他找到一处仅有四壁没有屋顶的"房子"，请人盖上茅草，住了下来。又一家一家寻找分散谋生的工人，劝说他们回来一起建园。此时，夫人病情严重，没有好的治疗，更谈不上营养。陈贻竹说："那时我虽然只有几岁，但记得有时母亲几乎生命垂危。"此时只要是责任感稍微差一丁点儿，就熬不下去了，就下山另谋生路去了。陈封怀，这位把事业视为生命的科学家，带领工人采种子、挖树苗，对外出售种子和苗木，并借款 7000 元印刷种苗目录，寄到国外各植物园，争取到一些预付款。同时，他还步行上下山，定期到南昌中正大学兼课。通过生产自救，并拿出教书收入的大部分，总算维持了工人的基本生活和植物园的基本开支。经过几年的苦苦支撑，惨淡经营，到 1949 年新中国成立，终于保存了我国当时唯一的植物园。这是陈封怀一生事业中最为艰难的时期。

1950 年，中国科学院创立不久，时任中科院副院长的李四光函告陈封怀赴京开会。10 月，中科院决定，庐山植物园划归中国科学院植物研究所领导，陈封怀继续任主任。有了国家的重视，我国植物园事业的发展就有希望了，可以展宏图了，再不是仅仅凭个人之力挣扎了。此时的陈封怀心情舒畅，高兴地说："前面已是康庄大道，只待我们努力进行了。"

在积贫积弱、历经几十年战争之后建设新中国，当时各项建设事业和群众生活都是非常困难的。庐山植物园也是一样，山上不产粮，吃的粮食靠人力从邻近的星子县挑上山；吃的菜，主要是既便宜又好保存的马铃薯和"萝卜缨子"（九江话称萝卜上端的老叶子为"萝卜缨子"，不是现在做汤吃的清香脆嫩的小菜苗）；庐山的冬天特别寒冷，滴水成冰，气温比山下的九江低 6 到 8 度，但他们在雨雪天连胶鞋也买不起。就在这样的条件下，年过半百的陈封怀，每天扛着工具早出晚归，与工人一起艰苦创业，使庐山植物园得到稳步发展。

在庐山植物园逐步发展的同时，我国其他地方也相继计划创建新的植物园。1953 年，杭州植物园筹备委员会成立，杭州市建设局即邀请陈封怀赴杭州规划和设计，陈封怀于 1953 年下半年前往杭州工作。1952 年，苏联尼基斯基植物园园长来中国考察，认为"南京是亚热带植物分布的最北边缘，是驯化各种植物自南而北或自北而南的理想地点"，故建议在南京建立一座植物园。中国科学院采纳了苏联专家的建议，于 1953 年决定在南京建立中山植物园，并委任陈封怀为南京中山植物园主任。这样，陈封怀在杭州工作不到一年、刚刚为杭州植物园打下初步的基础，1954年又赴南京创建中山植物园。在南京，经过几年努力，中山植物园已初具规模。1958年，国家决定建设武汉植物园，陈封怀又被任命为武汉植物园主任，于是他又挈妇将雏奔赴江城武汉，领导规划武汉植物园的创建工作。陈贻竹说："我出生在昆明，抗战结束后在庐山念小学，1953年毕业。1954年父亲调南京，我又到南京念初中，接着上高中。1958年父亲调武汉，我又转到武汉念高中，跟着父亲到处跑。"

此外，当时还有许多植物园，他也做过多方面的指导。20世纪50年代到70年代，许多植物园在创建初始，或请他去指导，或送规划请他审查，许多植物园都留下了他精妙的构思和耗费的心血。在20世纪50年代，他甚至深入到鄂西北的神农架去考察植物，采集标本和种子。当时，那里是没有进行任何开发的原始山林，人迹罕至，怕有野兽和坏人，陈贻竹回忆，当时听说有一个班的解放军护送他。

从陈封怀以上的人生"轨迹"，我们明显感觉到，在建设植物园方面，一而再，再而三，怎么一有事就叫陈封怀上？这就是国家的需要与个人的人生价值高度的结合吧。我国现有植物园100多座，据说庐山、武汉、南京、北京、广州和云南的西双版纳为其中的六大植物园，陈封怀在其中的庐山、杭州、南京、武汉、广州这五大植物园都进行了开创性的工作，都付出了艰苦的努力，故有人称他为"中国植物园之父"。

陈封怀在植物园方面的成就，不仅在国内是知名的，在国际植物学界也有一定的影响。1963年下半年，朝鲜政府决定在平壤创建中央植物园，请求我国政府派专家去指导，陈封怀又被派往朝鲜，指导朝鲜中央植物园的建园工作，时间3个月。

1964年，陈封怀、蔡希陶（时任西双版纳热带植物园园长）、肖培根（时任中国医学科学院助理研究员，1994年当选为中国工程院首批院士）西行万里赴非洲，参加国际生物学大会。在会上，陈封怀作了《新中国植物园的发展》的报告。会后，陈封怀一行访问了西非的加纳、马里、几内亚和摩洛哥4国，还带回了非洲的猴面包、牛乳树、马拉胶、非洲楝子等45科156种非洲植物种子以及西双版纳转来的非洲神秘果，在广州进行栽培。1976年，由中国科协一位副主席任团长，76岁的陈封怀任副团长，一行7人到泰国访问、考察。年纪大的同志都记得，那时出国参会、访问、考察，是极稀罕又极严

格的事，不像以后，有事出国，没事也要找个理由出国，出国成了某些人眼中的家常便饭。

1981 年 8 月，第九届国际植物园协会在澳大利亚召开年会，尽管时年 82 岁高龄的陈封怀没有赴会，但鉴于他在植物园事业方面的贡献，在国际植物学界的影响，大会仍然选举他为国际植物园协会常务委员。

1963 年年初，中科院又调陈封怀到广州华南植物园工作。此时他已 63 岁，又开始了 30 余年的岭南生涯。

华南植物园，其前身是中山大学生物系为教学所需而建立的小型植物实验园地。1956 年中科院和广东省决定筹建华南植物园，同年 11 月 26 日，时任南京中山植物园主任的陈封怀，应邀从南京赴广州，参加华南植物园建园筹备会议。1963 年春，经时任华南植物研究所所长的陈焕镛推荐，中科院决定，调陈封怀任华南植物研究所副所长兼华南植物园主任，据说陶铸同志也希望陈封怀到华南工作，曾为此事着了力。从青年到老年，几十年的风风雨雨，转战各地，令晚年的陈封怀感慨系之，于是老人挥毫：

> 植物学家丹青手，二绝一身学父祖。
>
> 匡庐云雾云锦开，秦淮河畔留芳久。
>
> 翠湖步月话古今，羊城赏菊怀五柳。
>
> 布景建园园中园，一片丹心待后守。

诗中不但记载了一生在几个大型植物园的奋斗经历：庐山（匡庐）、南京（秦淮）、武汉（翠湖）、广州（羊城），还表明自己既从事植物学的老本行，亦兼爱丹青，而建设植物园，不仅是从植物学层面，同时应兼顾艺术层面，还殷切希望自己终身热爱的绿色事业后继有人。

我们再用不长的篇幅，说说陈封怀从艺术的角度如何"布景建园"吧。

华南植物园，坐落在广州市东北郊的火炉山与飞蛾岭之间的龙眼洞边缘，它被广州市民称为"晶莹的绿宝石"。此园在 1986 年曾被广州市民评为"羊城八景"之一，现占地 4500 余亩。由于地方好，曾有一些单位想钻进来占一席之地，被陶铸同志毫不留情地顶了回去。这么一个好地方，作为又爱作画又爱写诗的植物园专家陈封怀来讲，更要好好地"布景"一番，将诗情画意糅合在植物园的建设之中了。园中有一去处曰"龙洞琪林"，此 4 字乃叶选平之墨宝。此一"园中之园"门的右边又有一块 10 来平方米的"小园"。"小园"三面有围，一面是龙洞琪林的园墙，与之相接的一面墙的上部又开有一横洞为窗，再转曲一面又是白色栏杆。此"小园"中立有 1 米来高的太湖石，石左后方斜植一棵热带姜科植物如少女一般美丽多姿。在有"横窗"的那面墙外，植有一束丰满的青翠欲滴的芭蕉，从墙的上部可见芭蕉的上部，从横窗中可见芭蕉的中部。若是从根到梢一览无遗则缺少韵味。有隐有现，更见情趣。进得"龙洞琪林"之门，展现在眼前的是一片纵深百米的开阔水面，清风徐来，微波颤颤。水面两边的岸上，是两片由近而远的高大树林，左边是代表热带植物的棕榈树林，右边是代表寒代植物的落羽松林。面前的水边横着一条水榭，水榭前面又横有一块立于水上的长方形平台。整个"龙洞琪林"的园景，给人一种高雅、气派而又别致的感觉。我们进去参观时，正碰上一些老外在此，叽里咕噜，指手画脚，摄像摄影，左右摆弄。此园的布置就是陈封怀在 20 世纪 60 年代设计的。整个植物园，根据树种分为若干区域，各条道路的两边同一树种相对集中，以树种名称给道路命名。而树种的高矮、水面和草地的搭配，亦错落有致。有"碧水桥"点缀其中，也是陈封怀精心安排。植物园有同志介绍，现在植物园的整体布局，基本上还是封怀先生以前的风格。这些风格，又程度不同地沿袭了陈封怀以前在庐山等地的造园艺术特点。这些特点，就是秉承"科学内涵与美观的园林外貌相结合"的原则。何为科学？何为美观？这就包含着丰富的植物学知识、古今中外的造园艺术、建筑风格、美学欣赏、诗情画意的综合素养。而一个人同时具备众多学科的素养，是极不容易的，急功近利的浮躁者，谈都不要谈。

三、情系名花

"植物学家丹青手"，"丹青"是陈封怀的业余爱好，"植物学"当然是他的本职工作。在植物研究方面，陈封怀主要从事植物分类学的研究，并对报春花科、菊科、毛茛科以及栽培植物均有深入研究，在引种驯化工作中做出了不可磨灭的贡献。他首次在我国成功引种了西洋参、糖槭、白树、欧洲山毛榉、神秘果等多种经济植物、药用植物、园林观赏植物及造林树种。他和同事们在庐山植物园仅裸子植物就先后引种栽培了 11 科 37 属 260 余种，使庐山植物园成为我国裸子植物最集中、最丰富的地方。华南植物园也先后引种栽培了 3000 余种亚热带植物，其中"白树"的种子还是贺龙元帅从外国带

回来的。贺龙在新中国成立后曾分管体育工作，他听人介绍，白树的种子油可以给运动员擦伤，疗效很好。

在庐山植物园工作时，陈封怀就主编了《庐山植物园栽培植物手册》一书，总结了20余年的引种驯化成果，记载了1250余种栽培植物的原产地、生长习性、栽培繁殖方法、经济用途以及引种后的生长情况。

报春花科是被子植物进化中的一类重要类群，主产于北半球温带地区，分布于世界各地，种类繁多，有22属800余种，而在我国的种类又特别丰富。但由于此种植物多为高山种类，形态变化较大，且标本资料较少，在分类方面难度很大，之前无人做过全面的研究和整理。

陈封怀早年便注意报春花科植物的研究，赴英留学，主要内容便是学习、研究报春花科植物。从1936年起，他陆续发表了有关报春花科植物研究成果的论文。1979年，他与胡启明（后为华南植物园研究员、教授）发表了《中国珍珠菜属植物的分类与分布》一文，对该属120余种植物进行了深入研究，对该属植物的起源、地理分布及演化做了全面的分析，提供了新的研究成果。这些论文的发表，以及他长期研究所积累的丰富经验，为他和他的学生胡启明日后承担《中国植物志》报春花科的编著重任，奠定了坚实的基础。

在华南植物园工作的后期，陈封怀和他的学生集中精力对中国报春花科植物进行了更为系统的研究。经过十几年的努力，终于全面理清了我国报春花科植物的种类，共13属517种，并进一步把研究的范围扩大到整个东南亚地区。而且经过深入研究，论证了我国西南山区是珍珠菜属、点地梅花和报春花属的现代分布中心和多样化中心，也是其起源中心。对珍珠菜属的分类系统做了重大修正。根据花部的结构，将我国的种类分为5个亚属，厘清了前人系统中亚属之间的性状交叉和混乱，纠正了西方学者将我国沿海岛屿种类与夏威夷种类归为同一亚属的错误。对点地梅属的分类系统，陈封怀通过深入研究，也做了部分修正，认为此属起源于我国西南地区中海拔的湿润森林地带，随着时间的推移，一支向高海拔地带迁徙，保持了多年生之习性，并出现了木质根茎；一支则在高纬度地区发展，演化为一年生植物，因而改变了长期以来认为一年生种类是从具有木质根茎的高山种类演化而来的观点。在传统分类的基础上，他们还进一步利用扫描电镜和透视电镜，对珍珠菜属98种植物的花粉形态的演化与花部构造进行深入研究，证明在亚属水平上花粉形态的演化与花部构造的特点密切相关，花粉特征在各亚属中十分稳定，从而证实了修正后的系统更趋科学和自然。通过研究和分析，发现点地梅属和报春花属是报春族的两个主要分支，并在各自的演化过程中分化出一些近缘的小属，否定了此前部分西方学者将点地梅属归并于报春花属的主张。陈封怀和他的学生还重新划定了报春花属 30 个组的界限，对部分种类的隶属做了调整，纠正了前人著作中的许多错误，使之更趋自然。他们的研究成果，集中反映在《中国植物志》第 59 卷第 1 分册和第 2 分册上。并且，《中国植物志》中由陈封怀等编著的报春花科，被认为是研究模式标本最多、清理种类彻底、并对演化趋势和亲缘关系进行了全面探讨的少数卷册之一。与国外同类工作比较，其研究的广度和深度都居领先水平。正因为如此，此项成果于 1993 年荣获中国科学院自然科学一等奖。

四、家国情怀

中华民族优良传统的灵魂是爱国主义。义宁陈氏几代人的品德，正如陈封雄先生所说，"是由于一脉相承的坚贞爱国主义思想和高尚的中国传统道德修养加上各自奋发不懈的进取精神"。植物园之所以郁郁葱葱，百花争艳，其根本原因就是因为陈封怀等植物学家都有一颗爱国家爱事业的火热之心。

1922 年，陈封怀考入金陵大学农学系学习，师从著名植物学家陈焕镛教授。此时他不仅认真读书，而且关心国家大事，关心祖国的前途和命运。1925年 5 月，上海爆发了著名的反帝爱国运动。5 月 15 日，日本资本家借故关闭工厂，停发中国工人的工资。以顾正红为代表的工人群众与日商理论。日本人恼羞成怒，竟朝工人开枪，打死顾正红，打伤多人，此一行径更激起工人罢工、学生罢课、商人罢市。5 月 30 日，游行队伍又遭到帝国主义和反动派的残酷镇压，此即著名的"五卅"惨案。血的教训，激发了各地青年学生的爱国热情，陈封怀也积极投身到这场爱国运动中。当时陈封怀在金陵大学学习已近 3 年，还差一年多一点就能毕业。但他因爱国热情所驱使，毅然离开金陵大学这所由外国人办的教会学校，而转到中国人自己办的东南大学农学院学习。这两所学校的学分并不衔接，但他宁可损失一些学分，延迟一年毕业也在所不惜。

1934 年至 1936 年，陈封怀在英国爱丁堡植物园公费留学，师从当时世界著名的植物学家史密斯（W.Wright Smith），学习、研究报春花科、菊科以及植物园的建设和管理，获硕士学位。其间，还到著名的英国邱园以及德国、法国、奥地利的各大标本馆做短期研究。由于他学习刻苦、作风严谨，且聪明过人，深受师长和同行的赞赏。导师以植物没有国界、植物学也没有国界为由，劝说陈封怀留在英国工作，具体研究报春花。陈封怀回答："植物学没有国界，而我有国籍。报春花发源于中国，我的根也在中国"。因而谢绝了导师的挽留。而陈封怀在金陵大学的老师陈焕镛，早年在美国哈佛大学留学，获硕士学位。学校因其毕业论文获得特别优秀奖，希望他继续读博士及随导师工作，并说，中国既无植物园，也无标本室，更无植物志，回国后无用武之地。陈焕镛回答："这就更需要我回去，植物园、标本室、植物学要在我们这一代人手中创立起来。"师徒二人，何其相似！

新中国成立前夕，国民党各机构人员纷纷南逃。时任庐山管理局局长兼任庐山防卫团团长的某某，军政一身很有权势，他欣赏陈封怀的能力，希望陈封怀与他们一起撤走。而陈封怀为了保护他付出了多年心血的庐山植物园，坚决不走。此时风雨飘摇的庐山，游兵散勇和土匪更是兴风作浪，秩序非常混乱，待在山上非常危险。陈贻竹回忆说："一天晚上，一伙人破门而入，把外婆和父亲捆了起来，当时有个人还用枪托打了我父亲。众土匪则大喊大叫，翻箱倒柜到处找钱。幸好我妈细心，事先把钱一处几块，分散放在几个地方，还在两处比较显眼的抽屉里也放了几块钱。如果土匪一点钱都没有拿到，恼羞成怒了，是会杀人的。众匪抢了两处抽屉里的钱，又将我父亲一只很好的皮箱拿走。第二天（5 月 18 日）解放军上了山，听说这件事，认为在植物园住不安全，就叫我们搬到牯岭街一处德国人的房子里住。当时土匪抢劫、杀人很厉害。有一次有伙农民到山下的星子县挑米，回来的路上被土匪劫住，其中有个农民伺机逃回来，报告解放军，解放军马上集合队伍赶去，抓了几个土匪回来。我当时小，也跑出去看了。"

改革开放后，我国对外交往渐趋频繁，经常有外国朋友到华南植物园参观，陈封怀不顾年高，总是热情而自豪地向外国朋友介绍中国植物园的发展。在陈贻竹家里珍藏有许多本相册，其中一本相册上有上百张陈封怀与外国朋友在一起的照片。笔者问这些高鼻子都是哪些国家来的，陈贻竹说，可惜没有文字记录，他也记不清。

在陈贻竹家的相册里，笔者还看到若干这样的照片：在植物园中，陈封怀与青少年在一起，其中一张，老人微笑着，用手比画着，身边围了一群少先队员。红花，绿叶，老翁，少年，看到这些，使人顿生感叹。幸好这张照片的旁边有一张发黄的小纸片，上写"人生难得正逢春，青少年华树雄心。争取光阴成大器，抓纲治国为人民"。以下没有落款和日期，从诗中"抓纲治国"四字来看，此照片当在 1978 年前后。从字迹和语气来看，也应是封怀老人所写。

五、康寿园丁

陈封怀先生的父亲陈衡恪（师曾）1923 年辞世，享年 48 岁。他的母亲范孝嫦在 1900 年农历五月生下封怀仅一月便去世，年仅 25 岁。在陈封怀以上的陈氏家族成员中，即使是一生大部分时间在家赋闲、"消受清闲原有命"的三立老人，也是享寿八十有五，还没有一个人像陈封怀那样，享有 94 岁高龄。都说人的寿命与遗传有很大关系，那么陈封怀比祖父寿高 9 岁，比父母更不知高多少，这就说明遗传起码不是根本原因，那就只能从他的生活状况中寻找原因了。

首先，陈封怀不是坐在实验室里的科学家，也不是靠嘴巴和文件发号施令的官老爷。他除了六十几岁到华南植物园任主任以外，之前几十年在几处植物园的职务都是主任兼技师。如果说"主任"是"指挥员"，那么"技师"就是"战斗员"了。庐山植物园的汪国权先生在《园林无处不为家》一文中，着重介绍了陈封怀整天和工人一道起早摸黑、爬山越岭、日晒雨淋地劳作的情况，并以 10 个字做了概括："披星掩门出，戴月荷锄归。"这是描写农民辛苦劳作的用词吧，怎么是写一位科学家呢？辛苦也有辛苦的好处，"生命在于运动"，何况陈封怀不是在车间劳动，而是在大自然中、在树木花丛中进行"园丁"式的"有氧运动"，吃的又是"萝卜缨子"这种粗纤维的东西，故而苦中得福，当然有利于健康啦！

其次，陈封怀先生性情开朗，心胸豁达，不管到哪里工作，都乐于担当。我们看看陈封怀的经历，往往是一个地方建设得有一定基础，又把他调到新

的地方去"开拓"，反复多次，他从无怨言，从不讲价钱。如果斤斤计较，患得患失，心里老不痛快，经脉就不畅通，对身体不利。从性格上看，陈封怀是"坦荡荡"的君子，不是"长戚戚"的小人。笔者于2005年7月初，在华南植物园的档案室看了陈封怀的档案，笔者选择1953年的鉴定抄了一下：

> 政治学习方面……没有架子，直爽，有啥说啥，不像其他高级知识分子那样虚伪，他心里有什么事，从脸上一下子就看得出来。不辞辛苦，不畏艰苦，有时干通宵，以身作则，以德服人，以身教人，积极钻研业务，关心干部群众，但有时过高估计了职工的工作能力和思想水平，领导工作还缺乏经验。虽然很好接近，但有时也发牛脾气，事后认为自己不对，又能检讨自己。

下面有"庐山管理局党委监委书记温成胜"的签名。笔者在几十年的工作中所见到的鉴定，包括别人的、自己的，很多都是不知所云的千人一面的抽象八股式的条文，而这份鉴定，条理性不是很强，但却用直白的语言把一位吃苦肯干、热情直率、敬业乐群的专家型领导的风貌生动形象地记载下来了，所以笔者赶紧抄了下来。

其三，陈封怀除了敬业，还非常"乐群"。陈贻竹说："父亲喜欢与各种人接触，我家总是有人来玩，交谈，而且总是留人吃饭。幸好'文化大革命'中父亲是在植物园，绝大多数干部职工对他都好，所以也没有挨打。"庐山植物园汪国权先生说：

> 尽管陈封怀先生一九五几年就调离了庐山，但是不管是十年、二十年，还是三十年，他每次回到庐山，上上下下，包括老工人都请他，请客要排队，他还吃不赢（吃不过来）。陈封怀先生比我大三十几岁，但我们是忘年交。我三个孩子，当年他们小，买不到糖，他好几次托人捎白糖给我（陈封怀是高级知识分子，困难时期国家有"特供"），虽说是"小事"，但我总是记得。他还总是写信叫我夫妇二人去广州过春节、过花市，他将"扫榻以待"。

修水有句老话，叫作"七十不管凡间事"。唐代诗人王维也说："晚年唯好静，万事不关心。"而陈封怀先生则是把老年当作壮年用，"年景虽云暮，霞光犹灿然"（臧克家诗句）：他76岁率团到泰国访问；84岁虽从所长岗位上退居二线，担任名誉所长，但他与胡启明一道，坚持不懈地继续报春花科植物的研究，成功编著《中国植物志》第59卷1分册、2分册，在他91岁、92岁时，先后由科学出版社出版，并于他去世后的第二天获中科院自然科学一等奖。

1984年，正值庐山植物园建园50周年。是年夏，陈封怀以85岁高龄，兴致勃勃，再上庐山，参与庆典活动方案的制订。1934年在赴英国留学前夕，陈封怀参加了8月21日召开的庐山森林植物园成立大会。岁月匆匆如白驹过隙，转眼已是50年了，当年庐山森林植物园的创建者，胡先骕早已于"文革"中郁郁作古；而86岁的秦仁昌，亦因双腿伤残，十多年足不出户，只得以"山青水秀，万物皆青，百尺竿头，更上一层"的一纸贺电聊表心中的千言万语。当年创建庐山植物园的"三老"，只有陈封怀从南国的羊城再上匡庐。面对眼前的事业兴旺，遥想当年的艰苦岁月，老人怎能不思绪万千？在庐山庆典的日子里，老人兴致极高，与同人、晚辈高谈阔论，一会儿讲中国话，一会儿又说英语。而说中国话时，又是一会儿庐山话，一会儿南京话，一会儿武汉话，一会儿又来几句广东"鸟语"——这些丰富的语言，不也从一个侧面反映了陈封怀先生丰富的人生经历吗？整整50年了，老人的回忆和情感，该是像开闸之水一样放纵奔流，于是老人挥毫：

老树延年数十春，坎坷岁月到如今。

苍松不畏寒冬冷，待到春风又发新。

诗中既表达了对祖国蓬勃发展的喜悦心情，又洋溢着老人"烈士暮年，壮心不已"的豪迈气概。

庐山植物园"三老"墓

为了缅怀胡先骕等对我国植物园建设的重大贡献，早在1983年中国植物学会50周年年会上，中国科学院生物学部委员（院士）兼植物研究所副所长的俞德浚即在会上宣布，将在庐山植物园建造胡先骕墓。次年，在庐山植物园建园50周年庆典的前一月，由中科院、江西省科委和庐山植物园建造了胡先骕墓，陈封怀也参加了揭幕仪式。至陈封怀逝世（1993年4月13日）的次年，在庐山植物园松柏区水杉林中的一片空地上，胡先骕、秦仁昌、陈封怀"三老"墓建造完毕。2005年7月19日，当我们在庐山植物园汪国权先生的陪同下拜谒"三老"墓时，强烈地感受到一种生命和事业的融合，灵魂和大山的融合。在庐山植物园建造"三老"墓，表示后人不忘先人的业绩，这是一个具有深远意义的英明决策，绝非一般意义上的"入土为安"。"三老"墓建成后，已成为庐山植物园乃至整个庐山的重要组成部分。2002年5月17

日,《江西日报》刊载了李国强先生（时任江西省科技厅厅长,人称"专家型领导"）的文章《谒"三老"墓》,文曰:不到植物园不算到庐山;而不到"三老"墓,不算到植物园。文中介绍,是年的"五一"期间,时任江西省委书记的孟建柱到庐山考察旅游发展,曾兴致勃勃地在植物园待了一整天,走遍10个园区。孟建柱说,我到过外国不少著名的植物园,庐山植物园是最美的,是一座"金园"。在"三老"墓前,孟书记与陪同人员向"三老"墓三鞠躬,表达崇敬之意,并勉励大家学习"三老",创业创新,把庐山植物园办成世界名园。当晚,孟书记又在住地会见了上海记者团一行20余人,在1小时的交谈中,有40分钟是谈植物园。次日一早,上海的记者们改变原定安排,一齐拥向植物园,拥向"三老"墓……

六、诗联文摘

陈封怀不仅是著名的植物学家,由于受父、祖的影响,还喜爱作诗、绘画和书法。在华南植物园,就有陈封怀多处题字,如植物园大门口左面石墙上的单位名称行书"中国科学院华南植物园"、华南植物园招待所的"科学家之家",还有园内巨石上所刻的"石径""兰园",以及庐山植物园内木制牌坊上的"松杉桧柏"等。在华南植物园内他家的客厅内悬挂着一幅山水画,题款是"近林知树色,隔涧听泉声",陈贻竹说,这是他父亲的手笔。陈贻竹还拿出一些画给我们欣赏,《菊花图》,题的是"黄花白发相牵挽";《杜鹃花》,题的是"归心千古终难白,啼血万山都是红";《报春花》,题的是"始有报春三两朵,春深犹自不曾知"等等。陈封怀作画,简单明快,一蹴而就,别人需要,则乐于相赠,包括曾赠画给日本朋友田中智。他曾画下庐山的松柏,秦淮河畔的垂柳,橘子洲头的霜叶,西非的棕榈,朝鲜的金达莱……。陈贻竹说,父母曾想作画100幅,配诗100首,集结成画册《丹青记忆》,惜未完成。他的诗作,不同于其祖,极少用典,熟字俗句,且不拘格律,有的近乎打油诗。从他的诗画书法来看,亦可见其率真的性情。

以下附录陈封怀先生文1篇,除以上文字中的几首诗外,再录诗11首。其诗多数无题,有题者（包括时间）则标在诗前,无题而对象明确者则注于诗后。

《修水县志》序
陈封怀

修水古号分宁，泱泱大县，国史上有上望之称。山川清淑之气，钟于人物，发为文章，莫不炳炳麟麟，辉耀史册。有宋一代，八贤卓起。黄庭坚诗开西江一派，书名时称四家，徐禧、余玠、莫将、宋朝寅、祝彬、冷应徵、章鉴，以政事文章，名标青史；自兹以降，代出名人。尤其在现代革命史上，修水成为震惊世界的秋收起义的主要策源地，又是湘、鄂、赣革命根据地的中心。在共产党领导下，修水人民为祖国的解放事业，付出了血的代价，一万多名烈士为国捐躯；新中国成立以后，各行各业涌现出的建设人才不胜枚举，所谓"山川之灵，郁秀于民"，地灵人杰，诚有以也。

修水为五千年古邑，不唯人文荟萃，而且民殷物阜，经济自古繁荣。新中国成立后，勤劳、智慧的修水人民重建家园，征服自然，改造社会，经济建设逐步发展，生活水平普遍提高。特别是在党的十一届三中全会以来，修水在社会主义两个文明建设上，创新改革，奋力开拓，国民经济发展迅速，人民生活日趋富庶，社会风貌焕然一新。

我籍隶修水，对美丽的故乡，有着深深的向往之情。记得孩童时候，幼秉庭教，即受宦游在外的先辈思念故土的熏陶，先曾祖陈宝箴"峰高雁回倚云斜，极目乡关感岁华"及先祖陈三立"风俗尚如他日否，凭谁细问故园春"的诗句，常牵我神游故乡。虽八九十年间，我迁徙于长沙、南京、沈阳、南昌、九江、武汉、广州间，一直从事植物研究，工作繁重，但对故乡修水，常不能忘怀。对她的发展、建设、变化、兴盛，闻之不禁手舞，听之确感心畅，唯以所知太少、难窥全貌而为憾。

欣家乡政府之倡导，县志办诸俊彦的努力，《修水县志》四历寒暑，三易其稿，蔚为大观。可贵者，县志资料丰富，体例规范。而发凡起例，每依县情，故"茶叶""环境保护"之设专卷，颇具地方及时代特色，独见编者心裁；推及各卷，条分缕析，笔墨精当，贯穿古今，首尾完备，足证经营之苦心。展卷一读，全县之政治、经济、文化、社会风貌、人物、千百年事，史实纷呈，实故乡资治之鉴，教化之书，存史之册，将使荏兹土者，无不爱修水而顿生振兴修水之志，从而认识县情，探求规

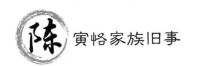

律，正确决策，功莫大焉。

　　游子深情，情切桑梓，故乡县志甫成，问序于余，欣然命笔。在此谨贺佳志成于盛世，并祝家乡在父老乡亲、仁人志士的建设下美丽如画，日新月异！是为序。

1989 年秋于华南植物研究所

诗　作：

池塘风止静涟涟，彩黛亭亭出荷莲。

污泥育出芙蓉貌，清香出浊有根源。

——题自画荷花

桃红柳绿江南春，夏日荷塘听蝉鸣。

秋高气爽看红叶，冬来飞雪松柏青。

——题自画四时清景

匡庐云雾绕晚霞，秋风落叶满桠杈。

日照高云红似火，含鄱岭下有人家。

——题自画庐山秋景

匡庐云雾绕天空，名茶育出此山中。

陆羽未尝真风味，红袍原在月轮峰。

——题自画庐山云雾茶园图

访泰国有感

——1976 年春由京赴泰国友好访问

春寒未尽访泰邦，碧落天空渡海洋。

暹逻佛国呈净土，人人合掌进禅房。

西风东渐经年日，不设经堂设舞场。

多少华侨怀祖国，依依隔海望故乡。

五十年前青少年，如今白发意颓然。

秋风飒飒催人老，云落残枝到九天。

1978 年

海外存知己，天涯若比邻。

人生有代谢，往来成古今。

照影留痕迹，转瞬一时真。

昙花喻梦境，看影自生情。

（笔者注：此诗题在一相册前，此册多有外国朋友照片）

1979 年秋

有感边疆资源富，胸有成竹筑长城。

走遍大荒知境界，攀山不怕虎豹声。

——给蔡希陶的诗

蔡希陶同志千古

一生为国建家园，开辟边疆觅资源。

西双版纳成大业，惨淡经营工作严。

1982 年 11 月 9 日

五湖四海一家人，留影纪念友谊情。

东西南北接天壤，万里行程咫尺行。

古来蜀道难行路，今朝航线飞天云。

青丝黄发通言语，黑白人民互通音。

——此册亦多有外国朋友照片

五十年来建园圃，江南江北度生涯。

问道故乡何所在，园林无处不为家。

——有感

七、逸闻趣事

勇保红枫

庐山是一处避暑胜地，新中国成立前，蒋介石、宋美龄夫妇多次到庐山

避暑，并从事政治活动。他们在庐山的 12 号别墅，为一英国夫妇所赠，蒋介石在"美龄"和"庐山"中各取一字，将此屋命名"美庐"。1948 年夏的某一天，忽然有四位不速之客来到庐山植物园，声称系"美庐"所派，要挖植物园中树型极好且鲜艳如丹的红枫装饰"美庐"庭院。陈封怀不畏强暴，挺身而出，说："红枫不能挖，树木是植物园的，我的责任是保护。"陈封怀的大义凛然，迫使来者讪讪而退。事后，庐山管理局局长，甚至是第 30 集团军总司令兼江西省主席的王陵基也出面劝说，仍无济于事。庐山管理局局长吴仕翰还宴请陈封怀，王陵基也在座，而陈封怀均不为所动，从而保护了这棵极为珍贵的红枫。

南昌大学刘经富在《义宁陈氏与庐山》一书中，还附录了宋乔所著的《侍卫官杂记》一书中与此有关的文字：

夫人今天忽然间大发脾气。起先我们还以为她又和先生（蒋介石）闹别扭，到了后来才打听出所以然来。

昨天下午她沿着河西路散步，看见溪畔有一棵千年古树。庐山管理局在它的旁边立了一块木牌，说是全中国只有两棵这样的古树，另外一棵在华山。

不知道为什么，夫人忽然想把这棵古树移植在行邸的花轩里。她散步回来后，立刻把庐山管理局局长吴仕翰找来，吩咐他想法子把这棵树搬来。

吴仕翰当然不敢说什么，他向夫人推荐一位植物学家来设计移植的事情。

这个植物学家一定是个书呆子，他告诉夫人说，绝对不能搬，只要掘离开了土，这棵树就会死掉。

"从河西路搬到官邸没有多少路，不会有什么问题的。"夫人仍然坚持她原来的意见。

"关于植物的知识，我相信我自己比夫人要强得多。一定要把一棵有历史的古树弄死，又有什么意思？"这个书呆子居然顶撞起夫人来了。

"整个中国都是我们打下来的，搬一棵树又算得什么？"夫人的脸一直红到脖子上。

"别的我不管，不过这棵树是一搬就会死掉的。"这个专家一点儿也不肯屈服。

夫人没有办法，只好叫他走开。

在华南植物园档案室所存的陈封怀的人事档案中，有如下记载：原江西农学院院长杨惟义先生（1897～1972，中科院生物学学部委员，第一、二、三届全国人大代表，被称为江西生物学界泰斗式的人物）了解到陈封怀在庐山的情况后，认为他具有"贫贱不能移，威武不能屈"的气概，并称陈封怀是"植物界的圣人"。

不唯文凭

新中国成立初期，庐山植物园的工作、生活条件都很差，一些青年职工不安心。陈封怀精于围棋，常用围棋的布局和自身的经历启发年轻人。他常教导大家不要这山望着那山高，过分抱怨条件，任何地方都有它的优点，也有不足之处，问题在于我们如何适应和利用它。在国外，留学生凡有条件者，都争取读博士学位。陈封怀曾就读于外国人办的教会学校——金陵大学，外文基础很好，在爱丁堡取得硕士文凭后，反而没有申请读博，这使导师史密斯（W. Wright. Smith）感到诧异。后来陈封怀解释说，他当时除了研究植物分类外，还有考察植物园的任务，若攻读博士学位，研究范围会定得很窄，不利于回国后开展植物园工作。但对他人争取博士学位他给予充分肯定，深知这一头衔对今后仕途发展非常重要。

不贪钱财

陈封怀为人处事态度很随和，没有架子，但对一些原则问题又十分执着。临近解放的前几年，全国学生运动风起云涌，南昌的中正大学也经常有学生上街游行示威。国民党政府慑于学运，决定将中正大学从市郊迁往偏僻的庐山南麓白鹿洞。当时陈封怀兼任中正大学教授，校长亦为清华校友，深知陈封怀为人和品德，而且新校址又在庐山，因此确定将新校舍基建拨款汇入庐山植物园账户，并授权陈封怀管理。后来形势发展很快，无暇顾及该项工程。其时国民党的经济已濒临崩溃，金圆券大幅度贬值，人们争相抛售金圆券，抢购银圆、金条等硬通货。这笔基建巨款眼看日日缩水，许多好心人都劝陈封怀把钱取出来，换成银圆，只要过几日，再把原数的金圆券存回去，从中即可大赚一笔，对个人、对植物园则是两利，但陈封怀认为不可，一直坚持无校方通知，不可动用。当时无人理解，都说他太傻。新中国成立后，有关

方面清查这笔款项，通知陈封怀到省城南昌交代问题，当时人们无不为他担心。因为刚解放时，办案程序简单，有时领导一句话就有可能送命，所以担心他此去就回不来了。在南昌，办案人员无人相信他的陈述，认为在旧社会不可能有这样有钱都不想要的人，一定要他承认挪用公款和贪污。陈封怀一时气急，一拍桌子把一个印泥盒砸烂了，气氛十分紧张。幸好此举惊动了军代表杜雷同志(此人后调任华南农学院党委书记)，吩咐手下暂不作结论，并派专人上庐山银行查账。结果事情很快得到澄清，这笔款项分文未动。

自备"行头"

"文化大革命"中，陈封怀因"反动学术权威"的罪名被批斗。经过那场动乱的人都记得，当时被批斗者都有基本的装束——头戴高帽子，胸前挂牌子。这些"行头"，有时是由造反派做，有时是由被批斗者自己做。一般来讲，自己做好一些。要是由那些手段恶毒的人做，他就会用一块又大又重的木牌，再用很细的绳子或铁丝挂在你的脖子上，那被批斗者可就遭老罪了。陈封怀当时是被要求自备装束，他就自己动手做好高帽子、牌子，并且自己在牌子上写上"打倒反动学术权威陈封怀"。一有批斗会的通知，则赶紧戴帽挂牌，严阵以待，等待被押往会场。有时还要到市里参加规模更大一些的批斗会，路远要坐车。陈封怀当时毕竟是六十好几快七十的人了，行动不便，卡车的车厢又高，又有"行头"之累，爬上去很吃力。有时刚爬上车，高帽子又掉了，又得下车捡，戴上再爬。

教授找牛

在陈封怀被批斗后，有一段时间监督劳动的项目是放牛。一天，陈封怀放牛累了，就坐在树下休息，不知不觉打了个盹，睁眼一看，牛不见了。陈封怀急得要命。那种形势下，丢了牛，那不是又增加一条罪状吗？急得老两口分头寻找，终于在很晚的时候把牛找回来了。

"难"中醉酒

"文化大革命"中，迫于极"左"形势的政治压力，对于被批斗的"走资派"和"牛鬼蛇神"，人们唯有"划清界限"以自保。陈封怀由于平时待人极好，得到大家的爱戴，所以哪怕是在那段"遭难"的日子里，植物园绝大多数干部职工对他也不错，遇有"方便"的机会，不但与他交谈，居然还有人偷偷请他喝酒。一天晚上，有几个工人请他喝酒，大概是谈得高兴，陈封怀为人又豪爽，多喝了几杯，醉了，几个工人把他扶回了家。

为孙起名

陈贻竹的夫人罗广华，中山大学毕业后，被分配在海南（原为广东省海南行政区，1988 年 4 月建省）工作。1972 年，罗广华在海南临近产期，搭海轮过琼州海峡回广州时，忽遇台风，轮船避于港湾几日，罗广华将孩子生在船上，幸好母子平安。船长很热情，根据当时阻于台风不能渡海的情况，船长给小孩起名"海涛"。罗广华带着小孩回到广州，陈封怀夫妇老来添孙，喜不自禁，但认为"海涛"二字过于平常，韵味不足，想换个字。"海"什么呢？二老同时想起三国演义中诸葛亮和周瑜联合抗曹时，二人在巴掌上写字的方式，于是二老拿笔各自在巴掌心上写了一字，两掌一对，奇了！竟然都是写的极不常用的"羿"字。为何二老都想到了"羿"字？原来当年夏天，广东大旱，持续高温，人们热不可耐，因此二老都想起"后羿射日"的上古传说。夫妇二人心灵相通竟至如此，真是令人惊叹。

八、师友简介

陈焕镛（1890～1971 年），字文农，号韶钟，祖籍广东新会人。出生于香港，其父是清光绪帝派驻古巴的公使，母亲为西班牙血统的古巴人。陈焕镛是独子，早年丧父，与母亲旅居上海。1913 年入美国哈佛大学，1919 年获林学硕士学位，因成绩优异获奖学金。导师邀请他继续攻读博士并随导师工作，但他立志为祖国科学事业献身而返回祖国。后受聘于南京金陵大学、东南大学、广州中山大学任教授。曾创办中山大学植物研究所、广西大学经济植物研究所、华南植物研究所。1933 年他与钱崇澍、胡先骕等共同倡议创立中国植物学会，同年被选为学术评议员兼《中国植物学杂志》编辑。1934～1936 年任该学会副理事长、理事长，1938～1940 年被选为中央研究院第一、第二届评议员。新中国成立后任第一、二、三届全国人大代表，1955 年被选为中国科学院学部委员（院士），1959 年被聘为《中国植物志》副主编并移

居北京，从事我国植物分类学的编纂工作。

陈焕镛在植物学上的贡献巨大，他与钱崇澍合作主编的《中国植物志》80卷125册，5000多万字，9000多图片，有着重要的学术和实用意义，成为世界上最恢宏的植物志之一，该志在陈去世38年后的2009年获得国务院颁发的国家自然科学一等奖。

胡先骕（1894～1968年），字步曾，号忏盦，江西新建县人。我国著名的植物学家、植物分类学的奠基人、教育家，被毛泽东称为"中国生物学界的老祖宗"。

胡先骕之父曾官至内阁中书，其母通经史，谙诗词，故他从小受到良好的教育，12岁已通读《史记》《汉书》，后进入江西省立一中，毕业后考入京师大学堂。1912年参加东西洋留学考试名列第一，先后进入美国加利福尼亚大学、哈佛大学学习农学和植物学，1916年回国。1923年再度赴美深造，在哈佛大学攻读植物分类学，获农学博士学位，1925年回国。从1918年起，先后任南京高等师范学校、东南大学、北京大学、北京师范大学教授，中正大学（江西师范大学前身）首任校长，中央研究院评议员、院士。编著中国高校第一部《高等植物学》，发起建立中国植物学会，创办《中国植物学杂志》并任总编辑，创办北京静生生物调查所和庐山植物园。新中国成立后任中国科学院植物研究所研究员，因反对"老大哥"苏联科学家李森科的学术观点而落选中科院学部委员。

胡先骕还是著名的教育家，他倡导"科学救国，学以致用；独立创建，不仰外人"的教育思想，培养了大批植物学专家和学者，著名植物学家郑万钧、俞德浚、蔡希陶等都出自他的门下。他的学术思想和科学精神影响了我国一大批植物工作者。

胡先骕除在植物学上的造诣和成就外，文学、诗词、历史、地理的功底也十分雄厚，与诗坛友人往来频繁。陈三立评价胡的诗作是"意、理、气、格俱胜"。并认为他的记游之作"牢笼万象，奥邃苍坚"。

"倔强"之士

1946年7月，胡先骕赴庐山参加江西省暑期学术讲习会，时蒋介石正在庐山，闻知此事，即邀请胡来见面，"共商高等教育之事"。胡在10年前与蒋有过交谈，此次不想再谈，便提前下山由九江回南昌。接见时间到了，未见胡的踪影，省主席王陵基派人寻找也无结果，搞得蒋很没面子。

水杉与《水杉歌》

1946 年，胡先骕与郑万钧发现了震惊中外学术界的世界珍奇活化石——水杉。为了纪念这一重大发现，胡先骕以深厚的植物学兼古典诗词的功底，经多年构思、推敲和完善，于 1961 年写成了近 500 字的长诗——《水杉歌》。他将此诗寄给某刊物以求发表，但石沉大海，杳无音信，一气之下又将诗稿寄给一代儒将陈毅元帅。陈毅读后很有感慨，并写下读后记："胡老此诗，介绍中国科学上的新发现，证明中国科学一定能够自立且有首创精神，并不需要俯仰随人。诗末结以东风伫看压西风，正足以大张吾军。此诗富典实，美歌咏，乃其余事，值得讽诵"。陈毅特邀胡到中南海面叙，后将诗稿转《人民日报》，《人民日报》于 1962 年 2 月 17 日将《水杉歌》连同陈毅的"读后记"全文刊登。此诗及读后记后亦雕刻在庐山"三老墓"前的石碑上。

介绍胡先骕的专著，有庐山植物园胡宗刚先生所著的《不该忘记的胡先骕》和《胡先骕先生年谱长篇》，前书于 2005 年由长江文艺出版社出版，后一部于 2008 年由江西教育出版社出版。

秦仁昌（1898～1986 年），字子农，出生于江苏省武进县一农家。植物学家、中国蕨类植物学的奠基人、世界著名的蕨类植物系统学家。

1925 年毕业于南京金陵大学林学系，先后任教于东南大学生物系、中央大学生物系，中央研究院自然历史博物馆植物部主任。1929～1932 年在丹麦哥本哈根大学植物学博物馆进修，师从世界著名的蕨类植物学家科利斯登生（Christensen），其间访问了瑞典、德国、法国、奥地利和捷克斯洛伐克的标本馆，并在英国皇家植物园标本馆和大英自然历史博物馆工作过。1932～1934年任北京静生生物调查所研究员兼植物标本室主任，1934～1938 年创建庐山森林植物园并任主任。抗战期间，在云南创建静生生物调查所云南丽江工作站并任主任。抗战后任云南大学生物系和森林学系教授兼主任、云南省农业改进所所长。新中国成立后任云南省林业局副局长，1955 年当选为中国科学院学部委员（院士）、中科院植物所研究员兼植物分类与植物地理学研究室主任，1979 年至去世时任中科院植物研究所顾问。他还是第一、二、三届全国人大代表，《中国植物志》编委会委员兼秘书长，国际植物学会分类和命名委员会名誉副主席。

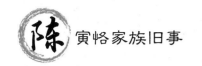

"秦仁昌系统"。秦仁昌经多年对全世界一万多种"水龙骨科"进行了开创性的研究，大胆而科学地把 100 多年来囊括蕨类植物 80% 的属和 90% 的种的混杂的"水龙骨科"划分为 33 个科 249 个属，清晰地显示出了它们之间的演化关系，解决了当时蕨类植物学中难度最大的课题，为世界蕨类植物系统分类做出了重大贡献，后被学术界称为"秦仁昌系统"，对以后国际蕨类植物学研究产生了重大的影响。

写完陈寅恪家族的事迹和这些相关的人物简介后，耳边不禁响起《百年五牛图》一书作者梁由之的感叹声：

那是怎样的一代人啊！

参考资料：

[1] 汪国权、胡启明，《植物园专家——陈封怀》(打印稿)。

[2] 汪国权，《陈封怀——中国植物园之父》(打印稿)。

[3] 汪国权，《园林无处不为家》，《江西日报》1984 年 8 月 18 日。

[4] 胡宗刚，《义宁陈封怀》，《九江周末世界》2000 年 1 月 16 日。

[5] 陈小从著，《图说义宁陈氏》，山东画报出版社，2004 年 2 月版。

[6] 汪国权等编著，《庐山旅游全书》，江西美术出版社，2004 年 4 月版。

[7] 刘经富著，《义宁陈氏与庐山》，中国文史出版社，2004 年 9 月版。

[8] 胡宗刚著，《不该遗忘的胡先骕》，长江文艺出版社，2005 年 5 月版。

[9] 2005 年 7 月 1 日～7 日，笔者参观华南植物园并访谈陈贻竹先生。

[10] 2005 年 7 月 6 日，笔者阅读华南植物研究所档案室馆藏陈封怀档案。

[11] 2005 年 7 月 18 日～19 日，笔者参观庐山植物园并访谈汪国权先生。

陈寅恪"恪"字读音考辨

刘经富

一、陈寅恪名字及"恪"字辈的由来

陈寅恪（1890～1969 年），江西修水县人。清雍正末年，陈寅恪的六世祖陈鲲池从福建上杭县来苏里中都乡琳坊村迁江西南昌府义宁州（1913 年分为修水、铜鼓两县）泰乡七都竹塅村。

100 多年后，迁入义宁州的怀远人（修水、铜鼓客家人的特殊称谓）开始联宗建祠修谱。咸丰元年（1851 年）恩科乡试，陈文凤和陈宝箴（陈寅恪祖父）中举。怀远陈姓欢欣鼓舞，借此喜庆，敦促陈文凤、陈宝箴编纂"合修宗谱"（通谱）。因受太平军战事影响，延宕至同治二年秋季将通谱修成。

同治通谱在义宁州怀远陈姓族史上具有重大意义，它理清了过去 100 多年来各支自定的混乱世次。在此基础上，陈文凤、陈宝箴制定了"三恪封虞后，良家重海邦。凤飞占远耀，振采复西江"的行辈用字（修水民间称之为"派号"）。规定从开基祖下延到 21 世，一律按通谱派号起名，废止以前各支自定的私派。需要特别指出的是，为了使"三恪封虞后"的新派号顺利推行，陈宝箴家族将 21 世已成年子弟的原名都改成"三"字。如陈宝箴从侄"陈成塾"时已 30 岁，仍按新谱派改名"三略"，陈宝箴长子陈三立时已 11 岁，已按私派起名"成牧"，亦改名"三立"，可见陈宝箴作为宗族核心人物推行通谱派

号决心之大。

"三恪封虞后"典出我国古代的一项礼制。古代新王朝为巩固统治，对前朝贵胄后裔赐予封地，以示尊礼。周武王得天下后，封舜帝之后妫满于河南东部、安徽西部一带，建立陈国，其子孙遂以国为姓。因此，"三恪封虞后"概括了陈姓受姓的尊荣和陈姓的史源，也蕴含着"恪"字的音、形、义。明·焦竑《焦氏笔乘·古字有通用假借用》条："《左传·襄公二十五年》："庸以元女大姬配胡公而封于陈，以备三恪。恪当读如客，恪、客古通用。"清·吴大澂（愙斋）《古籀汇编》卷十据周朝的愙鼎考证："愙（恪）"为"客"字的异文，三恪即三客，即以客礼相待夏、商、周三代子孙之意。

光绪十六年庚寅（1890年）五月十七日寅时，陈宝箴的六孙在长沙降生。因生在寅年寅时，故名寅恪。"寅"字、"恪"字均有恭敬之义，长辈按名与字对文互义的习俗，起字彦恭（未用）。陈宝箴有八个孙子：老大衡恪（师曾）、老二殇、老三同亮殇、老四覃恪（陟夫）、老五隆恪（彦和）、老六寅恪（彦恭）、老七方恪（彦通）、老八登恪（彦上）。（据修水怀远陈姓民国9年五修谱）。

在老家修水县，怀远陈姓自通谱派号颁行后，著录在宗谱上的恪字辈有960余人（如果加上铜鼓县，还不止此数），其中陈宝箴家族的恪字辈有60人。在这近千人的恪字辈中，曾有六个"陈寅恪"。今恪字辈用"恪"字起名者尚有100余人。（据修水怀远陈姓民国32年六修谱）。

"文革"以后，民间已不时兴按谱派起名。陈文凤、陈宝箴制定的20辈派号到"良"字辈后基本歇绝。因此，"三恪封虞后"五辈派号的通行，就成为这个客家宗族从几十个分散家族构建凝聚为一个大族、望族的历史记忆。陈寅恪兄弟作为"恪"字辈的翘楚，他们的名字已成为这个宗族重要的文化遗产，其名字的读音也与这个宗族所在地有着地域文化上的渊源关系。

二、北京话"恪"字两读现象

"恪"字的正字为"愙"，从宋《广韵》到清《康熙字典》都只有一个反切，宕摄开口一等字，折合成现代语音即kè音。但民国初年以后的字典"恪"

字却增加了一个 què 的又读音：

商务 1912 版《新字典》：恪，苦各切。读如却；

商务 1915 版《辞源》：恪，可赫切。亦读如却；

商务 1937 版《国语辞典》：恪（愙），丂亡科。又读く凵せ却；

商务 1949 版《国音字典》：恪，丂亡。（又）く凵せ；

人民教育 1953 版《新华字典》：恪く凵せ　丂亡（又）；

商务 1957 版《新华字典》：恪く凵せ què　丂亡 kè（又）。

可见北京话"恪"字两读现象由来已久，1953 版、1957 版《新华字典》甚至把"丂亡"标为又读音。1965 年第 2 期《中国语文》发表周定一《对〈审音表〉的体会》一文，说"'恪守'的'恪'有 què、kè 两读，北京比较通行的是 què，合乎北京语音一般演变规律……"。

"恪"字在北京话里有两读，与"腭化"有关。约从明末开始，北方语系中舌根音 g、k、h 的细音（韵母为 i、ü 的音节）向舌面音 j、q、x 转变。也就是说古音本没有舌面音 j、q、x，今音中一部分读 j、q、x 声母的字是从古音 g、k、h 声母中分化出来的。语言学界称这种发声部位的改变为"腭化"。如"卡"字既读 kǎ，又读 qiǎ。北京话"客"字有 kè、qiè 两读。"客"为"愙"的本字，"客"有两读，由它孳乳出来的"愙"自然也会有两读。

也有专家从文读、白读的角度来分析北京话"恪"字两读现象，认为"恪"字文读为 kè，白读增加了介音，从而腭化成 què。

"恪"字的又读音 què 流行与民国初年的识字读本用"确"字标注"恪"字的读音也有一定关系。"恪""确"二字在南方方言区念 ko 或 ka，均为入声，至今如此。1980 年香港中文大学出版社出版的《李氏中文字典》即用"课"注"恪"的国音，同时用"确"注"恪"的粤音。但是我们不能以北方语系"确"字的腭化音 què 为标志，来说明"恪"字又读音 què 的合理性。如清末民初诗人俞恪士（陈寅恪的母舅），民国时有的著作写成俞确士。有学者据此认定"恪"字念 què 不误。其实按南方方言，"俞确士"的读音是"俞 ko 士"而不是"俞 què 士"。

陈寅恪曾在清华大学工作多年。北平的文人和清华、北大的师生称呼他的名字有念 kè 的，有念 què 的，以后念 què 者逐渐增多。但陈寅恪对别人念 què 成风并不认同，曾对同事毕树棠和学生石泉说过"我的名字念 kè"。

三、纠正两种错误的说法

1. 陈寅恪老家方言念 què 说

1996 年 12 月 25 日《团结报》发表《"恪"字读音》一文，说"陈寅恪先祖由闽入赣，落户义宁，属客家系统。客家人习惯将'恪'读 què。义宁陈氏一直保持客家传统，故陈氏昆仲名中的'恪'字均读 què。友人及学生即约定俗成随之。因'恪'读 què 系客家习惯，故诸工具书不载 què 音"。1997 年第 4 期《文史知识》转载了这段文字。此说一出，影响极大，误导匪浅。

按此说从方言旧读的角度来解决《新华词典》《现代汉语词典》"恪"字不载 què 音，而陈寅恪家人、部分弟子念 què 的困惑，大方向没有错。只是没有将注意力放在北京方言旧读和 1959 年以后字典不载 què 音的原因上，而转从陈寅恪老家方言去寻找解释、发掘证据。后来热衷于传播此说的学者更没有以考据的精神方法，带着问题深入到陈寅恪故里或其他客家方言区做一次田野调查，落实这个问题。人云亦云、集体无意识地制造了一个"美丽的错误"。对照科学理性精神，不能不说是一个遗憾。

客家话没有 què 这样的音节（无"圆唇撮口呼"），且比较完整地保留了古入声。"恪"字古音为入声铎韵，故修水客家话（怀远话）和本地话均念"恪"字为入声 ko，类似于普通话"贺""鹤"字的发音。笔者十余年来在修水、铜鼓乡间搜集陈寅恪家族史料，遇到的恪字辈，上至八十老人，下至七八岁小孩，无一例念 què。他们背诵谱派诗"三恪封虞后，良家重海邦……"时也从不将"恪"念成 què。

2. 陈寅恪本人念 què 说

2001 年新世界出版社所出《思想的魅力——在北大听讲座》第 3 辑《百年中国史学回顾》有这么一句："'恪'为什么念 què 呢？陈先生自己讲我这个字念 què，所以就念 què 了（笑声）"。如果作者能举出陈寅恪讲这句话的原始出处，当增加可信度，然而至今没有发现可以证明陈寅恪何时何地讲过这种话的文献材料。

而可以证明陈寅恪自己不会念 què 的文献材料和理由却比较多。

首先，陈寅恪在书面上，从青年到老年，从未将自己的名字写成 què。

①1921 到 1922 年，陈寅恪在美国哈佛大学和德国柏林大学留学时，给

哈佛大学老师兰曼的生日贺卡和信函，署名均为 Yin koh Tschen。（林伟《哈佛大学所藏陈寅恪留学档案》，未刊稿，贺卡和信函均有图片）

②1921 年 11 月，陈寅恪在柏林大学新生登记册上署名为 TSChen Yin Koh。（刘桂生《陈寅恪、傅斯年留德学籍材料之劫余残件》，《北大史学》1997 年 8 月第 4 辑）

③1924 年，赵元任亲见陈寅恪将自己名字标音为 Yin ko Tschen。（赵元任、杨步伟《忆寅恪》，《谈陈寅恪》，台湾传记文学出版社，1970 年）

④1925 年，陈寅恪在柏林大学肄业证上署名为 TSChen Yin Koh。

⑤1931 年，陈寅恪在致钢和泰的亲笔信上署名为 YinKoh Tschen。（陈流求等《也同欢乐也同愁》第 69 页，三联书店 2010 年版）

⑥1936 年和 1937 年，陈寅恪在哈佛《亚洲学报》发表两篇英文论文，署名为 Tschen Yinkoh 和 Chen，Yin，ko。（杨君实《陈寅恪先生的两篇英文论文》，《追忆陈寅恪》，社会科学文献出版社，1999，第 359 页）

⑦1940 年 5 月，陈寅恪在写给牛津大学的英文信上署名为 Tschen Yin Koh。（《陈寅恪集·书信集》，三联书店，2001 年，第 222 页）

⑧1945 年秋，陈寅恪在赴英国的护照上签名为 Yin-ke Chen。（郭长城《陈寅恪抗日时期文物编年事辑》，《陈寅恪研究—新材料与新问题》，九州出版社，2014 年，第 52 页）

⑧1946 年 3 月，陈寅恪在写给傅斯年的信上署名为 Chen Yin Ke。（《陈寅恪集·书信集》，三联书店，2001 年，第 119 页）

⑨1956 年，陈寅恪在中山大学《本校专家调查表》上署名为 Yin Koh Tschen（德文）及 Chen Yin Koh（英文）。（王川《历史学者陈寅恪姓名"恪"之读音》，《东方文化》2003 年第 6 期）

旁证资料：

①哈佛大学 1926 年校友名录陈寅恪标音为 chen yin koh。（陈流求等《也同欢乐也同愁》第 34 页）

②1938 年 10 月 4 日，中国中英文化协会主席杭立武在为陈寅恪申请剑桥中文教授事致英国"大学中国委员会"秘书的信中，指出"他自己喜欢用的姓名的罗马拼音是 Tchen Yinkoh"；在提供的陈寅恪个人材料中，杭立武再次注明"陈寅恪先生比较喜欢他名字的罗马拼音作 Tchen Yin Koh"。（程美宝《陈寅恪与牛津大学》，《历史研究》2000 年第 2 期）

③1941 年，清华大学校长梅贻琦给清华驻港的陈寅恪弟子邵循正写了一封英文信，请他就地敦促在港的陈寅恪返校复课，信中提醒邵循正注意陈寅恪名字要标音为 Yin ko Chen。（黄延复《陈寅恪先生怎样念自己的名字》，《中华读书报》2006 年 11 月 22 日）

④1946 年，陈寅恪在英国治疗眼疾，医生的诊断书标音为 yin ke chen。（陈流求等《也同欢乐也同愁》第 205 页）

⑤1948 年"国立中央研究院"院士名录陈寅恪的名字标音为 Chen Yin-Ko。

其次，从陈氏兄弟的口音构成、家族背景来分析，陈寅恪也不会将自己的名字念成北方口音的 què。

①陈氏兄弟在长沙生长，自会讲长沙话（长沙话"恪"字不念 què），但客家话也与生俱来地融入他们的记忆中。客家人素重木本水源，恪守"宁可抛荒，不可抛腔"的祖训，无论迁到何处，必以母语传家。陈氏兄弟姊妹幼年与祖父母和宗亲、姻亲朝夕相处，在乡情浓烈的语言环境中，自会濡染熟悉客家话。1989 年冬，隆恪女儿陈小从回乡祭祖，将修水之行情况写信告诉姑父俞大维（陈寅恪妹夫）。时俞大维已年逾九十，回信犹问"老家的族人还讲客家话吗？"可见老家话在他们那一辈印象之深。

②1919 年，日本人田原天南编的《清末民初官绅人名录》陈衡恪条"恪"字标音为 ko。1955 年，方恪在户口登记时用注音字母标音"恪 ㄎㄜ"。（潘益民《陈方恪先生编年辑事》书前所附陈方恪户口照片，中国工人出版社，2005 年）1956 年，寅恪在《本校专家调查表》上用外文标音"恪 Koh"。寅恪曾对同事和学生说过"我的名字念 kè"，方恪亦曾对弟子说过自己的名字应念 ko。这不可能是巧合，说明陈氏兄弟对自己名字读音的态度是一致的。

③与陈寅恪有血缘关系的从兄弟有 60 人之多，其中儒恪、储恪、伊恪、荣恪、齐恪亦走出山外发展，与衡恪兄弟多有接触。他们在修水老家长大，自会讲客家话，不会将自己的名字念成 què。寅恪不会标新立异，脱离兄弟们自幼形成的读音习惯。

④更大的背景是陈宝箴参与制定的"三恪封虞后……"派号对凝聚宗族起到了巨大作用。寅恪对祖父素所敬重，不会在自己名字的读音上违逆先祖的意愿，从全族宗亲整齐划一的读音中剥离出来，把自己名字的读音弄得形只影单。

四、余 论

综上所述，陈寅恪的"恪"字之所以有两读，根了乃在北京方音旧读上。所谓"陈寅恪老家方言念 què""陈寅恪本人念 què"的说法，既严重背离事实真相，也不符合"凭材料说话"的学术规范。至于民国时期北平流行念 què 是否就能成为今天人们仍可以念 què 的理由，则受到来自现代汉语规范的挑战。

谈现代汉语规范问题，首先要分清普通话与北京话的概念。普通话以北京话的语音系统为标准，并不是把北京话一切读音全部照搬，北京话并不等于普通话。从 1956 年开始，中科院普通话审音委员会对北京话的方音进行了多次审订，分三批公布了《普通话异读词审音表初稿》，"恪"字的又读音 què 在第一批中就被废止了。（1959 年 12 月，商务再版《新华字典》，"恪"字不再保留 què 音）1985 年 12 月，国家语委、国家教委、广电部联合公布《普通话异读词审音表》，正式确定"恪"字 "统读"为 kè。语言学家徐世荣解释"统读"即"此字不论用于任何词语中只读一音"，并特别举例"人名如近代学者陈寅恪。"（徐世荣《普通话异读词审音表释例》，语文出版社，1997 年）

陈寅恪的名字究竟怎么念，不能不考虑"恪"是陈氏宗族一个辈分用字，众多的恪字辈成员都不将自己的派号念成 què 这个客观历史事实。既然近千个恪字辈都不念 què，另外五个陈寅恪也不念 què，那么，根据逻辑常识推理，这个同根共源的陈寅恪也不应念 què。

二十世纪八九十年代文化学术界兴起"陈寅恪热"后，学界对陈寅恪的家族史还没有太多的认识，陈寅恪名字的读音与他的家族一样，蒙上了一层神秘的面纱。而今陈寅恪的家族史业已明朗，其名字的读音不再神秘。他是陈氏故里众多恪字辈的一员，他们根据祖辈传下来的派号读音念自己的名字"恪"为入声 ko 而不是 què。北方语系已无入声，古入声 ko 已转变为去声 kè。人们理应尊重姓名拥有者的意愿，在正式场合使用规范读音 kè 称呼陈寅恪及其兄弟的名讳。

原载 2009 年第 6 期《文史知识》

陈衡恪、隆恪、寅恪名号

义宁州怀远陈姓谱派

1934年《清华年刊》一页，陈寅恪名字注音 ke

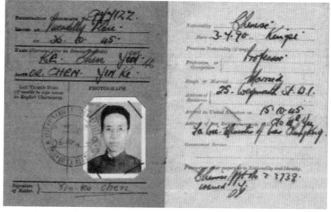

陈寅恪1945年赴英国手填护照，"恪"标音 ke

附录二：

义宁陈氏恪字辈的其他人物

刘经富

自 20 世纪 80 年代陈寅恪热起来后，他的亲兄弟陈衡恪、陈隆恪、陈方恪、陈登恪已广为人知。但与陈寅恪共六世祖的从兄弟有 60 人之多，其中还有数人亦走出义宁（今江西修水）故里山区，融入现代文明的大城市中。从一个家族的发展史来看，他们亦有介绍的价值。

一、陈覃恪

陈覃恪（1881～约 1953 年），字陟夫，光绪七年十月生于长沙，时覃恪祖父陈宝箴在湖南以道员身份候补。其父陈三畏，是陈宝箴的次子，不幸于 30 岁时去世，那年覃恪才 6 岁。陈宝箴因次子去世得早，又只有覃恪这个儿子，故对这个孙子特别怜爱。生前曾嘱咐长子陈三立，日后要把这个侄子视为己出。故覃恪性格中有公子哥习气，据说与祖父、伯父过分怜爱有关。

覃恪自幼便与寅恪兄弟一起生活成长，在从兄弟排行中老四（老大衡恪，老二、老三殇，老五隆恪，老六寅恪、老七方恪、老八登恪）。其青少年时期读书情况不详，据说亦曾赴日本早稻田学校留学，时间不长便归国。因没有参加过旧式科举考试，又没有新学堂学历，所以一直沉浮下僚。民国 9 年（1920 年）五修陈氏宗谱记载覃恪的官职是"清湖北候补知县"，想是捐纳的。宣统三年（1911 年）三月，清廷任命郑孝胥为湖南布政使。覃恪通过伯父陈三立

关系请托郑孝胥为他补缺。《郑孝胥日记》1911 年闰六月初四记："晚，李一琴、陈陟夫、赵侃伯、张永汉、刘聚卿皆来送。陈、赵皆食物杂件，不受。"27 日记："周铭三、陈陟夫来。"28 日记，"陈陟夫覃恪送馔数品，求为觅缺，余却其馔。"未几辛亥革命爆发，此事未办成。此后覃恪任江西赣县盐局主任，抗战时期回老家修水，在税务局任职。按说都是收入不低的职业，但覃恪不理财，用度无撙节，只得拮据度日。新中国成立后定居武汉，约 1953 年贫病以终。

覃恪亦能诗，其岳父黄小鲁的《鲁叟诗存》有《和陈甥陟夫除夕韵》《陟夫以近作见寄援笔赋答并赠伯严吏部亲家》《和陟夫甥近作韵》诗，可证。他年轻时亦曾向桐城派殿军人物姚永概（叔节）请教文章作法。

覃恪凡三娶，生四子五女（原配黄氏，是陈三立的好友、清末诗人、汉阳黄嗣东之女）。幼子陈云君，是津沽书法名家，诗词骈文俱有声。长孙陈中一，是昆明某中专学校的教师。陈三畏的书香遗脉，终得以绵延不坠。

二、陈荣恪

陈荣恪（1881～1922 年），字新成（莘成），光绪七年九月生于修水故里。至今尚不清楚他是如何走出山外的，其父陈三垣在陈宝箴任湖北按察使、湖南巡抚时做亲随，或与此有关。

荣恪在恪字辈从兄弟中曾经是一个不简单的人物。隆恪女儿陈小从 1997 年复笔者函云："承询新成（莘成）伯父的生平，我只记得，先父生前屡次提到他。说新成伯老实厚道。辛亥革命后，很多比他资历浅的都得到好处，升官发财。而他虽是同盟会的老资格，却沉沦下属，直到潦倒郁悒以终。我家一直藏有一帧新成伯的墓茔照片（南昌西山，后来搞丢了），可见先父对他的感情之深。我看竹塅陈氏出外的人物，他是值得发掘光大的一位。"

荣恪于光绪二十九年癸卯（1903 年）赴日留学。《清国留学生会馆第五次报告》23 页载："陈荣恪，字新成，二十三岁，江西义宁人，光绪二十九年十一月到东京，自费，入正则预备学校。"后升入早稻田大学，《清末各省官费自费留日学生姓名表·各校各生履历清册》载："陈荣恪，江西义宁州人，二十七岁。三十三年三月入校，早大高预科，第二年级。"

他在留日期间，曾参加过军国民教育会的活动，并加入同盟会，是同盟会创会时最早的四名江西籍会员之一。1907 年参与促请黄兴归国创立同盟分会活动。1909 年江西共进会成立时，荣恪是首批申请加入者，并任文牍之职。1915 年底到 1916 年初，荣恪曾在《中华学生界》第 1 卷第 11 期和第 2 卷第 2 期上连载《修学指南——节译日本优等学生用功法》，可见他的日文水平不低（引自《宁德师专学报》2009 年第 2 期《略说陈荣恪事迹》一文）。

荣恪在日本留学 8 年，1911 年回国。历任江西全省禁烟公所所长，二道口厘金局长，北京烟酒银行文书主任，北京商业银行文书主任。

荣恪与从弟隆恪友好，隆恪曾写《哭從兄新成》诗：“平生愤嫉薄棺收，玩世何须到白头。知悔无心从揭竿，可能留命看横流。一尘肺腑凋蚁盏，三岛悲欢没蜃楼。犹恋形骸伤绝笔，依依松柏故山秋。”遗言嘱葬西山先祖墓地侧。

荣恪夫人是湖南志士刘揆一、刘道一的妹妹。民国 9 年（1920 年）五修陈氏宗谱记载荣恪有一子名封衢，老家宗亲回忆是从老家过继带出去的。民国 32 年（1943 年）六修谱已无封衢信息，可能与故里失去了联系。

荣恪与江西民主革命先驱彭素民（后任国民政府农民部、宣传部部长）友好。彭素民结婚时，荣恪曾撰婚联。

荣恪的笔墨文字今已无存，仅获他与别人合制寿联一副：堂上椿荣，称觞介寿；陔南兰茁，舞綵承欢（贺南昌方皇甫七十寿）。

三、陈儒恪

陈儒恪（1872～约 1928 年），字聘珍，同治十一年生于修水故里。其父陈三略为廪贡生，钦加同知衔，湖南补用知县，光绪八年（1882 年）署理嘉禾县正堂。

陈氏宗谱记载儒恪的官职是：光绪二十三年（1897 年）两淮盐捐案内由监生捐巡检，分发湖北试用；三十一年秦晋赈捐加捐知县，仍分发湖北试用；宣统三年任江陵县土税局委员；民国 2 年任江西奉新、武宁、修水等县查禁烟苗委员。儒恪遂在南昌定居，置宅第一栋。约 1928 年前后去世。与荣恪一样，儒恪墓亦在南昌西山陈宝箴墓地近侧。

儒恪在恪字辈中年龄较大，所以年轻时与从叔祖陈宝箴、从叔陈三立以及陈家早年圈子里的人物接触较多（廖荪畡《珠泉草庐诗集》卷四《偕湘潭周印昆、长沙马棣吾、宁州陈聘珍游曾文正祠》，1895年2月，在武昌。黄叔梅《与刘茗轩大令、陈聘珍二尹、龚镜芙茂才、米寿侯内弟游黄鹤楼》，1909年）。

儒恪长孙陈伯虞，1946年高中毕业后在南昌市政府任职。1949年过台，后在台湾淡江大学任教。

四、陈伊恪

陈伊恪（1881～1929年），字莘夫，光绪七年八月生于长沙。他是儒恪的胞弟，其父陈三略两娶，生九子，以老六儒恪、老九伊恪较为出众。

伊恪于光绪二十六年（1900年）考入湖北自强学堂，二十八年（1902年）转南洋陆师学堂，三十一年（1906年）考入南京三江师范学堂。三十二年（1907年）由江西巡抚部院咨调送日本留学。先入大阪高等预备学校，复入东京中央大学法律专科修业。1911年回国。

伊恪赴日留学，虽没有与衡恪、隆恪、荣恪一样在《清国留学生会馆第五次报告》《清末各省官费自费留日学生姓名表》找到材料，但民国9年（1920年）五修陈氏宗谱对他的学历有详细记载。此外还有伊恪的三江师范学堂同学和赴日留学同学廖国仁写的回忆文章，该文题目是"关于陈寅恪先生是否客家人"。其文略谓：

> 光绪三十年，余拟赴日留学，抵省垣南昌后，始知海运梗阻，遂借住在农工商矿局院内，得谒见陈三立先生。他听余等说话有客家口音，遂用客家话交谈。未几，余赴南京考入三江师范，适有同班同学陈莘夫，为陈三立先生之令侄。莘夫兄平时谈话，虽用国语，但有时亦用客家话。据莘夫兄说，其先世系自福建之汀州，迁江西修水县（旧义宁州），原为客家人。凡客家人均不敢忘本，无论迁至何处，传家必用客家话云云。后余又与莘夫兄俱考取赣省官费，赴日留学，更获交陈三立先生之公子隆恪、令侄荣恪兄……（此文载《谈陈寅恪》，台湾传记文学出版社1970年初版）

这段话不但可以作为伊恪留日的佐证，还透露出隆恪、荣恪、伊恪甚至衡恪等从兄弟在日本常有聚会的信息。

伊恪回国后历任江西公立法政学校教师并兼日文翻译、莲花县知事、外交部江西交涉署外政科科长、省立第五中学监学、沪海道尹公署庶务长。不幸于49岁时猝逝，衡恪的至交、民国时期江西著名人物蔡公湛闻耗作《得杨寰僧书知陈莘夫客死湘中诗以哀之》诗:“斯人早岁经艰阻，敏慧风流秀士林。荦荦英词常纵酒，纷纷棋局久分襟。忽挥倦眼开缄泪，又痛中年怀旧心。湘水空流魂未返，梦回落月黯孤岑。”

伊恪有子名封沪，1920年五修宗谱有记载，此外别无封沪信息。

五、陈齐恪

陈齐恪（1884～？年），字平一，光绪十年生于修水故里。其父陈三焘（德基），曾在陈宝箴湖南推行新政时的常宁矿山管账。光绪二十九年（1903年）清明，陈三焘到南昌西山扫墓，陈三立作《庐夜对德基族弟》诗:“五年终见汝，生死一崤庐。往事堂堂在，荒山莽莽余。飘零此何世，饥饱可关渠。犹说持门户，孤灯落泪初。”齐恪于1907年考入三江师范，1908年元月入学，分在补习科丁班。毕业后的情况不详，宗谱上关于他的记载不多。据其兄正恪之孙陈继虞回忆：齐恪染上了抽鸦片的毛病，我曾祖德基公为此很不喜欢他。他曾在九江一富人家做先生，因病回修水家中，第二年即去世。我小时候看过他写的书法条屏。

末了简单谈谈恪字辈的由来和恪字读音。咸丰元年（1851年）乡试，义宁州客家秀才陈文凤、陈宝箴中举。客家陈姓借此喜庆，敦促陈文凤、陈宝箴纂修大成宗谱（通谱)。两位新科举人制定了“三恪封虞后，良家重海邦。凤飞占远耀，振采复西江”的行辈派号。其位置顺序，上一辈在名字中间，下一辈在名字末尾，再下一辈又移至中间，民间称这种辈分排字顺序为“上下翻”。自通谱派号颁行后，记录在宗谱上的恪字辈有960多人。修水客家方言和本地方言读“恪”字均为古入声 ko，非陈门弟子误传因为老师老家方言读“恪”为 què，所以我们也应读 què，以示尊敬。陈寅恪名字之所以有两读，是受民国年间北平方言“恪”字有两读的影响。

原载中华书局《书品》杂志2011年第6期

后　记

　　20 世纪 90 年代前期，当学术界开始进入"陈寅恪热"时，笔者在陈氏故乡修水县政协担任文史编纂工作，其间与退休教师余杰风老先生共同完成了 15 万字的陈寅恪家族史料《一门四杰》的编写工作，并参加了 1994 年 9 月在南昌召开的"陈宝箴陈三立学术研讨会"。

　　1998 年初笔者调离了县政协，但对于陈寅恪家族的情结，则明显感到"拾起放不下"，仍断断续续地搜集资料。2005 年初，县政协考虑到原《一门四杰》的资料过于单薄，特别是当时外出搜集资料时抄错不少，亦未注明资料的详细出处，不但降低了资料的可信度，且有侵权之嫌。因此，政协邀请"退线"赋闲的笔者重写陈氏史料。笔者抱着一大堆相关书籍和笔记回到政协，以努力工作的态度回报政协的信任，并专赴华南植物园、庐山植物园了解陈封怀先生的事迹，于当年推出了 20 万字的新书《义宁陈氏五杰》。

　　新书刊印流传，但情未了。一是该书属于县政协内部资料，流动范围小；二是为完成年度工作计划，干得匆忙，别说做文章，就是做"米果"，匆忙之下也搓不圆。因此，"三写"陈氏史料的念头又在心里产生，以"老愚公挖山不止"的劲头，继续搜集、阅读、整理相关书籍、文章和资料，并有幸结识了一批热情的研陈专家和陈氏后人。

　　2009 年 9 月，正当笔者受聘在县志办校点两部修水古县志时，老天爷一下子把我推到鬼门关前——检查身体发现患了肺癌。我不甘心生命就这么黯淡无光，不打算消极地一天一天进入生命的倒计时。于是在手术、化疗之后，开始了边治病、养病边搜集整理资料的工作，力图完成新的书稿，并感到这种努力也是对自己生命的有力支撑。特别是陈小从、刘经富、张求会诸先生，关心笔者健康并继续惠赠新作，令我尤为感动。老友刘经富教授充分理解我的用心，热忱推荐出版社并惠赐大序，又蒙县政协大力支持，新书稿终于付梓成书。当笔者的心血带着油墨的芳香呈现在读者面前时，我没有忘记热情关心支持我的良师益友，并真诚感谢捧起此书的各位读者，同时也庆贺自己在与癌症的抗争中取得了初步胜利。

吴应瑜
2016 年元月